BLOIS

ET SES ENVIRONS

GUIDE ARTISTIQUE ET HISTORIQUE

DANS LE BLÉSOIS ET LE NORD DE LA TOURAINE

Par L. DE LA SAUSSAYE

Membre de l'Institut (Inscriptions et Belles-Lettres)

QUATRIÈME ÉDITION

REVUE, CORRIGÉE, AUGMENTÉE, ET ILLUSTRÉE
DE 45 VIGNETTES.

| BLOIS | PARIS |
| CHEZ TOUS LES LIBRAIRES | AUBRY, 16, RUE DAUPHINE |

1867

BLOIS

BLOIS
ET SES ENVIRONS

GUIDE ARTISTIQUE ET HISTORIQUE

DANS LE BLÉSOIS ET LE NORD DE LA TOURAINE

Par L. de la SAUSSAYE

Membre de l'Institut (Inscriptions & Belles-Lettres)

QUATRIÈME ÉDITION

REVUE, CORRIGÉE, AUGMENTÉE, ET ILLUSTRÉE
DE 45 VIGNETTES.

BLOIS	PARIS
CHEZ TOUS LES LIBRAIRES	AUBRY, 16, RUE DAUPHINE

1867

LYON. — IMPRIMERIE LOUIS PERRIN.

In tenuitate copia.

E but de cet opuscule en explique et en excuse la forme. Un étranger qui visite un pays, une ville, n'a pas toujours le loisir d'étudier leur histoire. Il lui faut alors, pour fixer dans son esprit l'origine et les vicissitudes des monuments qu'il rencontre, un petit nombre de notes rédigées avec exactitude, clarté et brièveté. Elles doivent être disposées de la manière la plus commode pour trouver, sur-le-champ, les faits relatifs à l'objet qui appelle son attention, selon que le hasard ou le caprice a dirigé ses pas.

Si Dieu me prête vie, j'espère offrir un jour à mes compatriotes un livre plus sérieux, et aussi complet qu'il est permis de l'attendre de mes forces et de mon désir de le rendre plus digne d'eux et de moi. Pour ce livre, j'amasse des matériaux depuis plus de trente années, et déjà j'en ai mis en œuvre une partie dans les différents travaux que j'ai publiés sur le Blésois. Si j'en emploie encore aujourd'hui quelques-uns, je dirai, avec franchise, le motif qui me détermine.

Le goût pour les voyages, la facilité des communications qui se développe chaque jour davantage ont donné naissance à une foule de Guides, d'Itinéraires, de Descriptions, où le Blésois se trouve déjà exploité plusieurs fois. J'ai pu être flatté, dans mon amour-propre d'auteur, en voyant que ces différents guides n'en suivaient pas d'autres que moi. Certains, même, ont pris jusqu'aux coquilles de mon imprimeur. Mais si les uns citent, avec honneur, mon nom dans le texte, et ce sont les moins nombreux,

vij

d'autres le placent obscurément dans les notes, et enfin quelques-uns le passent tout à fait sous silence. En général, je suis d'autant moins cité que les emprunts sont plus grands.

Or, comme un Guide dans le Blésois, pays si riche en monuments historiques, ne pouvait manquer d'être publié d'un moment à l'autre, j'ai cru devoir prendre les devants et n'avoir rien de mieux à faire, pour n'être pas volé de nouveau, que de me voler moi-même.

BLOIS.

AUCUNE des villes dont le beau fleuve de Loire baigne les murailles n'offre un aspect plus pittoresque que la ville de Blois. Bâtie en amphithéâtre, sur une côte escarpée, elle étale aux yeux toutes ses parures : en bas, l'Hôtel-de-Ville, le Collége, l'Hôtel-Dieu, les quais et leurs blanches maisons, sur lesquelles se détachent les hautes nefs de l'église Saint-Laumer, noircies par le temps et la flamme des huguenots ; au-dessus, le château, si célèbre dans l'histoire, l'église des Jésuites, au pignon traditionnel ; tout en haut, le donjon des anciens seigneurs de Beauvoir, la Cathédrale, l'Evêché et ses jardins suspendus.

Elle est traversée, dans sa longueur, par trois grandes voies de communication, placées aussi par étages : le fleuve, les levées et le chemin de fer. Une pyramide, haute de 18 mètres, s'élève sur le comble du pont de Blois, dont la forme surhaussée répond à la disposition amphithéâtrale de la ville, répétée par les eaux pures du fleuve qui coule à ses pieds.

Cette disposition, tout à l'avantage de l'aspect extérieur, perd de son prestige quand on pénètre dans les rues étroites et tortueuses de la vieille cité, quand on gravit les rampes et les escaliers qui relient les quartiers hauts aux quartiers bas. Victor Hugo a dit :

> Montez à travers Blois cet escalier de rues
> Que n'inonde jamais la Loire au temps des crues.

Si, du moins, ces anciens quartiers, maintenant sombres et tristes, étaient encore égayés par la vue des curieuses maisons de bois, des splendides hôtels de pierre, où le caprice des maîtres architectes du Moyen-Age et de la Renaissance avait élevé ces originales façades à *pignon sur rue*, que l'on y admirait naguères... mais la Révolution et le mauvais goût de l'Empire et de la Restauration les ont successivement détruites. Seule, la rue Saint-Lubin renferme plusieurs de ces vieilles maisons à sculptures fantastiques du XVe siècle, et on trouve encore, çà et là, quelques débris des édifices du style plus correct de la Renaissance, dans les hôtels qui portent les noms historiques d'Amboise, de Guise, d'Aumale, de Cheverny, et dont je parlerai plus loin.

Il reste peu de choses des anciennes fortifications ; les portes gothiques ont été détruites ; un amas de glaces a renversé, en 1716, le vieux pont du XIIe siècle. La Révolution a démoli un grand nombre d'établissements religieux et d'églises, dont les clochers et leurs flèches pointues rompaient l'uniformité des lignes, en se détachant des groupes de maisons, comme font les peupliers dans les massifs des bois.

D'immenses prairies, des terres fertiles, de riches vignobles, trois grandes forêts, des villages populeux, de beaux châteaux entourent la ville de Blois, qui, par sa position pittoresque, la magnificence de ses anciens édifices, la bonté de son territoire, est tout à fait digne d'être placée à l'entrée de ce riant pays, appelé le *Jardin de la France*. Aussi, le médecin Bernier, notre premier historien, inscrivait-il orgueilleusement, en tête de son livre, cette variante d'un vers d'Horace :

NVLLVS IN ORBE *LOCVS BLAESIS* PRAELVCET AMOENIS.

« Il n'y a pas de lieu, au monde, plus agréable que
« Blois. »

Les Blésois ne semblent pas indignes, non plus, de leur ancienne réputation de courtoisie, de belles manières et de bon langage qu'y avait naturalisés le séjour habituel de la cour. Quant aux mœurs douces et polies, à la bonté du cœur et aux qualités de l'esprit, ils n'ont pas à en tirer vanité, ce sont des produits du sol :

> *La terra molle, e lieta, e dilettosa*
> *Simili a se gli abitator produce.*

« La terre, douce, riante et heureuſe, produit des
« habitants qui lui ressemblent. »

Ces différentes qualités du sol blésois et du caractère de ses habitants ont été souvent signalées par les historiens, et après les vers du Tasse on lira avec plaisir cette naïve appréciation faite par un vieil auteur qui écrivait pour les touristes du XVIe siècle :

« Les bourgeoys et habitants de Bloys, par une
« certaine doulce et politique accordance, convien-
« nent avecques la douceur de l'aër et bonté de leur
« territoire ; car si on se met à considérer quelle et
« combien grande est la courtoisie dont ils usent
« entre eux, et leurs communes conversations et devis
« familiers ; combien sont leurs manières civiles ; de
« quel entregent, élégance et faconde ils s'entretien-
« nent ; quelle galantise et gentillesse ils monstrent
« tant en leur vivre qu'en leurs habits, on devra con-
« fesser que ceste humanité si grande, qui est en
« leur ville et leurs manières avenantes et conve-
« nables, suit et accompagne la naturelle bonté du
« terroir. » (*Théâtre des citez du monde.*)

J'ai cherché ailleurs (*Origines de la ville de Blois*) à prouver que la ville de Blois existait dès le temps des Gaulois, comme chef-lieu du pays blésois, *pagus Blesensis*, et j'ai fait venir ces noms du mot *bleiz* ou *blaiz*, qui, dans les dialectes dérivés de la langue des Celtes, signifie *loup*. Le plus ancien emblème de la ville était un loup ; quand les villes se blasonnèrent, il orna l'écusson de la nôtre, et quand Louis d'Orléans le remplaça par la fleur-de-lys royale, il devint, avec le porc-épic, devise du prince, l'un des supports de l'écusson. (V. la vignette du titre.) Blois subsistait certainement sous la domination romaine, car on y a découvert plusieurs monuments de cette époque. Il y avait probablement alors, au lieu où se trouve le château actuel, une forteresse destinée à protéger et défendre le passage de la Loire, vers lequel se dirigeaient plusieurs voies antiques.

Des bourgs se formaient à l'abri de ces forteresses, et la ville de Blois fut composée par la réunion de trois de ces bourgs, qui, en s'étendant, finirent par se joindre. L'un s'appelait le bourg du Foix, *de Fisco*, parce qu'il faisait partie du *fisc*, ou du domaine royal. C'était probablement le plus ancien, car c'est sur son territoire qu'ont été trouvées les antiquités romaines provenant de Blois. Le second, où était une chapelle dédiée à saint Jean-Baptiste, fut nommé Saint-Jean-en-Grève, *S. Joannes de Arena*, parce qu'il se trouvait placé près des grèves de la Loire, dont les levées n'existaient pas encore. Le troisième s'appelait le Bourg-Moyen, *Burgus Medius*, en raison de sa position entre les deux autres : celui-ci fut entouré de murailles et devint la ville proprement dite ; les autres en furent les faubourgs. Un quatrième faubourg se constitua vers le XIe siècle et reçut le nom de *Bourgneuf*, qu'il a conservé. Quant à celui de Vienne, qu'on appelait l'Ile de Vienne, Vienne-lez-Blois, il n'était pas considéré comme faisant partie de la ville, ainsi que son territoire, renfermé par deux bras de la Loire, et il ne quitta cette position insulaire qu'à l'époque de la construction du pont actuel de Blois, en 1617, quand les deux bras de la Loire furent réunis en un seul.

Quoi qu'il en soit de l'antiquité de la ville de Blois, il n'est question, pour la première fois des Blésois, dans l'histoire, que vers l'année 584. Ils étaient alors gouvernés par des comtes non héréditaires, qui finirent dans la personne de Robert, proclamé roi des Français en 922, et qui mourut, l'année suivante, de la main de Charles-le-Simple, son compétiteur.

Sous le règne de ces princes, Blois fut ravagé deux fois par les Normands ; la ville fut brûlée en 854.

Les rois mérovingiens frappèrent à Blois des monnaies d'or, dont les médailliers conservent quelques rares échantillons.

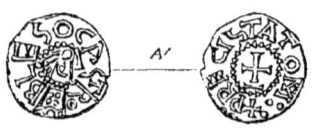

Le Blésois fut ensuite gouverné par des comtes héréditaires. La première race, celle des comtes de Chartres, commença par le célèbre Thibault-le-Tricheur, et finit à Marguerite, fille aînée de Thibault V, épouse de Gauthier d'Avesnes, et morte en 1200.

Le terroir Blésois adoucit les mœurs de la race de Thibault-le-Tricheur ; les comtes de Blois exercèrent généralement le pouvoir d'une manière paternelle. Thibault V, qui fut appelé par ses sujets *le Bon*, leur fit la remise de beaucoup de redevances féodales et leur accorda un grand nombre de priviléges.

Hugues de Châtillon, comte de Saint-Pol, qui avait épousé Marie, fille de Gauthier d'Avesnes et de Marguerite, devint le chef de la troisième dynastie des comtes de Blois.

L'an 1391, Louis de Châtillon, fils unique de Guy II, mourut sans laisser de postérité; le vieux comte n'espérant plus avoir d'enfants, et étant accablé de dettes, le roi, aidé du sire de Coucy, *grand contracteur*, selon l'expression de Froissart, obtint de Guy de vendre, au détriment de ses héritiers, son comté au duc d'Orléans, qui avait à faire l'emploi de la riche dot de Valentine de Milan. Guy se réserva la jouissance du comté de Blois pendant sa vie, et reçut deux mille couronnes d'or (400 mille francs de notre monnaie).

Le comte Guy étant mort en 1397, Louis d'Orléans, frère de Charles VI, entra en possession du Blésois et devint le chef de la troisième dynastie de ses comtes. Il fit son entrée solennelle à Blois le 31 août 1403.

Pendant les vingt-cinq années de captivité que Charles d'Orléans, son fils, passa en Angleterre, le comte de Vertus, frère de Charles, et, après lui, le grand bâtard d'Orléans, gouvernèrent le comté. Le comte de Vertus mourut à Blois en 1420.

L'année 1429 fut une époque glorieuse pour la ville de Blois. Orléans, alors une des principales villes du royaume, était assiégée : les armées françaises étaient retirées sur la rive gauche de la Loire, et Blois était devenue ville frontière. Ce fut dans ses murs que

Jeanne d'Arc vint se mettre à la tête de la petite armée qui allait tenter le dernier effort pour le maintien de l'indépendance nationale. Son étendard fut béni dans l'église de Saint-Sauveur par l'archevêque de Reims ; elle envoya, par un héraut, aux chefs anglais une lettre par laquelle elle les sommait de rendre les clefs des bonnes villes qu'ils avaient *enforcées*, et le 28 avril elle partait pour accomplir les grandes choses que sa mission divine lui avait réservées.

A son retour de captivité, Charles d'Orléans voulut faire participer les habitants de Blois au progrès du bien-être qui s'introduisait alors dans toutes les habitudes de la vie. Pour les encourager à bâtir des demeures plus commodes et plus élégantes, il leur permit de couper dans sa forêt de Blois, qui venait dans ce temps jusqu'aux portes de la ville, tout le bois nécessaire à ces constructions, *aimant mieux*, disait-il, *loger des hommes que des bestes*. La ville fut presque entièrement rebâtie, et ce fut l'origine de ces jolies maisons de bois dont il reste encore quelques pittoresques débris.

Charles mourut en 1464, et son fils, après avoir gouverné le comté de Blois jusqu'en 1498, monta sur le trône sous le nom de Louis XII.

Ce fut peut-être en mémoire de son avénement à la couronne, dans sa ville natale, que, par lettres patentes du mois de novembre 1498, il accorda aux habitants de Blois l'exemption des tailles, subsides, solde de francs archers, huitième du vin qu'ils vendaient de leur crû, etc., etc., priviléges confirmés par tous les rois ses successeurs.

En 1522, se passa à Blois un fait important dans ses annales. Par lettres patentes du 26 février, François Ier y envoya deux commissaires, pris dans le parlement de Paris, pour assembler les trois états du bailliage et leur donner à discuter la rédaction des coutumes locales, qui avait été faite par une commission préparatoire, composée de quatre notables Blésois. Denis du Pont, célèbre jurisconsulte de la ville, et l'un des quatre notables, en avait été le principal rédacteur.

Le 15 avril 1523, l'assemblée était réunie dans le réfectoire des Jacobins de Blois, lieu ordinaire des grandes réunions administratives et communales: tous les noms des comparants sont inscrits au procès-verbal dressé par Jean Papin, greffier du bailliage, et l'un des aïeux du grand Papin. Denis du Pont y figure en qualité de *conseil* de la ville. Parmi les *bons manants et habitants* se trouvèrent neuf avocats et onze procureurs, ce qui témoigne plus sans doute de l'obscurité de la législation que du nombre et de l'importance des affaires qui devaient se traiter à Blois, au commencement du XVIe siècle.

Un article fut débattu avec une grande vivacité, c'était l'article 169, qui consacrait l'usage de payer au seigneur, à chaque mutation des biens tenus à cens, 12 pour 100 de leur valeur. Du Pont s'opposa de toutes ses forces à l'adoption de cet article, et fit appel, au nom de la ville de Blois, en Parlement. Le procès dura douze ans. Du Pont en soutint seul le fardeau et fut vainqueur.

Charles-Quint passa par Blois en 1539, lorsqu'il traversa la France.

Sous François II, la ville de Blois avait été choisie, par La Renaudie, pour le lieu où devait éclater la conspiration qui valut à Amboise une triste célébrité. Au mois de février 1560, La Renaudie avait soumis au prince de Condé, qui était à Blois avec le roi, le plan de la conjuration, dont le prince, dit Castelneau, *trouva la conclusion bonne*. Le 15 mars, les conjurés devaient se réunir dans la ville et aux environs ; mais l'avocat Avenelles, à qui La Renaudie avait cru pouvoir confier les projets des conjurés, en fit avertir les Guise. Par leurs ordres, la cour se transporte à Amboise, le rendez-vous des protestants est manqué, et des mesures sont prises pour les faire tomber dans leurs propres filets. La conjuration avorta, et les Guise furent sauvés.

Au commencement du règne de Charles IX, le parti protestant avait fait de grands progrès à Blois, et se crut assez fort pour y tenter un coup de main en faveur de la réforme. A l'exemple de leurs coreligionnaires de plusieurs autres villes de France, les protestants blésois s'emparèrent de vive force d'une église catholique pour y exercer publiquement leur culte : c'était celle de Saint-Solenne, la plus voisine du lieu habituel de leurs réunions, dont le nom de la rue du *Prêche* a conservé le souvenir. A la nouvelle des désordres qui avaient été la suite de cette entreprise, et pour venir au secours du bailli et des échevins de la ville, qui se trouvaient dans l'impuissance de les réprimer, la reine-mère envoya M. de Chemault, l'un des grands-officiers de la maison du jeune roi. En pacificateur habile, M. de Chemault parvint à faire restituer l'église au culte catholique, sans coup férir, en flattant les protestants de l'espoir prochain d'une réconciliation qui devait être le résultat des conférences ouvertes à Poissy.

Le *Colloque de Poissy* ne tint pas les promesses de M. de Chemault. Bientôt le massacre de Vassy devint le signal de la première guerre civile. La cour, qui était à Blois, va à Fontainebleau, et de là à Paris. A l'aide d'émeutes locales, les protestants se rendent maîtres de Blois, comme de presque toutes les villes de la Loire; mais leur triomphe, de courte durée, fut cruellement expié par les scènes d'horreur qui suivirent la prise de la ville par des bandes indisciplinées détachées de l'armée du *triumvirat*. La place étant mal fortifiée et sans espérance de recevoir des secours, tous ceux qui étaient en état de porter les armes l'abandonnèrent le 4 juillet, passèrent le pont et se dirigèrent, par la Sologne, vers Orléans, alors la principale place forte des protestants et le foyer des opérations du prince de Condé. Les catholiques entrèrent aussitôt dans la ville, et quoiqu'elle eût été prise sans combat et sans siége, elle fut abandonnée à toute la fureur des soldats. On pilla les maisons, on tua et l'on noya les protestants; les femmes mêmes ne furent pas épargnées.

En 1564, M. de Chemault reparaissait à Blois pour réprimer de nouveaux troubles. C'étaient les protestants qui se plaignaient cette fois des *excès* des catholiques; mais les moyens de persuasion ne pouvaient plus réussir comme en 1561, et ce fut à grand renfort d'*argoulets* que M. de Chemault accomplit sa mission.

En 1567, les troubles toujours croissants nécessitèrent des mesures extraordinaires de police et l'organisation d'une *milice citoyenne*, comme on a dit depuis. Les officiers étaient élus dans une assemblée générale, semblable à celle qui nommait les échevins et autres officiers municipaux. Les sous-officiers étaient au choix du capitaine.

Les efforts de la milice bourgeoise et de la garnison soldée ne purent empêcher, en 1568, le 12 février, la ville de Blois d'ouvrir, par capitulation, ses portes à une troupe de protestants gascons et provençaux, commandée par le capitaine Boucard, qui, malgré la promesse jurée d'épargner la ville et les habitants, mit tout à feu et à sang, pilla les maisons, ruina les églises et renversa les monuments qu'elles renfermaient. Il y eut des scènes de violence, de meurtre et de pillage, dont le récit, fait par les contemporains, remplit d'horreur. Les religieux du couvent des Cordeliers furent massacrés, coupés par morceaux et jetés dans un puits que l'on voit encore dans une maison de la rue des Rouillis, n° 35, bâtie sur l'emplacement de l'ancien couvent. Une inscription commémorative de cet événement, et qui était autrefois dans le cloître, est conservée au musée du château.

Depuis cette époque, Blois n'offre aucun souvenir digne de mémoire avant la convocation des Etats-Généraux de 1576. (Voir, plus loin, l'article consacré au château de Blois.)

Les lettres du roi, pour la réunion des trois ordres de notre bailliage, furent publiées dans la ville de Blois *à son de trompe et à cri public*. Les notables étaient invités à se trouver à l'Hôtel-de-Ville le 28 août; mais ils montrèrent une très-grande tiédeur dans l'exercice de leurs droits électoraux : l'assemblée ne se trouva pas en nombre suffisant pour délibérer; il fallut la remettre au lendemain, et, grâce à une menace de dix livres d'amende, tout se passa dans les formes. On nomma douze commissaires chargés de recueillir les *doléances* des habitants, et on fixa le délai de quinze jours, pendant lequel chacun pouvait remettre ses observations écrites à l'un des commissaires, s'il n'aimait mieux les laisser dans un coffre placé à la maison de ville, *au couvercle duquel il y aurait fente, à passer seulement le papier*, et dont les échevins auraient la clef.

Le 1er octobre, les trois ordres se réunirent dans la grande salle du Palais-de-Justice, sous la présidence du lieutenant-général Simon Riollé. On fit l'appel de tous ceux qui avaient le droit de se trouver à l'assemblée; le greffier lut les lettres du roi, puis le lieutenant-général exposa le motif de la réunion, en exhortant les trois ordres à faire leurs choix respectifs, *toutes affections particulières postposées*. On se sépara ensuite. La noblesse, par un privilége spécial, demeura dans la salle du palais ; le clergé se rendit au chapitre de Saint-Sauveur, et le tiers-état à l'Hôtel-de-Ville.

Sauf un chanoine de Saint-André, de Châteaudun, et un de la Ferté-Avrain, le clergé du chef-lieu était seul représenté ; il comptait sept électeurs sur neuf. Le Doyen de l'église du château, François Desmolins, fut élu.

Trente-six gentilshommes composaient l'ordre de

la noblesse. Le sieur d'Illiers, candidat catholique, réunit 28 voix ; le sieur d'Oucques, candidat protestant, en eut 3 ; il y eut trois voix de perdues.

Sur 46 électeurs du tiers-état, Blois en comptait 29, parmi lesquels trois gentilshommes (la noblesse de la ville votait, comme dans les élections municipales, avec le tiers-état); chacun d'eux avait individuellement droit de suffrage, tandis que plusieurs mandataires, envoyés par d'autres villes du bailliage, n'avaient ensemble qu'une voix. Les envoyés des villes à l'assemblée qui devait nommer les députés aux Etats étaient élus par des colléges de notables, d'où les journaliers, laboureurs, ouvriers, gens de métier et petits marchands étaient exclus, comme *personnes viles*. Ce n'était pas tout à fait, comme on le voit, le *suffrage universel*, ainsi que quelques écrivains ont cru le reconnaître. Simon Riollé obtint l'unanimité des suffrages ; l'avocat de la ville, Vincent Guignard, fut nommé pour le suppléer, en cas d'absence. Tous les votes eurent lieu à haute voix, selon l'usage. En votant, chaque député forain remit le cahier des doléances de sa localité.

Après l'élection, les commissaires conférèrent ces écrits avec ceux qu'on avait renfermés dans le coffre, et réduisirent le tout en un seul cahier, qui fut approuvé dans une autre assemblée, et remis à Simon Riollé.

Ces cahiers sont fort remarquables. On y demande, entre autres choses, l'érection d'un évêché à Blois, l'inamovibilité des juges, la suppression des procureurs, pour arriver à la diminution des procès, *pour ce qu'ils sont la source et nourriture d'yceulx*, l'uniformité des poids et mesures, etc. On serait surpris du degré avancé auquel était parvenue l'éducation politique des Blésois, si on ne se rappelait la place importante occupée, depuis près d'un siècle, par la ville de Blois, dans le gouvernement de la France.

Pendant trois années consécutives, la ville de Blois fut désolée par une de ces épidémies si communes alors, et connues sous le nom générique de *peste*. On obligeait les personnes atteintes de la contagion et celles qui avaient eu communication avec des pestiférés, à porter à la main une baguette blanche quand elles allaient dans les rues. Le passage sur le pont de Blois leur était interdit, et on avait organisé un service par eau pour transporter les malades pauvres du faubourg de Vienne à la maladrerie du *Sanitas*, située dans le faubourg Saint-Jean. Les échevins et le corps des barbiers-chirurgiens montrèrent un dévouement admirable dans les circonstances malheureuses où se trouvait la ville.

Les Etats de 1588, convoqués à Blois, donnèrent encore une nouvelle importance à notre cité ; mais presque tous les événements qui s'y rapportent appartiennent à l'histoire du château. (Voir plus loin.)

Les députés du Blésois étaient tous des hommes dévoués au gouvernement du roi. Le clergé était représenté par le doyen de Saint-Sauveur, Me Perdoux, et par Jean Bourguignon, chanoine de Saint-Solenne. D'Illiers, seigneur de Chantemesle, et Simon Riollé y reparaissent pour la noblesse et le tiers-état ; Jean Courtin, seigneur de Nanteuil, suppléant de Simon Riollé, fut le secrétaire du tiers.

Le bailliage de Blois n'envoya point de députés aux Etats de la ligue, convoqués, en décembre 1592, par le duc de Mayenne. Pendant que la réunion s'ouvrait bruyamment à Paris, la ville de Blois recevait dans ses murs le souverain légitime.

Jusqu'à la majorité de Louis XIII, l'histoire est muette sur le Blésois. Le 25 août 1614, le bailliage de Blois envoya 115 votes à l'assemblée générale des trois ordres, réunie pour l'élection aux Etats de Paris. Les formalités furent les mêmes qu'en 1576. Le nombre des paroisses qui envoyèrent des députés à la réunion du tiers fut un peu plus considérable qu'aux autres élections; mais, sur les 115 voix, le chef-lieu seul en possédait 94. Quand les délégués forains votèrent, ils se plaignirent du privilége exorbitant du vote individuel dont jouissaient tous les notables Blésois, et demandèrent que ces 94 voix fussent réduites à une seule; mais leur réclamation, on le comprend, ne fut pas accueillie.

Les procurations données par plusieurs assemblées d'habitants désignaient le candidat pour lequel devaient voter les mandataires. Sur les 115 votants, le lieutenant-général Guillaume Ribier, candidat proposé, réunit 111 suffrages, et on lui adjoignit, sur sa demande, Courtin de Nanteuil, procureur du roi, déjà élu suppléant en 1588. Le clergé avait nommé pour son député l'évêque de Chartres, Philippe Hurault, fils cadet du chancelier Hurault de Cheverny. Le député de la noblesse était François de Racine, seigneur de Villegomblain, grand-bailli de Blois.

La peste qui avait déjà visité le Blésois plusieurs

fois, dès les premières années du XVIIe siècle, reparut en 1637 et continua de sévir pendant tous les étés jusqu'en 1640. Les personnes qui n'étaient pas assez riches pour se faire soigner chez elles étaient transportées dans des loges construites près du *Sanitas*, ou dans d'autres lieux, aux environs de la ville, où l'Hôtel-Dieu et la commune les nourrissaient et les faisaient soigner à leurs dépens. Les maisons qu'elles habitaient étaient fermées et marquées d'une croix blanche; huit jours après qu'elles avaient été quittées, on les lavait et on les nettoyait; aux gens employés à ces différents services, on imposait l'obligation de marcher une baguette blanche à la main. On n'enterrait plus dans les cimetières, placés alors, comme on sait, à côté des églises. On faisait sortir de la ville tous les animaux domestiques; il était défendu aux fripiers de vendre et d'acheter; les *assemblées* et foires étaient interdites, les collèges fermés, etc.

Le 16 août 1644, on se disposait à recevoir Henriette-Marie de France, reine d'Angleterre, qui venait de débarquer à Brest et devait traverser Blois en se rendant à Paris. La milice urbaine préparait ses armes, on tendait de tapisseries toutes les rues par lesquelles la reine devait passer. « Les portes seront
« ornées, disait la délibération municipale, de por-
« ticques, escussons et aultres décorations, et sera
« encore faict une chaire et un daix de velours, estoffé
« de passement et franges d'or et d'argent, ledit daix
« porté par les eschevins, et la chaire par les offi-
« ciers bastonniers; et sera faict à la dicte dame
« royne présent de fruits cruds et confitures, des
« plus beaux qui se pourront rencontrer. »

En 1663, La Fontaine visita la ville de Blois et trouva que la façon de vivre y était fort polie, « soit que le « séjour de Monsieur (Gafton d'Orléans) eût amené « cette politesse, soit que le climat et la beauté du « pays y contribuent, ou le nombre des jolies fem- « mes. » La Fontaine dit de la ville, que difficilement on pourrait trouver un aspect plus riant, et il trouve les coteaux de la Loire *les plus agréablement vestus qui soient au monde.*

Madame de Sévigné, s'arrêtant à Blois, le 9 mai 1680, vantait le chant des rossignols que l'on enten- dait autour de l'hôtel de la Galère, aujourd'hui mai- son particulière. Elle y séjourna encore, au mois de septembre 1684, en revenant des Rochers.

Cependant les conditions d'ordre et de tranquillité où le règne de Louis XIV, alors dans tout son éclat, avait placé la France, portaient partout leurs fruits. Dans les provinces centrales, les murailles des villes tendaient à s'abaisser, les fossés à se remplir. Nos dé- libérations communales contiennent fréquemment, dans le milieu du XVIIe siècle, des permissions d'abat- tre des chemins de ronde sur les remparts, d'ouvrir des portes et des fenêtres dans les murs de ville, pour donner de l'air et de la vue, de cultiver des jardins et de bâtir des maisons dans les tranchées.

L'industrie prenait chez nous un développement considérable, particulièrement dans la fabrication des objets de luxe, qu'avaient aussi favorisée les séjours fréquents de la cour à Blois. A cette époque, où les corporations des arts et métiers habitaient chacune un quartier particulier, l'îlot de maisons, abattu depuis pour former la place Louis XII, et les rues Saint-Lubin et des Orfèvres étaient occupés presque entièrement par des horlogers, des orfèvres et des émailleurs.

L'horlogerie de Blois était célèbre depuis le commencement du XVIe siècle. Ecoutons le P. Marteau, en son *Paradis délicieux de la Touraine*, faire la description de l'horloge de la cathédrale de Tours, ouvrage d'un artiste blésois.

« ... On y voit un horloge prodigieux, duquel la
« structure ravit l'œil... Il marque les jours de la
« sepmaine en petites figures humaines, et puis le
« cours de la lune et des mois, avec un très-ample
« calendrier. Et faut remarquer qu'avant qu'il frappe
« l'heure, il fait résonner le chant d'un hymne sur
« plusieurs clochettes accordantes... Pendant lequel
« chant on voyt marcher par ordre, autour d'iceluy
« horloge, une procession d'ecclésiastiques suivis du
« peuple, qui en sortent par une petite porte, la-
« quelle s'ouvre à ressort, et rentrent par une autre
« qui se ferme après eux quand ils ont fait tous leurs
« tours. »

En 1685, l'impolitique révocation de l'édit de Nantes détruisit la plupart des établissements industriels de la ville de Blois, et diminua beaucoup sa population, qui pouvait être alors de 18,000 âmes. En effet, le commerce et l'industrie se trouvaient presque exclusivement entre les mains des protestants ; la bourgeoisie, composée de personnes enrichies par les affaires commerciales, comptait aussi un grand nombre de religionnaires. Quant à la noblesse et au peuple, ils étaient restés, à Blois, fidèles à la foi de leurs pères.

Dans le but de détruire les débris de l'hérésie, qui avaient survécu chez nous à la révocation de l'édit de Nantes, Blois fut érigé en évêché dans l'année 1697. Malgré la vive opposition de l'évêque de Chartres, auquel on prenait tout le territoire du nouveau diocèse; malgré les plaintes amères et les actives démarches des monastères et chapitres du Blésois, aux dépens desquels le revenu temporel était formé, M. de Berthier devint notre premier prélat.

Tous les efforts de son administration tendirent à justifier les motifs de l'érection de l'évêché. Un assez grand nombre de protestants, pour échapper à l'exil et conserver leur fortune à leurs enfants, avaient abjuré, mais ils n'en continuaient pas moins de suivre en secret les pratiques de la religion réformée. La surveillance dont ils devinrent l'objet, de la part de l'évêque, détermina de nouveaux exils ou de nouvelles conversions. Celles-ci étaient-elles plus sincères? Il était permis d'en douter. Aussi, pour en assurer l'effet, au moins dans l'avenir, on fonda dans la rue du Puits-du-Quartier le couvent des Nouvelles-Catholiques, où l'on faisait élever les enfants des réformés nouvellement convertis et ceux qui n'avaient pu suivre leurs parents dans l'exil. Cet établissement fut ensuite placé près des Cordeliers.

Le 10 décembre de l'année 1700, le duc d'Anjou passait par Blois, accompagné de ses deux frères, les ducs de Bourgogne et de Berry, pour aller prendre possession du trône d'Espagne, sous le nom de Philippe V. Les princes descendirent à la Galère, où ils reçurent les hommages de toute la population blésoise, qui saluait avec enthousiasme, de ses acclamations, le triomphe éclatant de la politique de Louis XIV.

Après avoir assisté à une fête dont les registres municipaux parlent avec beaucoup de prolixité, les princes partirent le lendemain pour aller coucher à Amboise.

Outre la harangue officielle du maire de la ville, le jeune roi eut à entendre celles des Bénédictins et des Cordeliers. « On dît qu'Orléans estoit magni-
« fique en présens, mais que les harangues n'en va-
« loient rien, et de Blois, que les présents estoient
« succincts, mais que les harangues en estoient bon-
« nes. » Le journal des Bénédictins de Saint-Laumer, auquel nous empruntons ce jugement, ajoute que le discours du Père-Prieur, orateur du couvent, valut mieux que celui de l'orateur des Cordeliers. Nous n'avons malheureusement plus le journal des Cordeliers de Blois, qui trouverait peut-être que les Cordeliers avaient mieux parlé que les Bénédictins.

Le 22 février 1722, *Messieurs de la ville* renouvelaient les cérémonies de la réception du roi d'Espagne, à l'occasion du passage de l'infante que la politique du duc d'Orléans destinait au jeune roi Louis XV, tandis que l'héritier du trône d'Espagne devait épouser l'une des filles du régent ; c'était le double gage de sa réconciliation avec la cour de Madrid.

Ce passage fut l'occasion d'une espèce d'émeute populaire. Les habitants du faubourg de Vienne voulurent enlever le drapeau aux couleurs de France et d'Espagne qui flottait au bout du pont, du côté de la ville, pour l'arborer triomphalement du côté du faubourg. Dans la lutte opiniâtre qui s'établit entre les habitants des deux rives, le drapeau fut lacéré, et était hors de service quand l'infante vint à passer. Triste présage du sort que la providence réservait à l'union projetée !

Trois ans après, la jeune infante revoyait la ville de Blois, sans pompe, en reprenant sa route pour l'Espagne. Le duc d'Orléans était mort, la politique changée ; le roi, devenu majeur, allait épouser la fille d'un roi détrôné et proscrit.

Pendant l'hiver de 1716, un amas de glaces considérable emporta le pont de Blois. En 1724, il était remplacé par celui que nous voyons aujourd'hui.

La reconstruction du pont fut bientôt suivie de la destruction des murailles que baignait la Loire sur la rive droite. Les deux bras du fleuve ayant été réunis en un seul, on construisit des quais pour maintenir les eaux, dont la rapidité, accrue par le rétrécissement de son lit, emporta deux îlots plantés d'arbres, placés en aval du vieux pont. Deux nouvelles rues furent percées aux deux bouts du pont neuf, et les anciens murs de la ville, enterrés à moitié par les quais, firent place peu à peu à des maisons, sinon élégantes, car le goût et l'art s'en allaient, au moins propres, gaies et commodes.

La douceur naturelle du caractère blésois évita au département les horreurs de la tourmente révolutionnaire. Blois eut son *Temple de la Raison*, son *Repaire des suspects ;* elle reconnut, à la majorité des suffrages, l'*Etre-Suprême*; mais si elle participa aux folies de l'époque, elle eut le bonheur de rester pure de ses cruautés.

Si, chez nous, les personnes furent sauves, les monuments furent détruits, soit par une complète démolition, comme les églises Saint-Sauveur, Saint-Nicolas, Saint-Martin, Saint-Honoré et Bourg-Moyen, soit par une mutilation barbare, comme le château et l'église des Jésuites. Tous les couvents furent dévastés et convertis en établissements publics ou en magasins. Saint-Honoré renfermait la belle chapelle sépulcrale de la grande famille des Robertet; on admirait aux Cordeliers la magnifique tombe du garde-des-sceaux Morvillier, par Germain Pilon ; Saint-Sauveur, l'église du château, est à jamais regrettable ! Ce vieux monument du XIe siècle avait vu bénir l'étendard de Jeanne d'Arc, avait été témoin des funérailles de Charles d'Orléans, d'Anne de Bretagne, de Catherine de Médicis, des cérémonies religieuses des Etats de Blois, etc.; sous le double rapport de l'histoire et de l'art, c'était un des édifices les plus importants du pays.

Au 18 brumaire, aucune ville n'était mieux disposée à revenir aux idées monarchiques et religieuses, dont le rétablissement était l'œuvre réservée par la Providence à Napoléon.

Lorsque, sous cette main puissante, l'ordre politique se fut raffermi, M. Corbigny, nommé préfet de Blois, contribua beaucoup, par une administration forte, mais sage et éclairée, à relever de leurs ruines les monuments, comme le pouvoir. De 1805 à 1812, année de sa mort, il reconstitua, de la manière la plus digne d'éloges, toutes les autorités locales ; il fit réparer le pont de Blois, dont une arche avait été détruite par les ordres de Guimberteau, dans la crainte illusoire de l'approche des armées vendéennes ; il appropria les divers édifices religieux et leurs dépendances ; en fit des prisons, des hôpitaux, un cimetière, des abattoirs, des boucheries, une poissonnerie ; il ouvrit ou répara différentes avenues de la ville, et décora ses environs d'un grand nombre de plantations.

Le 22 mai 1808, les souverains découronnés de l'Espagne, se rendant à Compiègne, passaient à Blois, où cent huit ans auparavant passait aussi leur aïeul, pour prendre possession de ce trône que la politique de la France de Louis XIV lui donnait, et d'où la politique de la France de Napoléon chassait aujourd'hui ses descendants.

Les princes malheureux reçurent des Blésois des témoignages non équivoques de sympathie pour leur infortune. Le roi s'étant mis à la fenêtre de l'appartement qu'il occupait à la Boule-d'Or, des cris de vive le roi ! se firent entendre ; le prince riposta avec esprit : Criez plutôt vive la paix !

Napoléon et l'impératrice Joséphine traversèrent Blois, en revenant aussi d'Espagne, le 13 août de la même année ; ils arrivèrent à sept heures du soir et descendirent à la préfecture, d'où ils repartirent à dix heures. Les rues de la ville par lesquelles les souverains devaient passer furent sablées, d'après la tradition municipale ; mais les tapisseries, passées de mode, furent remplacées par des garnitures de ramée. Napoléon était soucieux, et justement préoccupé des événements qui se préparaient ; il dut cependant dérider son front, en entendant, de la bouche du préfet, un mot d'ingénieuse flatterie, qui eut beaucoup de succès. On sait que l'Empereur adressait parfois des questions bizarres à ses fonctionnaires, pour s'amuser de leur embarras. « Combien d'oiseaux de passage, dans « votre département, demanda-t-il à M. Corbigny? « — Un seul, Sire, un aigle. »

Les désastres de 1814 vont rendre à la ville de Blois, pour un moment, l'importance que lui ont attirée, dans toutes les invasions du sol français, sa position centrale et le rempart de la Loire.

Le 29 mars, malgré les ordres de son frère, qui lui a confié sa capitale, Joseph Napoléon abandonne les Tuileries, emmenant avec lui l'impératrice Marie-Louise, le roi de Rome, les grands dignitaires, les ministres, même celui de la guerre, et se dirige en toute hâte vers Blois pour y organiser une régence.

Le 2 avril, la cour impériale arrivait dans notre ville, déjà témoin de tant d'illustres disgrâces, y donner le spectacle d'une infortune plus grande encore. Cette cour, qui naguère occupait des trônes sur tous les points de l'Europe, siégeait dans l'hôtel de la préfecture d'un des plus faibles départements de la France, et la petite ville de Blois devenait la dernière capitale de l'Empire de Napoléon.

La cour recevait des bulletins, mais n'en donnait pas communication au dehors ; le dernier annonçait la capitulation de Paris. On était, à Blois, dans une ignorance complète de ce qui se passait à l'armée et à Paris, d'où il n'arrivait plus ni lettres, ni journaux, ni voyageurs. Mais le lundi 4, pour toutes nouvelles de la capitale, on vit passer un roulier, dont le passeport, signé Sacken, fut une révélation assez éloquente des faits accomplis.

Le mardi 5, Joseph et Jérôme se décidèrent à organiser le gouvernement à Blois. Ils établirent d'abord les bureaux de la guerre, chargés de travailler jour et nuit au recrutement de l'armée. Quant au roi Louis, il ne prenait aucune part à ce qui se faisait dans le conseil de sa belle-sœur.

Le 6, on fit l'inspection des abords de Blois, on évacua les voitures inutiles, notamment celle du sacre, qui fut envoyée à Chambord. L'Ecole polytechnique, celle de Saint-Cyr, de Charenton et les pages arrivèrent ce jour-là. Les écoles furent casernées au collége. Les prisonniers et les blessés, qui encombraient le château et les hôpitaux, avaient été évacués la veille. Les maisons de la ville restèrent occupées, en commun, par les habitants et par les nombreux chefs de l'administration et de l'armée ; il fut question de former deux camps aux environs de Blois ; le pont était miné et devait sauter pour protéger la retraite.

Le jeudi-saint, 7 avril, on afficha, dès le matin, une proclamation signée de Marie-Louise, où elle déclarait que c'était de Blois et des ministres de l'Empereur qu'émaneraient les seuls ordres qui devaient être reconnus par le peuple Français, et où elle remettait les droits et la personne de son fils sous leur sauvegarde. La pièce fut envoyée dans tous les départements avec lesquels on pouvait avoir des rapports.

Les princes délibéraient cependant de se retirer, tantôt à Tours, tantôt à Rennes, et tantôt dans le Berry; mais l'Impératrice ne semblait accueillir ces projets qu'avec répugnance. Enfin, le vendredi-saint, 8 avril, une dernière résolution fut prise. Entre huit et neuf heures du matin, s'étant rendus à la préfecture avec deux voitures, Jérôme et Joseph dirent à l'Impératrice que, décidés à partir sur l'heure, ils venaient, afin de mettre sa personne en sûreté, lui proposer de les accompagner. Marie-Louise répondit qu'elle était résolue, ne croyant pas sa personne exposée, d'attendre à Blois les événements. Les deux beaux-frères insistent. Marie-Louise leur demande si l'Empereur a fait parvenir des ordres qu'elle ignore, ils répondent négativement, mais représentent avec fermeté, en même temps, que sa retraite au-delà de la Loire devient une nécessité impérieuse, et que, dans cette extrémité, ils ont fait approcher deux voitures, une pour elle, l'autre pour son fils. Marie-Louise répond par des larmes; les deux princes prennent leur belle-sœur, chacun par un bras, et veulent employer la force : Marie-Louise pousse des cris qui font arriver plusieurs officiers de sa maison; le préfet, M. Christiani, Piémontais au service de la France, M. d'Haussonville, chambellan, et M. de Bausset, préfet du palais, étaient aussi parmi eux. Les deux rois, déconcertés par la présence de tant de témoins et par l'appui qu'ils prêtèrent à l'impératrice, se retirèrent.

Cependant, vers deux heures, on apprend que le comte Schouvalow est descendu à l'hôtel de la Galère, et qu'il vient chercher l'impératrice. Quoiqu'il arrivât seul, sans l'appui d'aucune force armée, dès ce moment la régence fut dissoute. Tout ce qui tenait à la cour et à l'administration, les ministres à la tête, se rendit à la mairie pour demander des passeports que, pour plus de sûreté, on faisait viser au comte Schouvalow; le nombre s'en éleva à quatre cents.

De ce jour, la ville posséda des journaux, et malgré la joie que causait la délivrance des inquiétudes de toute sorte qui pesaient sur la population blésoise, elle conserva une attitude calme et réservée; les lois de l'hospitalité furent exercées dans leur entier, et tous ces personnages, dépouillés de leurs dignités, furent traités avec les mêmes égards que lorsqu'ils en étaient revêtus.

Le samedi 9, l'impératrice, dont le comte Schouvalow avait pris les ordres la veille, partit de Blois et prit la route d'Orléans, avec le roi de Rome, une partie de la cour et l'escorte qui les accompagnait à leur arrivée.

Le 26 mai, le duc d'Angoulême traversait la ville pour aller à Paris rejoindre la famille royale.

Pendant l'hiver de 1815, le maréchal Ney vint passer en revue la garde impériale, en garnison à Blois, où elle attendait, avec une ferme confiance, le retour de l'île d'Elbe.

Après la seconde chute de Napoléon, le faubourg de Vienne vit s'exécuter, avec une résignation sublime et digne des grandes choses que l'Empire avait accomplies, le licenciement de l'armée de la Loire. La ville était occupée par les troupes prussiennes, et les Blésois ne virent pas sans effroi un régiment de cosaques campé à leurs portes.

A cette époque, M. Bacot fut nommé préfet de Loir-et-Cher; M. de Préville était maire de la ville. Nous signalerons la remarquable énergie que l'administration déploya, tant que dura l'invasion. Gardé à vue par les Prussiens, M. Bacot sut leur résister avec une fermeté rare, et réussit plus d'une fois à réduire leurs exigences.

En 1820, la naissance du duc de Bordeaux fut célébrée dans notre ville et dans plusieurs châteaux du voisinage, par de grandes fêtes, et, vers le même temps, Blois s'inscrivait pour 6,000 fr. dans la souscription ouverte pour offrir au jeune prince le domaine de Chambord.

Jusqu'en 1827, peu de faits dignes d'être notés se passèrent à Blois. Mentionnons cependant, en 1823, un très-court passage de Madame la duchesse d'Angoulême; et, en 1824, la plantation d'une croix, opérée à la suite d'une pieuse quarantaine, ouverte par de jeunes missionnaires de la maison professe de Lyon, et dont le chef est aujourd'hui cardinal et archevêque de Bordeaux.

En 1827, les électeurs de Blois et du département participent, par la nomination de M. Pelet, de la Lozère, leur ancien préfet, destitué en 1823, au mouvement électoral qui devait déplacer la majorité parlementaire et renverser le ministère Villèle.

En 1828, Madame la duchesse de Berry, qui se rendait dans l'Ouest, s'arrêta quelque temps à Blois, avant de visiter Chambord, et assista, dans la soirée du 17 juin, à un bal brillant donné par la ville.

Dans la même année, en décembre, un de ces banquets, précurseurs des révolutions, est offert, après la session, aux députés nouvellement élus.

En 1830, la duchesse de Berry passe par Blois avec son père, le roi de Naples, et sa sœur, Marie-Christine, reine des Espagnes.

Peu de jours après, un bal réunissait, à la Préfecture, en l'honneur de la prise d'Alger, par l'armée française, l'élite de la population blésoise. Ce fut pendant cette fête qu'on reçut la nouvelle des funestes ordonnances; le comte de Lezay-Marnésia, préfet du département, eut le bon esprit de ne rien dire et de laisser danser.

Nous voici parvenus au 30 juillet 1830. Durant quelques jours, notre ville, comme beaucoup d'autres, se trouve en proie à de graves inquiétudes; l'apparition d'une voiture publique aux couleurs tricolores apporte la nouvelle des faits accomplis. Le préfet, qui ne recevait plus d'ordres, veut se retirer, mais une députation de notables, dans laquelle sont représentées les diverses opinions, le décide à rester à la Préfecture malgré la difficulté des circonstances.

L'ordre et la tranquillité ne reçurent à Blois aucune atteinte.

Alors, la garde nationale s'était spontanément réorganisée; mais la constante mansuétude du caractère blésois rendit le service de cette institution singulièrement facile, et sans quelques troubles, survenus en 1831, relativement à la croix de mission et à la procession de la Fête-Dieu, faits isolés et de peu de durée, son service se fût borné à des revues et à des élections, qui n'apportent de troubles que dans les vanités.

En 1832, le choléra vient affliger la ville. Les autorités et le corps médical tiennent une conduite digne d'éloges.

Sur un arrêt de renvoi, le jury de Loir-et-Cher est appelé à se prononcer sur le sort des personnes compromises dans les troubles de l'Ouest. Ce procès fameux occupe deux sessions, remplit plus d'un mois de ses débats, et finit par des condamnations, plus ou moins sévères, de détention et de réclusion, le jury ayant écarté tous les chefs d'accusation susceptibles d'entraîner la peine de mort. Le célèbre M. Berryer est acquitté.

Vers la fin de l'année 1833 fut fondée, par plusieurs hommes instruits de la ville de Blois, une société savante qui prit le nom de Société des Sciences et des Lettres. Cette compagnie a publié six volumes de Mémoires, presque tous relatifs à l'Histoire du Blésois.

Au mois de septembre 1836, s'ouvre, à Blois, la quatrième session du Congrès scientifique de France, fondé par M. de Caumont. Cette réunion laisse dans le pays d'agréables impressions, et dans le monde savant quelques travaux utiles.

En 1839, Blois voit une cérémonie d'un autre genre attirer dans ses murs les délégués des Sociétés savantes de villes riveraines de la Loire. Le clergé, en présence des autorités locales et d'une foule immense, bénit un bateau à vapeur de la compagnie des *Inexplosibles*, et lui donne le nom du célèbre *Papin*, originaire de notre ville, et l'un des plus grands génies des temps modernes.

Dans la même année, le duc et la duchesse d'Orléans viennent visiter Blois ; le prince passe en revue les gardes nationales et les troupes de la garnison.

Ces temps de prospérité sereine nous conduisent à février 1848. Alors de stériles agitations, de tumultueux débats viennent occuper un instant la scène blésoise, mais nulle violence, heureux et dernier résultat que peut revendiquer le calme bon sens de la population. Enfin, après avoir nommé ses représentants à l'Assemblée nationale, fourni son contingent à cette masse d'hommes intrépides qui volèrent, de tous les points de la France, au secours de la capitale, la ville de Blois procéda avec empressement aux divers scrutins qui portèrent au suprême pouvoir l'héritier de Napoléon, venant, après plus de trente ans d'exil, sauver, à l'exemple de son oncle, la France et l'Europe. En recevant, en 1851, l'élu du 10 décembre, elle put entendre les acclamations de la plus grande multitude de peuple qui ait jamais paru dans son enceinte.

Depuis cette époque jusqu'à celle où nous écrivons, aucun événement important n'est venu troubler la tranquillité de la ville de Blois, qui n'a plus de pages intéressantes à fournir à l'histoire de la France. Consolons-nous de la stérilité présente de nos annales, en répétant le mot de Montesquieu : *Heureux le peuple dont l'histoire est ennuyeuse !*

Notre ville, sous l'administration intelligente de

M. Eugène Riffault, maire de Blois, est entrée résolûment dans l'ère des améliorations de toute sorte. Un musée s'est fondé, des écoles gratuites se sont ouvertes, les rues s'élargissent et se garnissent de trottoirs; on perce des voies nouvelles de tous côtés; des maisons particulières, des édifices publics s'élèvent; des places s'étendent et s'embellissent; l'une d'elles attend la statue de notre illustre compatriote, Denıs Papin, créateur d'une de ces forces nouvelles qui changent la face du monde.

EDIFICES RELIGIEUX

LA CATHEDRALE. — L'origine de cette église remonte à la plus haute antiquité. Ce n'était d'abord qu'une chapelle dédiée à saint Pierre. Grégoire de Tours raconte qu'après avoir découvert, en 589, le tombeau de saint Solenne, décédé à Maillé (aujourd'hui Luynes), il ordonna de transporter ses ossements à Chartres dont il avait été évêque. Arrivés à Blois, ceux qui le portaient s'y arrêtèrent pour passer la nuit, et les déposèrent dans la chapelle Saint-Pierre. Le lendemain, il fut impossible d'enlever le coffre qui les contenait, ce qui parut être une manifestation de la volonté du saint, dont les reliques demeurèrent désormais dans la chapelle, qui fut reconstruite en 650 et mise sous le vocable de saint Solenne. Mais ce nouveau temple, devenu insuffisant à mesure que la ville prenait de l'accroissement, fut réédifié, de nouveau, en 1016, sur de plus larges proportions. Cette dernière église n'eut pas une bien longue existence, puisque quatre-vingt-dix années après, en 1106, elle était rebâtie, plus magnifique encore, par les soins généreux de Thibault-le-Grand, comte de Blois. En 1390, nouvelles vicissitudes : il fallut démolir l'œuvre de 1106, qui penchait vers sa ruine. Alors, dit l'historien Bernier, on jeta les fondements de deux tours; mais une seule fut élevée; son dôme à jour, planant sur la cathédrale et les toits étagés de la ville, attache encore de loin les regards du voyageur. Les constructions, toutefois, paraissent avoir marché lentement, car, en 1544, elles ne s'élevaient guère au-dessus du soubassement du vieux clocher du XIVe siècle; ce que prouve l'inscription suivante, gravée sur la corniche qui le sépare du nouveau :

<pre>
LE 7 DE MAY FVT COMECE
A REDIFIER CESTE PNTE
        1544.
</pre>

L'état de trouble apporté par les guerres de religion retarda longtemps ces constructions. On voit encore aujourd'hui, dans le flanc septentrional de la tour, des traces de boulets envoyés par les protestants, lors de la première invasion de la ville, au siége de 1562 (V. plus haut, page 11). Enfin, en 1609, la tour, définitivement achevée, s'élança majestueusement dans la perspective.

Une dernière calamité attendait encore notre église, déjà si éprouvée. Victime d'un ouragan terrible qui, en 1678, ravagea la ville et les environs, elle fut renversée de fond en comble, à l'exception de la tour et du porche. Mais, sur les instances de la femme du grand Colbert, qui était une Blésoise, elle fut promptement reconstruite, et en grande partie par les bienfaits de Louis XIV.

Ce monument, assis sur tant de ruines, quitta le 9 juillet 1730 le nom de Saint-Solenne pour prendre celui de Saint-Louis, en mémoire de la générosité du grand roi. Après l'érection de l'évêché de Blois, en 1697, il devenait église épiscopale, malgré sa dimension quelque peu modeste ; mais le roi ne voulut pas abandonner l'église du château, Saint-Sauveur, et les moines de Saint-Laumer, celle de leur abbaye.

La cathédrale appartient presque en entier à ce style bâtard, ou faux gothique, plus mal choisi peut-être que celui qui fut emprunté, si maladroitement, pour nos églises, aux traditions grecques ou romaines.

On ne voit pas sans intérêt, dans une des chapelles, deux bas-reliefs de marbre blanc représentant, l'un la *Mémoire*, l'autre la *Méditation*, sculptures remarquables qui faisaient partie du tombeau de la mère du roi Stanislas, brisé pendant la Révolution dans l'église des Jésuites.

Le tableau représentant saint Louis rendant la justice sous le chêne de Vincennes est de la main de Robin, peintre blésois assez estimé.

Des caveaux fort étroits, placés sous le chœur, contiennent les tombeaux retirés des églises démolies pendant la Révolution. On y remarque le cercueil de plomb du garde des sceaux Morvillier, provenant du caveau des Cordeliers, et celui de M. de Thermont, troisième évêque de Blois. Les tombes de Messeigneurs de Sauzin et des Essarts, nos deux derniers évêques, sont venues rejoindre celles de leurs prédécesseurs.

SAINT-LAUMER, maintenant SAINT-NICOLAS. — Vers la fin du VIe siècle, dans les âges de la ferveur merveilleuse et de la charité puissante, mourait chez l'évêque de Chartres un anachorète de grand renom, Launomare ou Laumer. Inhumé d'abord à Saint-Martin-de-Chartres, il fut transféré, quelque temps après, dans le monastère de Corbion qu'il avait fondé dans les solitudes du Perche. Mais, craignant pour ces précieuses reliques la fureur des hordes scandinaves, les religieux de Corbion, en 874, leur cherchèrent d'abord un asile dans l'Avranchin, ensuite dans la citadelle du Mans, et enfin ils ne les crurent en sûreté que dans celle de Blois, où elles furent reçues par des moines de Saint-Benoît qui s'y trouvaient déjà établis et y desservaient la chapelle de Saint-Calais. Les reliques y restèrent, sans accident, jusque vers l'an 930, que les vénérables gardiens les transférèrent dans l'église de Saint-Lubin, située au-dessous des murs du château. Cette église leur avait été donnée, en 924, par le roi Raoul, à la sollicitation du comte Thibault-le-Tricheur, avec le bourg du Foix, alors de son domaine, et toutes les autres propriétés qu'il possédait dans le Blésois à titre héréditaire.

Richement établis, grâce à la munificence du souverain, les religieux de Saint-Laumer songèrent, plus tard, à rétablir l'église de leur monastère; ils la commencèrent le 25 du mois de mai 1138, pour ne la terminer qu'en 1210. Soixante-douze années de travaux s'étaient écoulés, non sans quelques interruptions. Les revenus de la dotation du roi Raoul, les dons qu'y joignit Thibault-le-Bon, lors de la translation des reliques, l'abandon que fit le comte Louis de ses droits féodaux pendant trois jours de l'année : *la vigile, le jour et le lendemain* de la Saint-Nicolas, et enfin, en 1205, la vente de leur liberté aux habitants du Foix, *serfs de condition*, moyennant 2,000 livres, somme équivalant à environ 38,000 fr. de notre monnaie, fournirent de quoi contribuer aux dépenses de cette belle construction. Le 25 mai 1185, le chœur, le transept et les premières arcades de la nef étant terminés, on avait pu y célébrer la cérémonie de la dédicace.

Comme beaucoup d'autres édifices religieux, Saint-Laumer eut à traverser des périodes désastreuses; il fut pillé durant les guerres de religion et fermé pendant la Terreur. Rendu au culte, lorsque la main puissante du nouveau Charlemagne vint sauver, au début du siècle, la France de l'anarchie, il prit le vocable de Saint-Nicolas, du nom de l'une des paroisses qui avaient été annexées, en 1302, à son monastère.

En 1409, Isabelle de France, première femme du duc Charles d'Orléans, morte au château de Blois, fut enterrée au milieu de la chapelle de la Vierge, nouvel édifice qui avait remplacé la chapelle centrale primitive de l'abside. A cette époque, Saint-Laumer, parvenu à son apogée, n'avait plus qu'à décroître.

La forme de l'église Saint-Nicolas est une croix latine, et sa direction va de l'est à l'ouest, suivant

l'usage. Les proportions atteignent environ 86 mètres pour la longueur, et 67 pour la hauteur, sous le dôme de la coupole; cette coupole est une rareté de ce côté de la Loire. L'architecture, pour l'abside et le chœur, appartient au style ogival de transition ; la nef et la façade sont du XIIIe siècle. Le grand portail central présente, sur chacun de ses trois rangs d'archivoltes, une suite d'anges, de rois, de prophètes. Au-dessus, règne une galerie couverte, composée d'arcades en ogive, très-élancées, et de frêles et jolies colonnettes ; un rang de fenêtres allongées, au nombre de quatre, puis une large rosace, œuvre moderne, qui remplace celle qu'avaient détruite les protestants, surmontent cette galerie. Des deux côtés de la façade monte une tour carrée, percée d'une petite porte en ogive, ornée de plusieurs rangs de nervures, d'étoiles et de feuillages. On ne saurait trop louer le rond-point de l'église et les colonnes isolées qui le décorent. En admirant l'aspect intérieur de Saint-Laumer, on se rappelle ces mots de Montaigne : « Il n'est âme si revesche qui ne se sente
« touchée de quelque révérence à considérer cette
« vastité sombre de nos églises.... Ceulx mesmes qui
« y entrent avecques mespris sentent quelque fris-
« son dans le cœur. »

Il faut remarquer les chapiteaux pseudo-corinthiens du rond-point : deux, à droite et à gauche de l'entrée du chœur, sont historiés. Les modillons des corniches sont formés de mascarons grimaçants ; dans le chœur, deux d'entre eux, d'une très-naïve exécution, représentent un diable cherchant à entraîner un moine.

L'exécution d'un plan de restauration est commencée, depuis plusieurs années, par les soins de la municipalité de Blois et avec les secours du gouvernement. Sauf le bonnet de coton dont on a coiffé l'une des tours, ce que l'on a fait pour l'assainissement de l'église et la restitution de tous les ornements que le temps et la main des hommes ont détruits ne mérite que des éloges. Cette restauration a été confiée d'abord à M. Delton, architecte de la Commission des monuments historiques, ensuite à M. de la Morandière, architecte du diocèse de Blois, et à M. Martin.

Jusque-là, la munificence municipale ne s'était manifestée envers l'église que par l'octroi d'une somme de 2,000 fr., donnée en 1831, pour être employée en badigeon; la couleur nankin ayant paru la plus agréable, l'intérieur de l'église en reçut un vêtement complet qu'il conserve encore.

Les restes de M. le comte de Lezay-Marnézia, sénateur, qui fut préfet de Loir-et-Cher pendant vingt années, ont été, par une mesure exceptionnelle, inhumés dans l'église de Saint-Laumer, sa paroisse. A droite de la chapelle de la Vierge se voit le monument funéraire élevé par la piété de madame la comtesse de Lezay et de ses enfants. Je ne saurais mieux faire que de transcrire ici les lignes où M. de la Morandière voulait bien me faire connaître l'ordre d'idées qui avaient présidé à la composition du monument dont il est l'auteur :

« Un tombeau doit, dans sa forme extérieure, reproduire autant que possible, en images faciles à

ÉDIFICES RELIGIEUX. — SAINT-LAUMER.

saisir, le caractère, les mœurs, l'esprit et les tendances de l'homme qu'il renferme. C'est ce que s'est efforcé d'atteindre l'architecte qui a élevé le monument à la mémoire de M. de Lezay.

« M. le comte de Lezay, bien que doué d'un esprit calme et posé, de formes extérieures graves et empreintes d'une dignité qui allait presque jusqu'à la sévérité, n'était pas cependant une de ces trempes de caractère, exclusives de l'aménité des formes et des manières aimables de l'homme du monde. Ses études journalières, si elles le tenaient éloigné de la lecture futile des romans et autres ouvrages légers, ne portaient pas cependant sur les sciences ardues et les recherches approfondies. Heureusement doué, son esprit le portait vers les choses aimables qui embellissent la vie. Il aimait la société, il appréciait la bonne musique, la peinture, l'architecture ; un discernement heureux le portait de prédilection vers les belles choses. Il obéissait ainsi à une nature qui avait horreur de la trivialité.

« Telle a été la ligne qu'a voulu suivre le monument. Un soubassement sévère, une partie supérieure plus riche et plus élégante, indiquent l'alliance des deux tendances de l'esprit et du caractère de M. de Lezay.

« De fines arabesques sont l'expression de ces qualités aimables qui ont fait regretter sa personne ; les attributs de la peinture, de la sculpture ; des fleurs, des fruits indiquent l'amour qu'il avait pour tout ce qui est beau, pour tout ce qui charme les yeux et l'esprit ; puis, sur de petits cartels, le nom des qualités précieuses de son cœur et de son esprit forment ses titres à l'estime publique.

« Ces cygnes qui vont se désaltérer à la source, c'est la régénération par l'eau. Ces anges qui alimentent ce foyer, c'est la régénération par le feu, ces deux grands moyens de salut. La mauve qui court en rinceaux sur l'archivolte, sur la croix, c'est la fleur qui se plaît à croître sur les fosses fraîchement comblées des cimetières, c'est la fleur mélancolique de la mort.

« Tel est ce petit tombeau, qui n'a pas voulu être ambitieux, n'ayant à recouvrir ni un grand guerrier, ni un grand homme d'État, mais un administrateur éclairé, loyal, profondément honnête et dévoué au bien, qui, simple dans ses goûts, a fini simplement aussi, au milieu de ses concitoyens d'adoption.

« Le monument s'est montré modeste dans ses formes ; il a dit de son mieux l'esprit et les tendances de l'homme ; il a fait voir enfin qu'au faîte de toute vie, comme au faîte de tout tombeau, on trouve la croix, la croix, la suprême raison, comme le suprême espoir de l'homme. »

On a placé, le long du fût d'un pilastre de la nef et sur une des murailles, les épitaphes de quelques personnages qui ont tenu une place honorable dans l'histoire de Blois, et dont les tombes, appartenant à différentes églises, ont été détruites. Ces personnages sont : Pierre de Morvillier, bisaïeul du garde des sceaux ; Michel Bégon, père du célèbre Bégon qui fut chargé par Louis XIV de fonder la ville et le port militaire de Rochefort, aïeul de Marie de Charron, épouse du grand Colbert, et Jean Daguier, président au présidial de Blois.

En 1852 et 1857, feu M. l'abbé Vesser, curé de Saint-Nicolas, aidé de la souscription de quelques fidèles, restaura complètement la chapelle consacrée à saint Laumer. Le vitrail du fond, dans le goût du XIIIe siècle, représente les principaux faits de la légende du saint patron; deux verrières latérales offrent les noms et les armoiries de tous les abbés de Saint-Laumer. Sous la coupole de l'absidiole est peint l'abbé de Saint-Laumer offrant au roi Raoul le modèle de l'église qu'il veut construire, et recevant des mains du monarque la charte de fondation du monastère. Pour les peintures accessoires, on a suivi les agencements indiqués par des fragments de la peinture murale primitive de cette chapelle, que l'on a retrouvés sous le badigeon.

Un monument ancien, qui avait été affreusement mutilé lors du pillage par les protestants, en 1568, est un retable de pierre de l'ancien autel de sainte Marie-l'Egyptienne. Il représente plusieurs scènes de la légende de cette pieuse solitaire et fut donné à l'église par Jean de Prunelé, abbé de Saint-Laumer, de 1447 à 1467; ses armoiries, portées par des anges, figurent aux deux coins supérieurs du retable, qui vient d'être restauré par la fabrique de l'église. Un vitrail, dans le goût du XVe siècle et représentant Marie recevant le saint viatique, décore la fenêtre placée au-dessus du retable.

Un autre vitrail, du commencement du XVIIe siècle, décore la baie placée à gauche de la chapelle de la

Sainte-Vierge. Il a été donné, en 1601, par Ch. de La Saussaye, doyen de l'église d'Orléans. Des vitraux modernes décorent les autres fenêtres de Saint-Laumer ; la plupart ont été fabriqués et donnés par M. J. Laurand, auteur d'une notice sur Saint-Laumer, citée plus bas.

Dès l'époque romaine, il y eut peut-être, à la place où s'élève Saint-Laumer, un temple païen. On a trouvé, en fouillant dans le parvis, un tombeau gallo-romain, accompagné de statuettes en terre cuite, décrites dans Montfaucon, au t. V, p. 190, de ses *Monuments de la Monarchie françoise*.

On lit, dans le tome VI des *Mémoires de la Société archéologique de l'Orléanais*, une très-bonne notice sur l'église de Saint-Laumer, par M. J. Laurand, de Blois. M. Dupré a donné une excellente analyse du manuscrit de l'histoire de l'abbaye de Saint-Laumer, que possède la bibliothèque de Blois, dont il est le conservateur.

SAINT-VINCENT-DE-PAUL. — Bâti à une époque voisine de la nôtre, cet édifice n'a pas à raconter une bien longue histoire. Les Jésuites en jetèrent les fondements au lieu dit anciennement *la Bretonnerie*, en 1626, trois ans après leur installation à Blois. Ses commencements, comme tous les débuts de ce monde, furent entourés de quelques difficultés. Le seul terrain, voisin de leur maison, qui fût propre à l'érection d'une église, était un jardin possédé par un gentilhomme protestant qui refusait obstinément de le vendre à la Société. Heureusement pour elle,

Henri Hurault, comte de Cheverny, fils du chancelier, fit l'acquisition de l'emplacement désiré et l'abandonna généreusement aux Jésuites. Ils se mirent aussitôt à l'œuvre, et bientôt le manque de fonds vint arrêter les constructions ; mais les libéralités de Gaston, comte de Blois, leur permirent de les reprendre et de les mener à leur perfection ; ce qui s'effectua en l'année 1671.

L'église de Saint-Vincent-de-Paul porte le cachet de l'architecture particulière adoptée par la Société de Jésus, et, comme la plupart des églises de cet ordre fameux, elle a son orientation du midi au nord. Elle fut bâtie sur les dessins de François Mansard, architecte de la partie du château élevée par Gaston. Sa façade, composée de trois ordres, ionique, dorique et corinthien, est digne de la réputation de son architecte ; les lignes en sont pures, correctes, et produisent le meilleur effet, vues des hauteurs de la place. Sa nef est d'ordre dorique, assez spacieuse et surmontée d'un dôme en forme de lanterne. Sa voûte, en bois, a reçu de l'architecte diocésain, M. de la Morandière, une ornementation intelligente, et sa façade, une restauration complète.

Avant que d'être dévastée, en 1793, l'église des Jésuites s'enorgueillissait du tombeau de la mère de Stanislas, roi de Pologne, d'un carrelage de marbre en mosaïque et d'une belle grille de chœur. Le monument élevé par Mademoiselle de Montpensier à la mémoire du bienfaiteur de Blois, Gaston d'Orléans, existe encore en partie ; le cœur du prince, contenu dans une urne, fut jeté au vent par les révolutionnaires de 93. Des inscriptions rappellent encore le nom du royal fondateur et la piété filiale de la Grande Mademoiselle, sa romanesque héritière.

Club d'abord, écurie ensuite, magasin de fourrages plus tard, l'église de Gaston fut enfin rendue au culte en 1828 ; elle quitta alors le vocable de Saint-Louis, qu'elle portait depuis sa fondation, pour prendre celui de Saint-Vincent-de-Paul, le miséricordieux patron de toutes les infortunes.

SAINT-SATURNIN. — Saint-Saturnin est l'église paroissiale du faubourg de Vienne. Ce n'était d'abord qu'une modeste chapelle dédiée à saint Antoine-des-Bois, et dont l'origine est peut-être fort ancienne. Devenue paroisse, elle a été restaurée par Anne de Bretagne, qui fit élever le portail et commencer la tour des cloches. Catherine de Médicis augmenta les constructions de la reine Anne et leur adjoignit une chapelle connue sous le nom de *Notre-dame-des-Aydes*, célèbre autrefois comme lieu de dévotion et de pèlerinage. C'est à cette chapelle que se rendit, après la messe du Saint-Esprit, la procession générale qui précéda les Etats de 1576 et de 1588.

Lors de la grande épidémie de 1631, les habitants de Blois firent vœu à la Vierge, pour obtenir, par son intercession, la cessation du fléau, de faire célébrer à la chapelle de Notre-Dame-des-Aydes, tous les ans, pendant trente ans, une messe solennelle à laquelle se rendraient processionnellement tout le clergé et les habitants de la ville. Les échevins devaient y assister portant un cierge de cire blanche du poids d'une livre. En 1633, en commémoration du vœu, la ville fit faire par Jean Mosnier, peintre blésois, alors très en réputation, le tableau d'autel. Sur cette toile historique, dont le fond représente la ville de Blois, on voit agenouillés les quatre échevins alors en charge, MM. Butel, Thierry, Huart et Garnier, dont les descendants existent encore dans la ligne maternelle. Une figure de capucin, comprise dans le tableau, rappelle le dévouement que montrèrent pour les pestiférés les Pères Capucins de Blois. Le corps de ville renouvela le vœu tous les trente ans, et la procession eut lieu jusqu'en 1792; elle se confondait alors avec celle du vœu de Louis XIII.

En 1860, Mgr Pallu du Parc, évêque de Blois, a rétabli l'ancienne procession à Notre-dame-des-Aydes.

Une autre chapelle et la tourelle qui la joint sont deux jolis édifices du XVIe siècle.

LE PALAIS EPISCOPAL. — Le cachet de noblesse, de force, de majesté qui distingue le règne du *Grand Roi*, se retrouve, autant que le demandait l'importance de la localité, dans le palais épiscopal, bâti à côté de la cathédrale. Rien de plus Louis XIV que ses jardins en terrasse, ses allées de marronniers et de tilleuls, d'où se déroule à la vue un magnifique panorama sur la ville de Blois et le val de la Loire.

Cet édifice, si admirablement situé, devait d'abord être établi dans les bâtiments du couvent de Saint-Laumer, et la cathédrale dans l'église abbatiale ; mais les réclamations des Bénédictins firent revenir de cette première détermination le gouvernement de Louis XIV. On fit heureusement choix de l'emplacement actuel, alors occupé par les maisons de l'ancienne rue des Papegaux, et notamment par la demeure du prieur de Saint-Solenne. Gabriel, architecte du roi, donna les dessins du palais, et le sieur Jacquet, entrepreneur à Blois, fut adjudicataire des travaux, pour 85,000 fr.; le petit bâtiment situé au couchant et celui qui ferme la cour au nord furent élevés plusieurs années après.

Jusqu'à la Révolution, le palais épiscopal fit partie de la mense de l'évêché de Blois et devint la résidence des évêques. A cette époque, leur successeur constitutionnel, l'abbé Grégoire, s'y installa avec ses vicaires épiscopaux; mais il abandonna, avec un louable désintéressement, une partie des dépendances pour y loger la bibliothèque communale, que l'on formait alors de toutes celles des communautés religieuses, et surtout de la collection des beaux livres de M. de Thémines, l'évêque de Blois dépossédé. Alors aussi, sur la proposition de l'abbé Grégoire, les jardins de l'évêché furent transformés en jardin botanique, dont Eloi Johanneau fut nommé démonstrateur; mais cette institution n'eut qu'une durée éphémère.

En 1800, l'évêché, alors vacant, fut occupé par le préfet; cependant la translation des bureaux, qui siégeaient à Bourg-Moyen, ne fut effectuée qu'en 1802.

Lors du rétablissement de l'évêché, en 1823, la restitution du palais épiscopal aux évêques fut décidée; la construction d'une préfecture nouvelle entraîna d'assez longs délais, et ce ne fut qu'au mois de juin 1830 que Mgr de Sauzin put y faire son entrée. Ce bon et spirituel prélat, alors septuagénaire, occupait un logis provisoire en face, et cette circonstance lui faisait dire qu'il était destiné, comme Moïse, à voir la *terre promise*, mais sans pouvoir y pénétrer. Un autre évêque, celui de Poitiers, Mgr Pie, dans une circonstance semblable, disait, plus spirituellement encore : « Je suis logé en face de chez « moi. »

Depuis M. Grégoire, l'admirable terrasse du palais est restée ouverte au public, et cette promenade, le plus beau point de vue de la Loire, peut-être, fait l'admiration des étrangers.

LE GRAND SÉMINAIRE. — Cet édifice, qui n'est qu'une grande maison dépourvue de toute prétention architecturale, ne mériterait guère d'être mentionné ici, s'il ne renfermait pas une chapelle, dans le style du XIIIe siècle, construite et décorée avec infiniment de goût. Sa construction est due à M. de la Morandière; les peintures murales sont de la main de M. de Vaine.

MAISONS RELIGIEUSES. — Plusieurs maisons religieuses, telles que les *Ursulines*, la *Providence*, le *Refuge*, les *Sœurs de l'Espérance*, les *Petites Sœurs des Pauvres*, sont des constructions très-modernes, fort modestes et de peu d'intérêt pour le voyageur.

CIMETIÈRES. — Lorsque les cimetières, placés autrefois près des églises, durent être transférés hors des villes, un cimetière commun aux paroisses de Blois, situées sur la rive droite de la Loire, fut établi en 1808 dans une partie de l'enclos de l'ancien couvent des Capucins, dont la petite église conventuelle fut convertie en chapelle funéraire. On y remarque les tombes de M. Corbigny, un des administrateurs de notre département qui a laissé le plus de souvenirs, de M. Rousseau, évêque d'Orléans, de la mère du maréchal Lefebvre, du père des deux Thierry, de plusieurs membres distingués de la magistrature et du barreau blésois, MM. Turpin, Bergevin, Maigreau, etc. Quelques monuments d'une architecture originale et de bon goût sont dus à M. de la Morandière.

Ce que le cimetière de Blois renferme de plus curieux se voit à la tombe de M. Bergevin, vice-président du tribunal de Blois. Ce sont deux pleureuses en marbre, qui proviennent du magnifique monument élevé à l'évêque d'Orléans, Jean de Morvillier, garde des sceaux de France, par le célèbre Germain Pilon.

Ce monument, placé autrefois dans la chapelle des Cordeliers, où était le caveau funéraire de la famille blésoise des Morvillier, fut détruit à la Révolution. Le magnifique buste de bronze du chancelier se voit aujourd'hui à l'évêché d'Orléans ; les deux pleureuses ont bien le droit de figurer au tombeau de M. Bergevin qui les avait sauvées de la main des iconoclastes de 93.

Ce cimetière, placé trop près de la ville, a été abandonné, il y a quelques années ; l'administration municipale a fait choix d'un autre emplacement dans le faubourg des Basses-Granges. Quelques-uns des monuments qui décoraient l'ancien champ de repos sont déjà reconstruits dans le nouveau. Tous y seront successivement transférés dans l'espace de trente années, après lesquelles ces terrains seront sans doute couverts de constructions, provoquées par le mouvement commercial, porté de ce côté de la ville à cause de son voisinage de la gare du chemin de fer.

Il y a un cimetière particulier pour la paroisse du faubourg de Vienne. Le seul monument remarquable est celui des frères Bertheau, qui ont doté le faubourg d'une nouvelle rue tracée dans l'alignement de leur maison. Ce monument est dû à feu M. Pinault, ancien architecte de la ville.

ÉDIFICES CIVILS

HOTEL-DE-VILLE. — Les premières libertés municipales des Blésois sont dues aux comtes de la maison de Champagne. Louis, fils de Thibault-le-Bon, par une charte donnée solennellement à Blois, en 1196, affranchit les habitants de la ville, qui étaient serfs de condition, et changea le droit de la taille en celui de cinq sous par maison.

Dans une autre charte, destinée à confirmer les priviléges des habitants de Blois, donnée le 15 juillet 1345, par Louis Ier de Châtillon, aux manants et habitants de Blois, assemblés aux halles, on voit que Blois était une de ces villes qui, sans être encore érigées en commune, avaient reçu de leurs seigneurs certaines franchises et certains priviléges.

ÉDIFICES CIVILS. — HOTEL-DE-VILLE.

En 1379, l'existence d'une commune est clairement signalée dans une contestation entre le comte et les habitants de Blois, au sujet de la garde des clés de la ville.

Toutefois les Blésois n'avaient pas encore d'hôtel pour leurs assemblées communales, qui se tenaient dans différents édifices de la ville, et notamment dans le beau réfectoire des Jacobins.

Enfin, en 1459, sous les comtes de la dynastie d'Orléans, Jean de Saveuse, chambellan du duc Louis et bailli de Blois, dotait les Blésois d'un Hôtel-de-Ville, qui subsiste encore, mais complètement défiguré par différentes constructions et démolitions. La date et les conditions de la donation sont consignées dans une inscription lapidaire placée au pignon qui regarde la rue de la Foulerie, et c'est tout ce qui reste de la décoration de l'édifice primitif. Voici la copie de cette inscription :

L'an milccccliv noble home Jehan de Saveuse escuier cnseil^r et premier chabella de hault et puissant pⁿce moss^r le duc d'Orls et de Milan et son gouverne^r et bally de ceste vile de Blois po^r la bone amor quil avoit aux hitans de ceste ville leur dnna [et octroia] ceste maiso a la charge dune messe du saint esprit a estre celebree c̄qun lundi de lan en la chapelle de St Fiacre sur le p̄nt de Blois duql escuier les armes sot cidessus. Priez Dieu po^r lui.

On possède, dans les archives municipales, un registre de comptes de l'année 1518, où se trouvent quelques renseignements sur la commune de Blois. Nous y voyons que son revenu ne s'élevait pas alors à plus de 2,649 livres. Ses dépenses étaient de 2,940, ce qui l'obligeait à des emprunts. Comme aujourd'hui, les villes n'équilibraient pas mieux leur *doit* et leur *avoir*.

Les affaires de la commune étaient administrées par quatre officiers municipaux qui portaient le titre d'*échevins*, et étaient nommés dans l'assemblée générale annuelle des notables de la ville; leur élection était soumise à l'approbation du roi. On les renouvelait par moitié tous les ans. Deux d'entre eux étaient pris dans le corps des gentilshommes ou bourgeois; les deux autres dans le corps des marchands. Ils recevaient cent sous de *gages* pour garantie d'assiduité. Des jetons de présence étaient distribués aux séances; on connaît une suite de ces jetons depuis Henri II jusqu'à Gaston d'Orléans. D'un côté, sont représentés le chiffre ou les armes du souverain et de l'autre celles de la ville. Voici le revers de l'un de ces jetons :

La présidence appartenait au bailli, ou à son lieutenant-général.

Arrivés à l'année 1566, nous possédons des documents dont la collection non interrompue permet de suivre jusqu'à nos jours les événements dont l'Hôtel-de-Ville a été le théâtre. Ce sont les registres des délibérations communales. Une analyse du procès-verbal des premières élections consignées dans ces registres, nous offrira une peinture fidèle de cet acte important de la vie municipale de notre cité, au XVIe siècle.

Le 28 décembre 1566, l'ordonnance du bailli de Blois, pour la convocation de l'assemblée générale, fut publié *à son de trompe et cri-public*, dans les carrefours et faubourgs de la ville. Le 28, comparurent, en la maison commune, par-devant Jacques Viart, gouverneur et bailli de Blois, à savoir, pour le clergé : le grand-prieur de l'abbaye de Saint-Laumer et le grand-prieur de l'abbaye de Bourg-Moyen, ayant charge chacun pour les autres religieux de son abbaye ; pour la noblesse : quatre gentilshommes, chacun en son nom personnel et non comme délégués de leur ordre ; les officiers royaux, les quatre échevins confondus parmi eux ; puis les bourgeois. Le procès-verbal énumère huit officiers royaux, et après avoir donné le nom de dix-sept des bourgeois, il ajoute : « et plu-
« sieurs autres bourgeois, manans et habitants de
« ladite ville et faubourgs. »

Vincent Guignard, avocat et conseil de la commune, prit la parole le premier, au nom des deux échevins sortants, et exprima leur vote en faveur de leurs successeurs, le seigneur Florimond Robertet d'Alluye et Denys Gilles. Le premier des deux n'était rien moins que *secrétaire d'Etat*, c'est-à-dire ministre du roi; le second était un simple marchand de la ville. Après cette présentation des deux candidats des échevins par l'organe de l'avocat de la commune, tous les assistants opinèrent successivement et à haute voix, suivant l'ordre dans lequel ils étaient énumérés. Les élus, Robertet et Chauvet, maître des comptes, obtinrent la presque unanimité des suffrages. Cependant l'édit de 1547 excluait de l'échevinage tous les officiers royaux. Les villes continuaient-elles de les nommer pour faire leur cour au pouvoir, ou voulaient-elles faire preuve en cela de la liberté de suffrages dans leurs élections? La première raison semble la plus probable, car il était de l'intérêt bien entendu de la commune d'avoir des protecteurs auprès de la puissance royale.

La même assemblée qui nommait les échevins choisissait aussi le receveur municipal, les administrateurs de l'Hôtel-Dieu et les commissaires de police, dont les fonctions ont cessé d'être électives.

La commune n'était ni moins endettée ni moins embarrassée pour faire face à ses affaires qu'en 1518, quoique son revenu se fût élevé à 4,000 livres. Les échevins avaient été obligés de s'engager personnellement pour obtenir une somme de 3,000 livres. Les fonctions municipales étaient alors fort onéreuses, et il n'était pas rare de voir les élus en décliner les honneurs.

L'année 1584, le vieil hôtel de Jean de Saveuse, qui menaçait ruine, reçut une première restauration, comme le témoigne cette inscription, qui était placée dans un mur de l'Hôtel-de-Ville et a été transférée au Musée :

POUR GARDER CEST HOSTEL DALLER EN PRECIPICE
ET TOVSIOVRS AVGMENTER SA DECORATION
LE DESSEIN PROIETTE DE CE NEVF EDIFICE
FVT MIS COMME LON VOIT EN EXECVTION

DV REGNE DE HENRI 3 ROY DE FRANCE ET DE POLOGNE ESTANS POUR LORS ECHEVINS HONORABLES HOMMES VALENTIN BELOT GRENETIER DE SELLES ET DE VENDOSME S^R DE LA BUSSIERE M^E IEHAN BOVCHIER CON^{ER} DU ROY LIEVTEN DES EAVX ET FORESTZ DV CONTE DE BLOIS FRANCOIS PELLETIER APOTIQVAIRE ET VALLET DE CHAMBRE ORD^E DU ROY ET IAQVES DESMARES S^R DES ROBERDIERES

1584.

Les registres municipaux sont remplis, à toutes les époques, et notamment à celle où nous arrivons, de délibérations relatives aux embarras financiers de la ville.

L'année 1639, les dettes s'élevaient à 88,860 livres, somme énorme pour le temps, et une taxe de 16,000 livres venait d'être nouvellement imposée par le roi. Le conseil de ville avait appelé à son secours *les plus aisez;* mais, à l'exception de trois, aucun des citoyens portés sur la liste ne répondit à l'appel fait à son patriotisme, les uns prétextaient de leurs titres de noblesse, les autres d'une charge de la couronne exercée par eux maintenant, ou autrefois par leurs ancêtres, en réclamant le bénéfice de l'hérédité. En vue de ces priviléges exorbitants, il n'y avait bourgeois, ni marchand qui, sitôt que sa bourse commençait à s'arrondir, soit par ses économies, soit par son commerce, ne s'empressât d'acheter une de ces charges, et on en créait tous les jours de nouvelles, à une époque où la vénalité des offices était érigée en principe. Dans ces extrémités, les échevins étaient obligés d'emprunter, à leur nom privé, la taxe demandée, et, ce qui donnera une idée aussi juste que fâcheuse du crédit dont jouissait la commune, « sans qu'il fust faict mention, dans les « contracts, de leur quallité d'eschevins, ny que ce « fust pour employer aux affaires de la ville, d'aultant « que soubs telles clauses et quallitez, il ne se trou- « veroit personne qui voulust prester ses deniers. » Les droits d'entrée étaient ensuite augmentés, s'il convenait au roi, et les échevins payés, s'il plaisait à Dieu.

Une résolution importante, touchant les gens de commerce, fut prise dans une des réunions de l'année 1640. Elle établissait, en principe, une disposition électorale dont l'exécution avait été jusqu'alors facultative. Il fut arrêté qu'à partir du jour de l'assemblée générale du 28 décembre, l'un des deux échevins qui sortirait de charge serait remplacé par un marchand, que celui-ci le serait à son tour par un autre, en continuant de même, dorénavant, à chaque élection.

Ces magistrats devaient être choisis alternativement parmi le corps des marchands merciers, joailliers et drapiers, et le corps des autres marchands. Si deux marchands se trouvaient à la fois officiers municipaux, on devait faire attention à ce que les deux corporations fussent représentées en même temps.

EDIFICES CIVILS. — HOTEL-DE-VILLE.

Le 16 août 1644, la commune était en meilleure position ; la taxe avait été réduite de moitié, par l'intercession du comte de Blois, et il avait été à peu près pourvu au remboursement des dettes par une élévation des tarifs de l'octroi.

L'année 1664 vit les libertés municipales de Blois diminuées considérablement par ordre du roi. Ces libertés étaient fort étendues, et constituaient à peu près le suffrage universel ; mais le roi décida qu'à l'avenir les assemblées ne seraient composées que des personnages suivants : le bailli, son lieutenant-général, le commissaire de la banlieue, le procureur du roi, les échevins, le receveur en charge, et les huit conseillers ordinaires de la ville. Parmi les principaux habitants, le droit électoral n'appartint plus qu'aux suivants : quatre ecclésiastiques pour tout le clergé, trois officiers d'épée, trois nobles ou bourgeois, trois marchands de la paroisse Saint-Solenne, pareil nombre pour la paroisse Saint-Honoré, deux seulement, un de chaque corps, pour la paroisse Saint-Sauveur. Les électeurs étaient élus eux-mêmes par les habitants des trois ordres, qui ne se réunissaient plus qu'une fois par an, le dimanche suivant la fête de Noël. L'élection directe fut ainsi remplacée pas l'élection à deux degrés, comme cela avait déjà eu lieu pour Paris, Orléans et plusieurs autres villes de France.

L'an 1677, Louis XIV chercha encore à empiéter sur les priviléges de la commune. La présidence des assemblées communales appartenait de droit au bailli et gouverneur de la ville, et, à son défaut, à son lieutenant-général, qui remplissait des fonctions analogues à celles de maire dans d'autres villes. Le roi, donna commission à Jean de la Saussaye, président de la chambre des comptes de Blois, qui était aussi conseiller de ville, de présider les assemblées communales au lieu et place du lieutenant-général. Cette atteinte grave aux droits de la commune provoqua sans doute une protestation, car depuis le 23 décembre, date de la commission, ni le lieutenant-général, ni le nouveau président ne siégèrent, jusqu'au 8 février suivant; le lieutenant particulier les avait remplacés, et le 8 février le lieutenant-général Belot reprenait sa place. Ce fonctionnaire était l'arrière-petit-fils du Belot de la Bussière de l'inscription de 1584. (V. plus haut, p. 59.)

Par un édit du mois d'août 1690, le roi réalisa enfin ses projets pour la nomination directe des présidents des assemblées communales, en créant dans toutes les villes du royaume des charges de maires perpétuels. Celle de Blois fut *levée*, comme on disait, par le lieutenant-général Druillon, qui la remplissait alors. A cette époque, où l'abus de la vénalité des offices était porté au comble, toutes les autres charges municipales furent données, comme celle du maire, moyennant finance.

L'an 1686, le nombre des conseillers de ville avait été élevé à dix, desquels deux devaient être pris parmi les marchands, l'un, du corps des merciers, joailliers et drapiers, l'autre, du corps des autres marchands; mais, en 1693, on rétablit le nombre ordinaire de huit.

Cependant les vieux remparts des rives de la Loire avaient presque entièrement disparu, que l'Hôtel-de-

Ville présentait encore, de ce côté, ses murs noirs et percés d'étroites ouvertures, qui lui donnaient l'aspect sombre et triste d'une prison. Enfin, en 1777, sous le mairat de M. de La Saussaye, arrière-petit-fils du conseiller de ville dont on vient de parler, la démolition de la vieille muraille fut résolue, et on la remplaça par la façade que l'on voit aujourd'hui.

L'Hôtel-de-Ville n'a pas changé de physionomie depuis cette dernière reconstruction, et je n'ai pas à raconter les différentes phases de l'organisation municipale de Blois, qui ne se distingue plus de celle du reste des autres communes de la France depuis que l'unité dans le gouvernement, tentée avec succès sous Louis XIV, a reçu sa sanction définitive de l'autorité impériale, et est restée la règle souveraine de notre constitution communale.

ASILE DES ALIÉNÉS. — Cet édifice, qui n'est pas encore entièrement terminé, est un des plus intéressants par sa distribution intérieure et son appropriation. Si l'artiste y trouve peu de chose à admirer, le médecin, l'économiste, le penseur y rencontreront une mine très-riche d'observations. La population en est très-nombreuse, parce que plusieurs départements y envoient leurs malades.

BARRIÈRES. — Deux des barrières de l'octroi méritent l'attention des voyageurs. Celle de l'embarcadère est composée de deux corps-de-logis se faisant face et pour lesquels l'architecte de la ville, M. de la Morandière, s'est inspiré heureusement du style du

XVe siècle. Si les murs étaient de briques, l'illusion serait complète et l'édifice gagnerait singulièrement pour l'aspect, en raison de l'opposition des tons.

La petite maison de la barrière Saint-Gervais, due au même architecte, est une construction en pierre de taille, dans le goût renaissance, et fort bien réussie.

BIBLIOTHÈQUE. — Ce fut en 1805 que la ville de Blois vit s'ouvrir une bibliothèque publique, formée, comme presque toutes les autres bibliothèques de département, aux dépens de celles qui avaient été confisquées sur les couvents et les émigrés. La nôtre n'est pas riche en manuscrits, comme l'était la célèbre bibliothèque du château de Blois; mais elle est extrêmement remarquable par le choix et la condition des livres imprimés. Les monastères du Blésois n'avaient pu réparer les pertes occasionnées par les guerres civiles, et à l'exception de quelques éditions curieuses des XVe et XVIe siècles, ils ne fournirent que des ouvrages ordinaires et mal conservés, la véritable richesse de la bibliothèque communale, c'est le fonds de M. de Thémines, ancien évêque de Blois. Ce prélat, qui menait la vie d'un anachorète, faisait deux parts de ses revenus considérables, l'une pour les pauvres et les établissements pieux, l'autre pour les livres. Homme de goût et de savoir, sa bibliothèque est admirable; tous les ouvrages de l'antiquité s'y trouvent joints aux meilleures productions des auteurs modernes, nationaux et étrangers, et ses volumes réunissent toutes les conditions de bonté, de beauté et de rareté qui font d'un livre un meuble de prédilection pour son heureux possesseur.

Cette bibliothèque reçoit tous les ans quelques augmentations, à l'aide des dons envoyés par le ministère de l'instruction publique et d'une petite subvention municipale. Le nombre des volumes s'élève aujourd'hui à plus de 23,000, et, en raison de l'excellent choix des ouvrages, les travailleurs trouvent rarement quelque chose d'important à désirer, particulièrement dans les sciences historiques.

Placée à son origine dans le palais épiscopal, devenu l'hôtel de la Préfecture, la bibliothèque, lorsque l'évêché de Blois eut été rétabli en 1823 et le palais rendu à l'évêque, fut transportée à l'Hôtel-de-Ville, où l'on construisit pour la recevoir une très-jolie salle sur les dessins de feu M. Pinault, alors architecte de la ville. Malheureusement, cette salle est trop petite pour suffire aux futurs accroissements de la bibliothèque.

COLLÉGE. — Cet établissement est placé dans les bâtiments dépendant autrefois de l'abbaye de Bourg-Moyen. La façade principale, élevée dans le dernier siècle, n'était pas à moitié terminée à l'époque de la Révolution. Une rue ayant été percée alors, dans le terrain sur lequel devait se prolonger ce bâtiment, on a remplacé, il y a peu d'années, par un pavillon d'angle, ce qui devait être le pavillon du milieu.

Le collége, subventionné par la commune et très-bien dirigé, a une véritable importance, malgré le voisinage du lycée de Vendôme et de l'école de Pont-Levoy. C'est dans ce collége que les deux frères Thierry ont été élevés. On a converti en chapelle la vieille salle d'étude où Augustin sentit un jour se révéler sa vocation pour les travaux historiques.

« En 1810, j'achevais, dit l'illustre écrivain, mes classes au collége de Blois, lorsqu'un exemplaire des *Martyrs*, apporté du dehors, circula dans le collége. Ce fut un grand événement pour ceux d'entre nous qui ressentaient déjà le goût du beau et l'admiration de la gloire.

« Nous nous disputions le livre; il fut convenu que chacun l'aurait à son tour, et le mien vint un jour de congé, à l'heure de la promenade. Ce jour-là, je feignis de m'être fait mal au pied, et je restai seul à la maison. Je lisais, ou plutôt je dévorais les pages, assis devant mon pupitre, dans une salle voûtée qui était notre salle d'études, et dont l'aspect me semblait alors grandiose et imposant. J'éprouvai d'abord un charme vague et comme un éblouissement d'imagination, mais quand vint le récit d'Eudore, cette histoire vivante de l'Empire à son déclin, je ne sais quel intérêt plus actif et plus mêlé de réflexion m'attacha au tableau de la ville éternelle, de la cour d'un empereur romain, de la marche d'une armée romaine dans les fanges de la Batavie, et de sa rencontre avec une armée de Franks. »

« J'avais lu dans l'histoire de France à l'usage des élèves de l'école militaire, notre livre classique : « Les « Francs ou Français, déjà maîtres de Tournay et « des rives de l'Escaut, s'étaient étendus jusqu'à la « Somme... Clovis, fils du roi Childéric, monta sur « le trône en 481, et affermit par ses victoires les « fondements de la monarchie française. » Toute mon archéologie du moyen-âge consistait dans ces phrases et quelques autres de même force que j'avais apprises par cœur..... Rien ne m'avait donné une idée de ces terribles Franks de M. de Châteaubriand, *parés de la dépouille des ours, des veaux marins, des urochs et des sangliers ;* de ce camp *retranché avec des*

*bateaux de cuir et des chariots attelés de grands bœufs;
de cette armée rangée en triangle, où l'on ne distinguait
qu'une forêt de framées, des peaux de bêtes et des corps
demi-nus.* A mesure que se déroulait à mes yeux le
contraste si dramatique du guerrier sauvage et du
soldat civilisé, j'étais saisi de plus en plus vivement;
l'impression que fit sur moi le chant de guerre des
Franks eut quelque chose d'électrique. Je quittai la
place où j'étais assis, et, marchant d'un bout à l'autre
de la salle, je répétai à haute voix et en faisant sonner
mes pas sur le pavé :

« Pharamond, Pharamond! nous avons combattu
« avec l'épée.

« Nous avons lancé la francisque à deux tran-
« chants; la sueur tombait du front des guerriers et
« ruisselait le long de leurs bras. Les aigles et les
« oiseaux aux pieds jaunes poussaient des cris de
« joie; le corbeau nageait dans le sang des morts.
« Tout l'océan n'était qu'une plaie. Les vierges ont
« pleuré longtemps.

« Pharamond! Pharamond! nous avons combattu
« avec l'épée.

. . . .

« Ainsi chantaient quarante mille barbares; leurs
« cavaliers haussaient et baissaient leurs boucliers
« blancs en cadence, et, à chaque refrain, ils frap-
« paient du fer d'un javelot leur poitrine couverte
« de fer. »

« Ce moment d'enthousiasme fut peut-être décisif
pour ma vocation à venir. Je n'eus alors aucune
conscience de ce qui venait de se passer en moi;

mon intention ne s'y arrêta pas ; je l'oubliai même durant plusieurs années ; mais lorsque, après d'inévitables tâtonnements pour le choix d'une carrière, je me fus livré tout entier à l'histoire, je me rappelai cet incident de ma vie et ses moindres circonstances avec une singulière précision. Aujourd'hui, si je me fais lire la page qui m'a tant frappé, je retrouve mes émotions d'il y a trente ans... »

EMBARCADÈRE. — Bâti en 1847, près des anciennes *Grandes-Allées*. C'est un édifice peu considérable ; sa construction et son appropriation sont convenables et font honneur à M. Massé, architecte du département.

FONTAINES. — L'établissement des fontaines publiques de Blois remonte à une haute antiquité. Elles proviennent d'un aqueduc souterrain d'un kilomètre de cours, en partie voûté, en partie creusé dans le roc et le sol, et partant des plateaux qui dominent Blois vers le nord-ouest. Chose qui paraîtra surprenante, ce canal immergé dans les terres ne reçoit, ainsi que le remarqua le docteur Marin-Desbrosses, après l'avoir parcouru, aucune source véritablement appréciable. Les eaux qu'il fournit naissent d'un suintement continuel qui s'opère à toutes ses parois ; de là, tombant sur le fond incliné de l'aqueduc, elles s'amassent, grossissent, prennent le volume nécessaire à leur écoulement, puis se rendent, en vertu de lois bien connues, dans un bassin ou réservoir, également souterrain, nommé le *Gouffre*, et celui-ci, par divers canaux, les distribue aux fontaines de la ville.

Cet aqueduc, bien que d'une pauvre structure, fut attribué aux Romains et devint un objet d'admiration pour les étrangers, « telle et si grande est la plai-
« sance de ce lieu et des eaux et fontaines douces
« qui en sortent et qui en tombent avecques un gra-
« cieux murmure. » (*Théâtre des citez du monde.*) C'était aussi un sujet d'orgueil pour les Blésois. « Blois
« est magnifique en acqueducs et glorieux en fon-
« taines, » dit l'historien de Saint-Laumer.

Comme architecture, à l'exception d'une seule, les vieilles fontaines de Blois sont peu remarquables ; placées dans des niches dans le goût renaissance, elles durent être ainsi décorées après un grand travail de restauration exécuté en 1511, et dont le procès-verbal, plein de détails curieux, existe dans les archives de l'Hôtel-de-Ville.

Les Grandes Fontaines, dont on attribue à tort la construction à Louis XII, succédèrent à la Fontaine de l'Arcis, nom qu'elle tirait de son voisinage des magasins militaires (*arcitium*), placés, sans doute, au-dessous du château. Les Grandes Fontaines durent leur origine à cette rénovation architecturale provoquée à Blois par le duc Charles d'Orléans (V. p. 9). Elles étaient enrichies de marbres à la manière italienne, et les figures des niches étaient peintes et dorées,

Marmore constructus, fulgens auroque figuris,

a dit Louis de Bologne, en son poëme *De quatuor singularibus in Gallia repertis*, Des quatre merveilles de la France, au nombre desquelles il range la ville de Blois.

Près de là, comme aujourd'hui, se tenait un marché :

Hic ubi venduntur poma & venalia quæqua.

Antoine d'Asti, ou Astézan, secrétaire de Charles d'Orléans, a chanté les Grandes Fontaines dans une épître latine à la louange de notre ville. Il compare le monument à la fontaine Gaia, qui orne une des places de la ville de Sienne :

At Burgi medio, nitidis argenteus undis,
In petra fons est ex omni parte venustus :
Sufficiens toti (si fas est dicere) villæ,
Qui merito posset Gaii cognomen habere,
Instar Senarum fontis. Cum semper ad illum
Magna puellarum concurrat copia fontem,
Quas tam formosas ego, tam veroque colore,
Quem non fuccus eis, natura sed optima donat,
Pene omnes vidi comptas, cum proximus essem
Hospitio fonti. (Liceat mihi vera fateri)
Has ut Lombardis ausim præferre puellis.

Au Bourg-Moyen s'élève une belle fontaine
Qu'on pourrait, à l'instar de celle de Sienne,
Surnommer Gaia. De ses limpides eaux
Le cristal jaillissant par de larges tuyaux
Suffit abondamment aux besoins des familles.
Elle attire un concours nombreux de jeunes filles ;
L'hôtel où je logeais de là n'étant pas loin,
Je puis de leurs attraits vous parler en témoin ;
Leur teint d'un art menteur ignore l'imposture,
Sa fraîcheur est un don qu'il tient de la nature,
Et (si j'ose le dire avec sincérité)
Les filles des Lombards leur cèdent en beauté.

TRADUCTION DE M. GUNET.

Si les eaux des fontaines et le teint des jeunes filles

de Blois n'ont pas changé, il n'en est pas de même du pauvre monument, qui a considérablement souffert des outrages du temps, et surtout de ceux des hommes, bien autrement destructeurs que le temps. A l'écusson de la ville et aux fleurs-de-lys-balustres, on voit que les vandales de 93 ont passé par là. Un déplacement, devenu nécessaire depuis que des maisons auxquelles les Grandes Fontaines étaient adossées ont été détruites, et une restauration bien entendue en feraient un des monuments les plus remarquables de la ville, comme il est un des plus rares et des plus curieux de ce genre. Notre vignette le représente restauré, d'après un projet de M. de la Morandière, architecte de la ville.

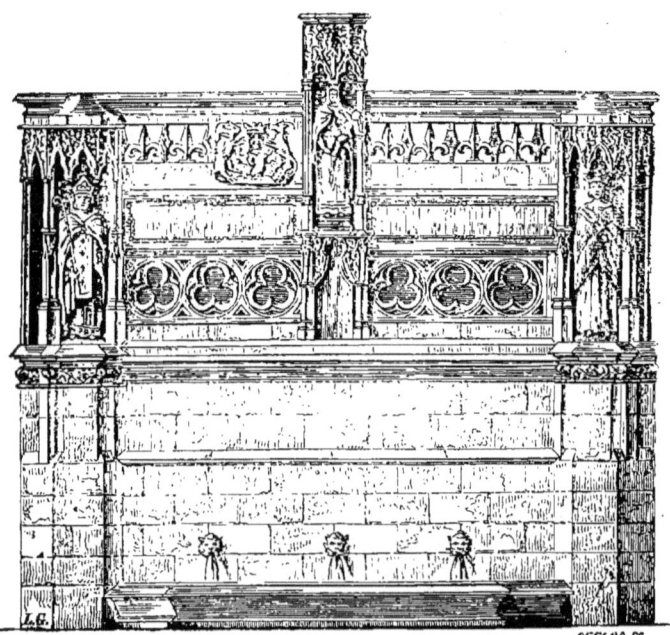

Une des fontaines, nommée la *Fontaine des Elus*, parce qu'elle est située à l'angle de la ruelle *Vauvert*, où se trouvaient les bureaux de l'Election, tribunal spécial pour l'administration des aides et gabelles, était décorée, au-dessus et à gauche de la niche principale, d'un autre édicule du même genre, où se voyait une de ces statues de la Vierge, si communes dans la ville de Blois depuis le vœu des échevins. (V. p. 48-49.)

Au-delà de cette rue en est une autre, appelée rue du *Grenier-à-Sel*, qui conserve le souvenir des magasins dépendant de l'Election. La fontaine a donné son nom à la rue où elle se trouve; celui de la ruelle *Vauvert* (val vert) rappelle le temps où une petite vallée verdoyante avoisinait le lit du ruisseau de Macé, qui se jetait alors dans la Loire, près de l'Hôtel-de-Ville, et faisait marcher les moulins à foulon dont le nom de la rue de la *Foulerie* conserve le souvenir.

Nos anciennes fontaines ne pouvaient alimenter que les quartiers bas; aujourd'hui l'admirable invention de la machine à vapeur élève les eaux de la Loire jusqu'au point culminant de la place qui a reçu, à juste titre, le nom de notre illustre compatriote Denis Papin. De là, des ruisseaux partent et parcourent toutes les sinuosités de la ville. Plus que jamais Blois est *magnifique en acqueducs et glorieux en fontaines!* (V. p. 70.)

HALLE-AU-BLÉ. — Le vieil édifice où furent proclamées, en 1354, les premières libertés communales de Blois n'existe plus (V. p. 54). Ce monument curieux de l'architecture civile du XIIIe siècle a cédé sa place à des constructions modernes sans intérêt. La nouvelle halle, récemment achevée, offre des réminiscences fort intelligentes des édifices du moyen-âge. Elle s'élève à l'extrémité orientale de l'ancienne *Grande-Pièce*, aujourd'hui *place de la Préfecture*, ou *Denis-Papin*. Bâtie de pierres et de briques et flanquée de jolies tourelles, elle contribue, de la manière la plus heureuse, à la décoration de la place, et fait, sous le double rapport de l'appropriation et de la construction, le plus grand honneur à son architecte, M. de la Morandière.

HARAS. — Cet établissement fut placé, sous le premier empire, dans l'ancienne maison des Carmélites, fondée au commencement du XVIIe siècle ; les bâtiments ne subirent alors que les modifications les plus indispensables à leur nouvelle destination. Il y a peu d'années, l'Etat et le Conseil général de Loir-et-Cher ayant voulu donner davantage d'importance à cet établissement, les vieilles constructions durent être plus profondément modifiées. On retrouve pourtant encore, à droite et à gauche de la grille d'entrée, des portions du cloître, heureusement rattachées à l'ensemble du monument dont l'aspect est d'un très-joli effet.

HOPITAL GÉNÉRAL. — L'Hôpital général fut fondé, vers l'année 1637, par la charité des habitants de Blois, dans le but de loger et nourrir les mendiants, les vagabonds, toutes les personnes sans asile et sans moyens d'existence. Gaston d'Orléans, pour venir en aide aux projets généreux d'une ville qu'il avait prise en affection, fit l'abandon à sa municipalité de l'ancienne maison seigneuriale de Vienne et de deux autres maisons contiguës. La municipalité s'occupait alors d'élever l'établissement de ses pauvres sur l'emplacement du *Sanitas*, qui lui appartenait; elle se hâta de reporter l'exécution des plans dans les bâtiments si libéralement donnés par le frère de Louis XIII. Dès la fin de l'année, on fit la dédicace de la chapelle et on installa dans les maisons, appropriées à leur destination, 72 indigents, 43 hommes et 29 femmes.

Les revenus de l'hôpital s'augmentèrent successivement par des dispositions de Louis XIV, qui réunit à sa dotation les revenus des aumôneries de Saint-Laumer et de Bourg-Moyen, une partie de la dotation de Saint-Lazare et de Notre-Dame du Mont-Carmel, et les propriétés des anciennes *Maisons-Dieu* de Chaumont, de Cangy et des Montils. Il y ajouta, quelque temps après, les biens du Consistoire protestant et des religionnaires fugitifs, victimes de la révocation de l'édit de Nantes.

A ces dons vinrent se joindre les libéralités d'un grand nombre de personnes pieuses de Blois et des environs. Les plus considérables de ces dons furent ceux de M. de Thémines, évêque de Blois. Ce charitable prélat avait pris l'Hôpital général en affection particulière; il y fonda, en 1778, sous un titre anonyme, deviné sans peine par la reconnaissance de la population, 41 lits neufs pour les enfants, et, deux ans après, 44 lits pour les femmes. Outre ces dons, il affecta différentes sommes d'argent à la construction des bâtiments.

A l'époque de la Terreur, les propriétés de l'hôpital furent réunies au Domaine, les sœurs remplacées par des gouvernantes laïques, et la commune chargée de pourvoir à l'entretien de l'établissement; mais ce devoir ne put être acquitté que d'une manière imparfaite. Ainsi se trouvèrent suspendues toutes les améliorations projetées, arrêtés tous les plans conçus ; et la maison, pour satisfaire au but de son institution, dut imposer des sacrifices aux malades mêmes et s'obérer d'un passif considérable.

Cet état de choses cessa au commencement de notre siècle. On rendit alors à l'hôpital celles de ses propriétés que le fisc n'avait pas aliénées ; les charités reprenant leur cours et les dispositions législatives venant en aide, la maison rentra dans ses voies prospères. En 1810, on y rappela les bonnes sœurs de Saint-Paul.

Outre les 200 lits ordinaires, il s'en trouve à la disposition des particuliers et des communes qui les ont fondés ; depuis 1836, 33 lits d'incurables, 17 pour Blois, 7 pour Romorantin et 9 pour Vendôme, y ont été établis par le Conseil général. Vieillards, femmes, enfants, vêtus, nourris, entretenus aux frais de l'hôpital, ont, à titre de pécule, le quart du produit de leur travail.

En 1836, la ville fonda aussi dans l'hôpital, sous la direction des sœurs, une salle d'asile ; en 1844, une école de filles ; en 1849, une autre école de filles pour les pauvres.

Grâce à tant de dons et d'efforts, grâce au zèle d'administrateurs distingués, les plans projetés par M. de Thémines et tracés par l'habile architecte Mandar, ont été tous repris et menés à leur achèvement sous la direction de feu M. Pinault, architecte de la ville. Une chapelle neuve, des corps de logis spacieux, des cours aérées, des enclos renfermant les promenades, les servitudes et les laboratoires de la maison, reliés par un tunnel au siége principal; tous ces travaux, exécutés dans un laps de trente années, font de cet établissement charitable un des modèles du genre : sujet de gloire pour Blois, dont il est l'œuvre, et d'émulation pour beaucoup de villes.

HOTEL D'ALLUYE. — Florimond Robertet, dit le Grand, ministre et secrétaire des finances sous Louis XII et François Ier, se fit construire, vers le commencement du XVIe siècle, dans la rue *Saint-Honoré*, un hôtel somptueux, la plus belle et la mieux conservée de toutes les nobles habitations élevées à Blois dans le même temps. Cet hôtel est connu sous le nom d'*Alluye*, qu'il prit de la baronnie d'Alluye, dans le Perche, fief appartenant à la famille Robertet. Un grand souvenir historique s'attache à cette demeure : le cardinal de Guise l'occupa en 1588, lors de la tenue des seconds Etats de Blois.

L'hôtel d'Alluye, exproprié, fut vendu à la barre du présidial de Blois au commencement du XVIIe siècle. Alors la famille Robertet venait de s'éteindre ; astre un moment apparu sur l'horizon changeant de

la fortune et des grandeurs, sa richesse, comme on voit, finissait avec elle. En 1789, sa splendide habitation était devenue la propriété de M. Louet de Terouënne, premier magistrat du présidial de Blois. Elle devait être alors ce qu'elle fut à son origine. En 1812, elle était encore à peu près intacte; mais à cette époque une démolition malheureuse fit disparaître deux corps de logis sur quatre qui la composaient.

Entièrement bâtie de pierres et de briques, sa masse, au dehors, se détache magistralement à la vue. Ses quatre corps de logis, réunis à angle droit, laissaient entre eux un carré formant cour. Du côté de cette cour, un péristyle composé d'arcades à cintres surbaissés, précède le principal corps de logis. Il est surmonté d'une galerie décorée des médaillons des douze Césars, en terre cuite, distribution élégante empruntée à l'architecture italienne. Cette galerie communique à une petite chapelle qui mérite d'être examinée. La tour de l'escalier est une délicieuse construction d'une époque plus avancée de la Renaissance, à laquelle appartenaient les galeries démolies. (V. la vignette, due à M. R. de Saint-Vincent.) De nombreuses sculptures la décorent. Les connaisseurs estiment surtout, dans le vieux corps-de-logis, une immense cheminée, dont les ornements sont délicatement sculptés et ornés de dorures et de peintures.

Sur le retour de la frise du manteau de cette cheminée on lit, à gauche :

$$\text{ΜΕΜΝΗΣΟ ΤΗΣ}$$
$$\text{ΚΟΙΝΗΣ ΤΥΧΗΣ}$$

Souviens-toi du commun sort ; à droite :

ΠΡΟ ΠΑΝΤΩΝ
ΣΕΒΟΥ ΤΟΝ ΘΕΟΝ

Avant tout, honore Dieu. Du même côté, au-dessus de la frise, est peinte cette devise : Une main, sortant d'un nuage et tenant une balance ; dans l'un des plateaux, des rouleaux de papiers ; dans l'autre, des lingots d'or ; légende :

CHI OGNI PENA
COMPENSA COL BENEFICIO
BEN MERITA SERVIZIO

qu'on peut traduire ainsi : « Celui-là mérite bien qu'on le serve qui sait compenser (ou récompenser) toute peine par un bienfait. »

Mon regrettable collègue de l'Académie de Blois, M. Naudin, qui posséda longtemps l'hôtel d'Alluye, expliquait ainsi cette devise :

« Les rouleaux de papier sont évidemment l'emblème des services que Robertet rendait au roi comme Secrétaire d'Etat, & les lingots l'emblème du prix qu'il en recevait. L'on peut même supposer que ce prix lui paraissait quelque peu insuffisant, car le plateau qui porte les papiers est plus pesant que l'autre. » On verra plus loin, à l'article du château de Bury, autre propriété de Robertet, que le secrétaire d'Etat savait, au besoin, *compensar il beneficio colla pena*, et rétablir l'équilibre des plateaux.

On remarque, en différents endroits, les armes de Florimond Robertet : *d'azur à la bande d'or, chargée* d'un *vol de sable, accompagné de trois étoiles d'argent, 2 et 1*, et de Michelle Gaillard, sa femme : *d'azur, semé de trèfles de sinople, à deux papegais affrontés, de même, surmontés, en chef, de deux T de gueules*, et l'orgueilleuse devise : FORS VNGNE, dont voici l'origine. Bernier raconte qu'un jour le roi Louis XII, se promenant dans les jardins de Blois, avec Robertet et Sandricourt qui avait fort maltraité les trésoriers, s'écria que *toutes les plumes le volaient*; le secrétaire des finances, qui portait un vol dans ses armoiries, répondit vivement : *Fors ugne!* De tardives révélations ont un peu terni l'éclat de cette devise. (Voir l'article du château de Bury.)

HOTEL D'AMBOISE. — Cet édifice, situé sur la *place du Château*, n° 3, fut la demeure du célèbre cardinal d'Amboise. Son architecture doit être du même temps et probablement du même architecte que la partie du château construite par Louis XII. Il possédait, il y a peu d'années, un escalier extérieur à jour, où la main d'un artiste habile avait semé de délicates sculptures dans le bon style du XVe siècle. Une tradition respectable signale à la vénération des visiteurs une fenêtre en bois d'où le digne ministre de Louis XII s'entretenait familièrement avec le roi, son maître, placé en face, à la croisée de sa chambre à coucher, reconnaissable à son balcon de pierre.

Un autre souvenir se rattache à cette vieille fenêtre, ce qui ne l'empêchera sans doute pas de tomber un jour, comme la galerie, sous le marteau de quelque propriétaire plus ambitieux d'un logement confortable que de souvenirs historiques. A l'occasion des noces de Charles, duc d'Alençon, avec Marguerite d'Angoulême, qui furent célébrées à Blois, en 1509, il y eut des joutes sur la place du Château, qu'on appelait alors *la basse-cour du Château*. Les joutes et le tournois qui les suivirent durèrent trois jours. « Le premier jour, monseigneur d'Angolesme, habillé de drap d'or, et les aultres, ses compagnons, de drap de soye jaune, tindrent le pas à la grosse jouste, et le roy mesme le vint accompagner, habillé de mesme, et le servit au long de la jouste. Et quand ledit seigneur d'Angolesme eust achevé ses coups, *ledit seigneur roy descendit au logis de monseigneur le légat et se mit avec ledit légat à une fenestre à veoir le demeurant de la jouste.* » (Relat. des ambassadeurs d'Autriche.)

Louis de Bologne, en son éloge de la ville de Blois, a célébré l'hôtel du cardinal-légat, archevêque de Rouen :

> *Splendida, in hoc castro, legati est Rhotomagensis*
> *Et formosa domus*, etc.

« En ce château se trouve la splendide et élégante demeure du légat de Rouen, etc. »

Ces splendeurs et ces élégances sont, hélas, évanouies ! L'inscription :

ROUENNERIE EN GROS

placée au-dessus de la porte de l'hôtel, explique tout, et d'une façon assez piquante.

HOTEL D'AUMALE ou DE JASSAUD. — Situé à l'angle des rues de la *Fontaine-des-Elus* et *Vauvert*, il a perdu depuis près de quarante années la plupart de ses ornements anciens, parmi lesquels figurait un beau porche, orné du porc-épic qui décorait la plupart des hôtels élevés à Blois sous les ducs d'Orléans. On voit encore, au-dessus de la porte de l'escalier de la cour, un bas-relief représentant Jacob et Rachel.

Un duc d'Aumale, parent des Guise et fameux ligueur, habita Blois pendant les Etats généraux de 1588. L'hôtel est occupé aujourd'hui par un restaurateur.

HOTEL BELOT. — Situé rue des *Papegaux*, n° 10. Il dut être bâti par Belot de la Bussière, l'échevin qui fit reconstruire l'Hôtel-de-Ville, et dont le nom se trouve sur la pierre commémorative de cette reconstruction (Voy. p. 59). Le corps de logis qui regarde la cour, quoique fort dégradé, a conservé beaucoup de sa physionomie, et présente un curieux échantillon des hôtels du XVI° siècle.

La famille de Belot existe encore dans le Blésois, où elle est très-honorablement représentée par plusieurs descendants.

HOTEL DE BRETAGNE. — Il est situé au-dessus des fossés du château, près de l'endroit appelé les *Lices*, dont le nom vient des combats à la *lice* et à la *barrière* qui se faisaient dans cet endroit.

L'hôtel, dont il ne reste de remarquable qu'une galerie dénuée de toute son ornementation, pourrait bien avoir appartenu à Bretagne, roi d'armes de la Reine Anne, qui a laissé une si curieuse relation de la mort et des obsèques de cette princesse. (Voy. plus loin, p. 136.)

HOTEL DE LA CHANCELLERIE. — Situé au coin des rues du *Lion Ferré* et *Chemonton*. C'est une des plus vastes maisons du vieux Blois. Un magistrat distingué, membre de la famille Turpin, dont elle était le patrimoine, l'occupait au commencement de ce siècle. Très-anciennement, la chancellerie du présidial y logeait ses bureaux, ce que dénote d'ailleurs, indépendamment de son nom, une Justice sculptée au-dessus de la porte, avec ses attributs ordinaires, la balance et le glaive ; mais on n'en aperçoit plus que les silhouettes. Cette maison est couverte par l'admirable charpente d'un toit à la Philibert de l'Orme.

Ce fut sans doute en raison de ses souvenirs historiques qu'en 1814, pendant la régence à Blois, on y logea l'archi-chancelier de l'Empire, Cambacérès.

Il ne faut pas confondre, avec l'hôtel précédent, une autre maison, dite aussi *de la Chancellerie*. Celle-ci est située au coin de la *Grand'rue* et de la rue *Neuve*. Sa façade, qui donne sur cette dernière rue, est chargée de nombreuses sculptures, presque toutes détériorées. On y pénètre, comme dans l'hôtel Hurault, dont je parlerai plus loin, par un passage voûté. On ignore le nom de son fastueux fondateur; mais au milieu du tympan de la porte d'entrée, sur la rue *Neuve*, une hermine, qu'on a détruite pour percer un œil-de-bœuf, indique la demeure d'un des seigneurs de la cour d'Anne de Bretagne.

HOTEL-DIEU. — L'Hôtel-Dieu, placé autrefois dans le bâtiment où se trouve aujourd'hui l'école communale, paraît devoir son origine aux comtes de Blois de la dynastie de Thibault-le-Tricheur. Thibault V, dit *le Bon*, lui accorda, en 1190, plusieurs droits dans ses forêts, droits qui subsistent encore. Presque tous les successeurs de Thibault V, imitant sa générosité, augmentèrent les revenus de cette maison, nommée alors *L'Aumône*. Elle doit aussi plusieurs améliorations importantes à Gaston d'Orléans, dont les armes mutilées se voient à la façade de l'ancien hôtel, du côté de la place Louis XII. Parmi ses bienfaiteurs, elle compte les rois Louis XIII, Louis XIV, et bon nombre de personnages honorables de la noblesse, de la magistrature et de la bourgeoisie blésoises. Ainsi, en 1647, un des ancêtres des Courtin de Clénord lui fit don d'une ferme importante, et Marguerite Girard, veuve de Nicolas Morin, seigneur de la Basme, lui laissa une valeur de 13,500 livres, legs considérable pour le temps, et dont le souvenir est pieusement conservé par une inscription sur marbre noir, encastrée dans le mur du vestibule de l'hôtel actuel.

Juqu'au XVIe siècle, l'Hôtel-Dieu fut administré et desservi par des religieux Augustins. Un décret de François Ier leur substitua, dans l'administration, des bourgeois de la ville, choisis à l'élection. Environ cent ans après, une décision de l'évêque de Chartres les fit remplacer, dans le service, par des religieuses.

Le personnel de ces religieuses, vouées au soulagement des malades pauvres, se recrutait dans les meilleures familles du Blésois. Pour en faire partie, il fallait, outre l'agrément de l'assemblée de ville, une dot de 3,000 livres au profit de l'hôtel.

Les excès et les abus de la période révolutionnaire mirent fin à la prospérité de l'établissement. Cette décadence ne s'arrêta qu'à l'avénement du gouvernement consulaire. Alors, sous l'impulsion ferme, active et intelligente du préfet Corbigny, l'administration fut réorganisée, l'Hôtel-Dieu fut placé dans le couvent de Saint-Laumer, l'ordre rétabli dans toutes les branches du service, et le rappel des religieuses, depuis longtemps expulsées, mis à exécution.

Depuis trente ans, l'Hôtel-Dieu a reçu d'importantes améliorations : on a pu restaurer et agrandir les bâtiments, aérer les salles, en construire de nouvelles ; remplacer par des grilles les murs d'enceinte, du côté des quais, perfectionner les services de santé, augmenter la lingerie, la literie, tous les objets nécessaires au bien-être des malades ; enfin, établir des appartements séparés pour des officiers et des pensionnaires civils.

L'honneur de tant d'utiles innovations revient aux administrateurs qui ont dirigé la maison pendant cette période ; mais une grande part en est due au testateur célèbre qui, se couvrant des voiles d'un fidéi-commis tacite, laissa à l'Hôtel-Dieu pour plus de 500,000 fr. de propriétés. Ce testateur était M. Grégoire, ancien évêque constitutionnel de Blois, ainsi que le firent tout de suite reconnaître l'origine des immeubles, le nom de la personne chargée du fidéi-commis, et surtout la clause obligatoire de recevoir des *malades de couleur*, dernière protestation d'une fidélité aux intérêts des enfants de Cham qui ne s'est jamais démentie.

Maintenant l'Hôtel-Dieu est desservi par quinze *Sœurs de la Sagesse*, y compris la supérieure, par un médecin en chef, un médecin ordinaire, un chirurgien en chef, un chirurgien-adjoint et un interne.

Cet établissement soigne gratuitement les malades civils, et, moyennant certaines indemnités acquittées par l'Etat, les militaires. Il compte plus de 250 lits distribués en 12 salles, dont la plus vaste porte le nom du préfet réorganisateur, M. Corbigny.

Une salle de la Maternité est consacrée aux filles et aux femmes veuves depuis plus d'un an, qui sont dans le neuvième mois de leur grossesse. Outre leurs enfants, la maison reçoit les enfants trouvés ou abandonnés et les place aux environs de Blois, chez des nourrices qui les gardent jusqu'à l'âge de douze ans.

Un cours d'accouchement pour les élèves sages-femmes est venu s'ajouter, en 1831, à toutes ces institutions de bienfaisance.

Un dépôt de mendicité a été créé à l'Hôtel-Dieu, pour le département de Loir-et-Cher, en 1839. Depuis 1854, le département d'Indre-et-Loire y envoie ses mendiants, moyennant une indemnité.

Le Conseil général de Loir-et-Cher, dans sa session de 1859, compléta heureusement cet admirable ensemble de fondations charitables. Une somme de 7,000 fr. a été inscrite à son budget, pour être annuellement affectée à payer le traitement, dans les hospices du département, des malades indigents, curables, appartenant aux communes dépourvues d'établissements hospitaliers.

Le couvent de Saint-Laumer appartient presque en entier au XVIIe siècle. La façade sur le jardin est d'un meilleur style que le reste de l'édifice, récemment terminé. Il est à regretter que, sur le pavillon neuf de la façade sur la Loire, on ait préféré aux bossages de l'ancienne ornementation les longs pilastres qui encadrent des balcons trop étroits. Une petite portion de bâtiments, voisine de l'église, présente un échantillon curieux de l'architecture primitive de l'abbaye, contemporaine du XIIe siècle.

HOTEL D'EPERNON. — Cet hôtel est placé à la suite de l'hôtel d'Amboise et porte le n° 5. Les seuls vestiges de son origine, qui remonte au XVe siècle, sont quelques fenêtres dépouillées de leurs meneaux. Il y a peu de temps on voyait encore, du côté des *petits degrés du château*, une très-belle balustrade de pierre, à jour, dont toutes les découpures avaient été remplies de mortier; aujourd'hui, elle est démolie et remplacée par une affreuse grille de fer.

Le célèbre duc d'Epernon, l'un des favoris de Henri III, habitait son hôtel, en 1589, quand le roi, quittant la ville, menacée alors par les ligueurs, lui en confia le commandement.

Bien d'autres vieux hôtels ornaient autrefois la *basse-cour* du château, mais ils ont perdu successivement tout leur caractère architectural. Ces hôtels étaient habités par des seigneurs de la cour et les chanoines de la collégiale de Saint-Sauveur, dont la belle église est remplacée aujourd'hui par des maisons modernes, dépourvues de tout style et de tout intérêt.

HOTEL GAILLARD. — Occupé en partie par le presbytère de la paroiffe Saint-Nicolas. Il ne faut pas s'attendre à trouver dans ce logis les splendeurs de décoration dont tant d'autres du même temps offrent des modèles. Michel Gaillard, financier intègre, issu d'une famille noble du Blésois, fit bâtir cet édifice durant son passage aux finances, apportant, toutefois, dans sa construction, dit Bernier, la modération qui faisait le fond de son caractère. Néanmoins, quelques parties veulent être examinées. Dans le nombre, l'ancienne tourelle de l'escalier, une cave voûtée en ogive, une fenêtre, dont le XVe siècle revendique les fveltes pendentifs et de vieux types, assez bien conservés, de ces faces grotesques, contrites ou moqueuses, si communes sur les monuments de la période gothique.

HOTEL DE GUISE. — Dans la rue *Chemonton*, n° 8. La façade intérieure a conservé beaucoup de son caractère ; elle présente une décoration de médaillons en pierre, qui offrent, comme à l'hôtel d'Alluye, une suite d'empereurs romains, décoration très à la mode aux XVe et XVIe siècles.

HOTEL HURAULT ou LE PETIT-LOUVRE. — Le chancelier Hurault de Cheverny fit, dans le cours du XVIe siècle, l'acquisition de cet hôtel, bâti peu de temps avant 1477, ainsi que l'apprend un titre de cette époque. Cet homme d'Etat distingué y fit faire de nombreuses augmentations, et à sa mort, un de ses fils, le comte de Limours, en devint possesseur. Bientôt après, une ruine rapide, ayant amené la saisie des biens de ce seigneur, son hôtel fut adjugé au marquis de Sourdis; mais l'exercice du droit de retrait lignager le remit entre les mains de Henri de Cheverny, frère du comte. En 1642, Mathurin Daniel, *garde des varennes du comté de Blois*, l'acheta de Henri. Le fils de Daniel lui succéda dans sa propriété. Après celui-ci, on voit paraître, parmi les anciens maîtres de l'hôtel des Hurault, plusieurs membres de la famille bléfoise des Rangeard de Villiers qui l'occupèrent jusqu'en 1765.

L'hôtel Hurault conserve de beaux restes de sa grandeur passée. On y pénètre par une longue entrée. L'élégance de ses voûtes, en arcs surbaissés, la profusion de ses sculptures (aujourd'hui très-altérées), en faisaient un vestibule digne de l'habitation d'un prince, et lui avaient fait donner le nom de *Petit-Louvre*, qu'il porte dans les anciens titres de propriété. Les curieux admirent une tourelle terminée en cul-de-lampe, bâtie à un angle de la cour, et lisent avec intérêt ce distique fameux, gravé sur le linteau de la porte de l'escalier, que surmontait autrefois le porc-épic de Louis XII :

Spicula sunt humili pax hæc, sed bella superbo,
Et vita ex nostro vulnere nexque venit.
Aux humbles, c'est la paix, aux orgueilleux, la mort:
Blessure ou guérison, de ce mesme lieu sort.

Traduction de Claude Paradin, en ses *Devises héroï-*

ques. C'était une allusion à la valeur et à la clémence du roi & une autre probablement à l'une des qualités fabuleuses que l'on attribuait au porc-épic.

Dans l'allée surbaissée qui conduit au perron de la cour et à l'escalier, on voit les lettres L et A sur les chapiteaux des pilastres, en l'honneur de Louis XII et d'Anne de Bretagne. Un petit cabinet ou oratoire a conservé tous ses lambris sculptés. Le puits est encore remarquable par son dôme couvert en plomb et surmonté d'un guerrier armé d'une lance. Dans la cuisine, se voit une large cheminée dont la plaque porte les armes des Hurault : *D'or, à la croix d'azur, cantonnée de quatre ombres de soleil de gueules*.

Les pilastres chargés d'arabesques, qui décoraient sa façade, ont été complètement grattés pour donner une physionomie moderne à l'hôtel. L'archéologue se désespère en voyant que les exigences de notre époque n'aient pas respecté davantage la noble et vénérable demeure de l'illustre famille blésoise des Hurault.

Cet hôtel est situé dans la rue *Saint-Martin*, n° 18 ; la rue reçut son nom d'une église démolie pendant la Révolution, et à la place de laquelle on a percé une voie d'accession à la place du Château. Quand cette voie n'existait pas, on allait du *Petit-Louvre* au château par les combles de l'édifice.

Le chancelier de Cheverny parle de l'hôtel du Petit-Louvre quand il raconte dans ses Mémoires la manière dont les sceaux lui furent retirés par Henri III, au moment de l'ouverture des Etats de Blois, le roi voulant changer à la fois sa politique et son ministère.

« Je m'en allay, dit-il, descendre en mon logis de la basse-court du chasteau de Blois et non en mon département que j'avois d'ordinaire dans ledit chasteau ; et au mesme temps que je fus arrivé et descendu, je renvoyay lesdits sceaux au Roy par ledit sieur Benoise [secrétaire du cabinet], et par Le Grand, l'un de mes secrétaires. »

L'hôtel Hurault est encore plus clairement désigné dans les mémoires de Philippe Hurault, abbé de Pont-Levoy, fils du chancelier. « Je m'en allé (*sic*) descendre, dit-il, au logys d'embas, soubs le chasteau, qui eftoit à mondit sieur le chancelier. »

L'hôtel possède d'ailleurs une série de titres de propriété qui remonte à 1477 ; l'acte de vente qui le fit passer en 1821 à M. Naudin, alors notaire, les rappelle tous, et forme une véritable notice historique.

HOTEL DE LA MONNAIE, ou LA TOUR D'ARGENT. — C'est par ce dernier nom qu'on défignait, au Moyen-Age, les hôtels des monnaies.

Dès l'époque mérovingienne, il y eut un atelier monétaire à Blois, comme on l'a dit plus haut (p. 6). Il continua de fonctionner sous les Carlovingiens, et on connaît des monnaies de trois rois de cette dynastie : Charles-le-Chauve, Louis-le-Bègue, et Eudes, frappées dans notre ville ; mais il y a grande apparence que l'atelier était situé dans l'enceinte de la forteresse, devenue, depuis, le château de Blois.

Quand la ville fut entourée de murailles, vers le XIIIe siècle, cet atelier put, sans inconvénient, être transféré dans la nouvelle enceinte, et de ce temps datent, en effet, la tour de l'escalier de la Monnaie, sauf son couronnement, qui est du XVe siècle, et le

côté droit des bâtiments, connu aujourd'hui sous le nom de la *Tour d'Argent*. On vient d'abattre ceux du côté gauche. La rue dans laquelle est construit cet édifice s'appelait la rue de la *Monnaie*, et son nom actuel *des Trois-clefs* fut pris de l'enseigne d'un des nombreux serruriers qui demeuraient dans cette rue et celle *de la Serrurerie* qui est voisine, suivant l'usage ancien où tous les corps d'état habitaient chacun un quartier spécial. Cette enseigne faisait du reste allusion aux *trois clefs* du coffre ou de la *huche* à la monnaie, dont une était entre les mains du *garde*, la deuxième entre celles de l'*essayeur* (aujourd'hui le commissaire impérial), et la troisième dans celles du *maître de la monnaie* (le directeur ou entrepreneur).

Dès le commencement de la troisième race, l'atelier monétaire de Blois passa aux comtes héréditaires de la maison de Champagne. Leurs monnaies offrent le nom seul de la ville et un type particulier aux monnaies de tout le pays chartrain, type dont l'explication a été un grand sujet de controverse parmi les numismatistes. Des découvertes récentes ont confirmé l'opinion que c'est un profil humain, défiguré par des imitations successives. (V. la *Rev. Numism.*, 1836, p. 429; 1859, p. 242.)

Les comtes de la maison de Châtillon, en conservant ce même type, y ajoutèrent leur nom, & nous connaissons des deniers et des oboles frappés par Jean (1241-1279), Jeanne, sa fille (1279-1292), Hugues II (1292-1307), et Guy Ier (1307-1342) qui vendit à son beau-frère, le roi Philippe de Valois, son droit de monnayage, au prix de 15,000 livres tournois, l'année 1328.

HOTEL PHELIPPEAUX. — Cet hôtel, aujourd'hui occupé par les religieuses Carmélites, fût la demeure de cette illustre famille blésoise qui fournit à l'Etat onze ministres. Il ne reste presque rien de la construction primitive, en briques et pierres, qui rappelait l'architecture de la célèbre place Royale de Paris. Une portion de muraille et une des tours de la vieille enceinte de Blois ferment le couvent du côté de l'est.

HOTELS DE LA RUE PIERRE-DE-BLOIS. — Tout en haut de cette rue, à l'angle des degrés qui la terminent et de la place Saint-Louis, on remarque une vieille fenêtre, appartenant à un hôtel, d'une architecture curieuse, et dont le pignon, jadis pointu, portait les traces des feux de mousqueterie des protestants qui s'étaient fortifiés dans la cathédrale, pendant les guerres de religion. Une passerelle couverte va de ce vieil hôtel à un autre, non moins ancien, situé de l'autre côté de la rue. Les détails d'architecture et l'agencement de ces différents édifices, donnent à cette partie de la ville de Blois, un caractère moyen-âge très-saisissant, qui abandonne de jour en jour notre cité.

En haut de l'autre bras de la fourche que forme le

sommet de la rue *Pierre-de-Blois*, se voit une vieille façade de bois, à pignon sur rue, où des cariatides curieuses supportent les avant-corps de chaque étage. Cette maison porte le n° 12.

Au bas de la rue, un grand hôtel offre à la curiosité des étrangers une charmante porte Renaissance, dont le tympan présente ces mots : VSV VETERA NOVA, amphibologique légende qui laisse à deviner si le constructeur de l'hôtel a voulu dire cette vérité triviale : *Avec le temps le neuf devient vieux*, ou bien *le vieux devient neuf par l'usage qu'on en fait*.

La première origine de cet édifice remonte très-haut, car une porte, masquée aujourd'hui par un encadrement de bois, offrait les caractères du XIIe siècle. A gauche de la porte Renaissance, un bas-relief, placé dans le tympan d'une autre porte, accuse le XIVe. Plusieurs fois le vieux y a été mis à neuf, comme on voit.

HOTEL DENYS DU PONT. — Dans le temps que Florimond Robertet élevait les magnifiques constructions de son hôtel, le savant commentateur de la Coutume de Blois, Denys du Pont, se bâtissait, à quelques pas de là, une retraite plus modeste. Le terrain de celui-ci, fort à la convenance du secrétaire d'Etat, paraît avoir été, suivant Bernier, l'occasion d'une contestation entre les deux voisins, mais le jurisconsulte dut sortir vainqueur de la lutte, puisqu'il resta paisible possesseur de ses nouveaux pénates.

Du Pont florissait au commencement du XVIe siècle, le grand siècle de la jurisprudence, siècle de Cujas et de Dumoulin, ces géants de la science. Du Pont figura dignement parmi eux; il fut l'ami de

98 ÉDIFICES CIVILS. — HOTEL DENYS DU PONT.

Dumoulin, qui le caractérise par ces courtes et significatives paroles : *Vir bonus et doctissimus, Blesensis*

advocationis decus, « excellent et très-savant homme, l'honneur du barreau de Blois. »

Nous avons vu plus haut, en parlant de la ville de Blois, quels droits Dupont acquit à la reconnaissance de ses compatriotes, lors de la rédaction de nos coutumes locales (page 10).

Maintenant que vous connaissez le propriétaire, je reviens, cher lecteur, à son *joli logis*, comme l'appelle notre bon historien Bernier. A peu près intact, il est situé dans la rue *Porte-Chartraine*, derrière une boutique, élevée aux dépens de la cour, et qui porte le n° 15. Ce qu'il offre de plus remarquable est un entablement et une tour d'escalier, dans le goût exquis de la belle époque de la Renaissance. Rien n'est plus délicatement sculpté que les ornements de cette tour, où l'on voit représentées, ainsi que sur les portes de bois, encore bien conservées, les pièces principales des armoiries de Denys Dupont et de Marie Barbe, sa femme : *un paon et un bouc*.

Dupont portait : *de gueules au sautoir d'argent cantonné de quatre paons de même ;* Barbe, *d'or, à la tête de bouc de sable*.

Je n'ose pas dire que c'étaient, pour les deux, des armes parlantes, car le paon serait une épigramme contre les avocats ; pour le bouc, c'était évidemment une allusion au nom de *Barbe*.

On peut lire encore, au-deffous de l'entablement, les devises des deux époux. Dupont disait : VIRTVS SINE FORTVNA MANCA (Vertu sans fortune est manchotte), vieille, mais triste vérité, qui rappelait sans doute au jurisconsulte blésois les rudes expériences d'une noble vie demeurée sans loyer. Près du corps de la devise de Barbe, des *cassolettes enflammées*, est la légende : CHAVFFETTES D'ARDENT DESIR, désir pieux, ou témoignage naïf de l'amour dont elle brûlait pour son illustre époux! Langage digne d'un temps où nul ne rougissait d'avouer les honnêtes sentiments du cœur.

HOTEL DE LA POSTE. — Cet hôtel, situé près de l'angle de la rue du *Vieux-Pont* et de la *Vieille-Poste*, est décoré de pilastres espacés, d'un goût médiocre et qui accuse la fin de l'architecture de la Renaissance. Il y a peu d'années, on voyait encore, au-dessus de l'appui d'une fenêtre de la façade, un bas-relief représentant les *quatre fils Aymon*, portés sur leur cheval traditionnel, le *cheval Bayard*. On n'aperçoit plus que l'un des sabots de Bayard, et il est bien regrettable qu'on ait sacrifié, au besoin d'abaisser un appui de fenêtre, cette curieuse enseigne qui rappelait la destination primitive de l'édifice. L'ancien hôtel des postes se trouvait alors à l'entrée de la ville, dont le vieux pont, renversé par les glaces, en 1717, formait la principale avenue.

Sur le manteau de la cheminée du premier étage, on voyait autrefois une peinture sur bois, très-enfumée, représentant l'enlèvement d'Europe. Cette peinture, nettoyée et restaurée, est aujourd'hui l'un des plus curieux ornements du musée de Blois.

HOTEL DE LA PRÉFECTURE. — Lorsque, en 1823, la translation de la préfecture eut été décidée, par suite du rétablissement de l'évêché de Blois, divers bâtiments furent proposés pour loger le premier magistrat du département et ses bureaux; mais le Conseil général n'accueillit aucun de ces projets, et décida que la préfecture serait établie dans le couvent de la Visitation, situé sur la place dite *la Grande-Pièce*.

La première pierre fut posée le 13 juillet 1826, et l'édifice terminé en 1830. Il se compose d'un seul corps de logis, avec un péristyle pareil à celui du théâtre des Variétés, à Paris. Une avant-cour le précède, fermée par une grille du côté de la place; derrière l'édifice se trouve le jardin; à gauche, en entrant, est l'ancien cloître de la Visitation, où sont établis les bureaux avec lesquels la Préfecture communique par un petit bâtiment construit à cet effet.

Le choix de cette position, à l'extrémité de la ville, loin des rives de la Loire, dut soulever d'abord de nombreuses critiques; mais depuis que, sur la même place, s'est élevée, avec le Palais-de-justice, la nouvelle Halle-au-Blé, et que, sur l'emplacement de l'ancienne, s'est construit un quartier neuf, l'hôtel de la Préfecture semble; par la disposition des bâtiments, un logis très-convenable pour l'administration départementale, et très-confortable pour le haut fonctionnaire qui l'habite. Il a été construit par feu M. Pinaut, architecte de la ville.

HOTELS DE LA RUE DU PRINCE IMPERIAL. — Après la reconstruction du pont de Blois, en 1724, on ne songea pas à tracer, du côté de la ville, au bout du pont, une rue en ligne droite, en raison sans doute des difficultés d'exécution. On se contenta d'ouvrir, sur l'emplacement du rempart détruit, une large voie, jusqu'à la rencontre de la *Grand'Rue*, dont les sinuosités suivent le cours tortueux du ruisseau de l'Arou, sur les bords duquel durent s'élever les premières maisons de la ville féodale. Du côté du faubourg de Vienne, où il y avait peu de constructions à renverser, on traça cette belle avenue de Saint-Gervais, en remplacement de la vieille route, d'origine gallo-romaine, qui suivait la rue *Croix-Boissée* et les *Ponts-Saint-Michel*.

Dans cette ardeur de nivellements, de redressements, d'alignements, d'embellissements, qui s'est heureusement emparée de toutes les villes, même les plus rebelles par leur position topographique, Blois, malgré *ses montées et ses descentes, où les maisons tantôt grimpent, tantôt dégringolent*, selon l'expression de Victor Hugo, Blois n'est pas restée en arrière. Une rue, dirigée suivant l'axe du pont, vient d'être ouverte, à travers un quartier bas et insalubre, exposé aux inondations, qu'elle a relevé et assaini. Arrivée assez promptement au pied du coteau, la rue se divise en deux voies : l'une, pour les voitures, tournant à gauche, conduit au square du château et à l'avenue du chemin de fer ; l'autre, pour les piétons, continue la ligne droite, et gravit le coteau par des degrés provisoires, que remplacera plus tard un escalier monumental. Parvenue au point culminant, elle développe aux regards une magnifique perspective, jusqu'à la forêt de Russy qui la borne. La ville, qui venait d'offrir le château de Blois au Prince Impérial, a voulu mettre la nouvelle rue sous son patronage.

Des hôtels s'élèvent de jour en jour sur le parcours de cette rue, et nos architectes, dans leurs constructions, s'inspirent, avec raison, des traditions de l'art du XVIe siècle, qui a laissé au pays blésois tant d'admirables monuments.

Ce n'est pas que, dans cette seconde rénovation architecturale de notre ville, l'on n'ait eu à regretter quelques édifices. Dans la rue haute, on voyait encore un vieil hôtel du XVe siècle, ayant appartenu à la grande famille des Hurault, de la branche de Vibraye. On y remarquait une façade, enrichie des cordelières, des chiffres de la reine Anne de Bretagne, et de tous les détails décoratifs en usage de son temps, exécutés, on n'en saurait douter, par les meilleurs des artistes qui travaillaient alors à la demeure royale. Les chambranles des croisées de l'hôtel Vibraye, recueillis au musée de Blois, donnent une haute idée de la richesse de la décoration de cet hôtel et du talent des sculpteurs. Un porc-épic, d'un très-grand style, avait été arraché depuis longtemps au trumeau qui séparait les croisées. Il m'a été donné par l'avant-dernier propriétaire de l'hôtel, M. le Dr Berlioz. Qu'il veuille bien recevoir ici l'expression de ma reconnaissance. Ce porc-épic a servi de modèle à la plupart de ceux que l'on a restitués au château de Louis XII. Une armoire sculptée, de la même époque, aux armes de Vibraye et de Garandeau, pourrissait dans les caves du même hôtel; elle a été sauvée par moi, il y a vingt ans, d'une destruction complète.

Dans la rue *Poids-le-Roy*, on a démoli un autre

hôtel, dont j'ai parlé dans ma *Notice sur le Château de Chambord* (p. 40). Sa façade, datée de 1570, et décorée de pilastres espacés, comme à Chambord, offrait un spécimen curieux de l'architecture civile au temps de Charles IX.

HOTEL SAINT-LAZARE. — Cette belle habitation, dont la ville se rapproche chaque jour, est située à l'extrémité du Bourg-Neuf. Ce fut, dans l'origine, une léproserie fondée en l'honneur du Saint-Esprit, au temps des premières croisades. Un extrait du cartulaire de cet hospice, écrit dans les premières années du XIIe siècle, nous apprend qu'il fut bâti des libéralités de Thibault, comte de Blois, de Geoffroy, évêque de Chartres, et de plusieurs autres grands personnages, sur un terrain cédé, quant au fond, par Pierre de Rutay et Marie, sa femme, bourgeois de Blois, et quant à certains droits, par Reinald ou Reynaud, écuyer, propriétaire antérieur. Sa fondation, comme celle de tous les établissements du même genre, nommés *Saint-Lazare, Saint-Ladre, Sanitas*, etc., fut astreinte à plusieurs des précautions hygiéniques empruntées alors à l'Italie et à la Grèce byzantine. Aussi fut-il placé à quelque distance de Blois, dans un lieu désert à cette époque, et au nord.

En 1190, la veille de la Chandeleur, il fut la proie d'un incendie. La même année, pour l'aider sans doute à réparer ses désastres, Thibault, dit le Bon, dans une charte confirmative des charités de ses prédécesseurs, l'affranchit de tous droits. En 1202, Louis, son fils et son successeur, lui donna à perpétuité les produits d'une foire fixée au vendredi, surveille du dimanche des Rameaux. Quelque temps après, en 1221, Gaultier d'Avesnes et la comtesse Marguerite, sa femme, quittent et libèrent de la taille et de la corvée Evrard, préposé au service des lépreux de cet hospice. Depuis, ce préposé fut toujours un bourgeois de Blois; sa charge était à la nomination des comtes. Parmi les autres bienfaiteurs de ces parias d'un autre âge, Bernier nomme Geoffroy de Cormeray, Eudes de Saint-Amand et Guillaume de Prunelé, lequel, en 1269, fit remise à cet établissement, pour l'anniversaire de sa mère, de plusieurs droits qui en grevaient les propriétés.

Saint-Lazare devint, à une époque assez reculée, dont la date est inconnue, un prieuré conventuel de Génovéfains. Ces religieux le possédaient encore en 1789. Il fut vendu plus tard comme propriété nationale. Son église, construite au XIIIe siècle, fut démolie en 1807, par l'un de ses nombreux possesseurs. Quelques-uns de ces hôtes éphémères ont acquis de la célébrité. Le premier en date fut le conventionnel Chambon, médecin en chef des armées de la République, homme instruit, qui, pendant le peu de temps qu'il habita l'antique maladrerie, eut l'idée d'établir à Blois un cours public et gratuit de médecine, que son départ l'empêcha d'ouvrir. Après un certain intervalle, vers 1820, apparurent le général Hugo et son fils Victor, alors *l'enfant sublime*.

Pendant vingt-cinq ans, Saint-Lazare est resté dans les mains de M. Chambert, ancien président du tribunal de commerce. Par ses soins, le logis restauré s'est complété d'un pavillon, à la place de la chapelle détruite, et les jardins ont été plantés de bosquets. Au premier étage du pavillon neuf, M. Chambert avait établi une galerie de tableaux parmi lesquels brillait un certain nombre de pièces remarquables. Cette galerie fut vendue, à la mort de son fondateur, et la propriété devint une succursale de l'Asile des aliénés.

HOTELS DE LA RUE SAINT-LUBIN. — Pendant que Charles d'Orléans transformait l'ancienne forteresse de Blois en un château, riche de toute la somptuosité architecturale qui, venue de l'Italie, commençait à se faire jour en France, il n'oubliait pas les habitants de sa ville de Blois, et les faisait participer aux progrès du bien-être qui s'introduisait dans toutes les habitudes de la vie. Pour les encourager à bâtir des demeures plus commodes et plus élégantes que par le passé, il leur permit, comme je l'ai dit plus haut, de couper dans sa forêt de Blois tout le bois nécessaire à ces constructions, et ce fut l'origine de ces jolies maisons de bois de la rue *Saint-Lubin*, qui furent habitées d'abord par des seigneurs de la cour du duc d'Orléans, en raison de leur voisinage du château. Une tradition populaire rapporte que l'arbre placé au coin de cette rue et de la rue *des Violettes*, et qui est d'une remarquable grosseur, fut le premier apporté de la forêt, et inauguré, en grande cérémonie, quand l'*imaigier* y eut sculpté les sujets pieux que les révolutionnaires de 93 ont *complètement* empêché d'arriver jusqu'à nous.

La *rue Neuve* dut son nom à cette rénovation architecturale.

Mon collègue de la Société archéologique du Vendomois, M. Queyroy, a publié, en 1864, un précieux recueil d'*eaux-fortes*, sur les rues et maisons du vieux Blois. L'envoi d'un exemplaire de son recueil à M. Victor Hugo, qui a passé plusieurs années de sa jeunesse dans notre ville, lui a valu une délicieuse lettre de remerciement, à laquelle nous emprunterons quelques lignes pour en illustrer notre modeste publication.

« Grâce à vous, je suis à Blois. Vos dix-huit eaux-fortes montrent la ville intime ; non la ville des palais et des églises, mais la ville des maisons. Avec vous, on est dans la rue ; avec vous, on entre dans la masure ; et telle de ces bâtisses décrépites, comme les logis en bois sculpté de la rue Saint-Lubin, comme l'hôtel Denis Dupont, avec sa lanterne d'escalier à baies obliques, suivant le mouvement de la vis de Saint-Gilles, comme la maison de la rue Haute, comme l'arcade surbaissée de la rue Pierre de Blois, étale toute la fantaisie gothique ou toutes les grâces de la Renaissance, augmentées de la poésie du délabrement. Etre une masure, cela n'empêche pas d'être un bijou. Une vieille femme qui a du cœur et de l'esprit, rien n'est plus charmant. Beaucoup des exquises maisons dessinées par vous, sont cette vieille femme-là. On fait avec bonheur leur connaissance. On les revoit avec joie quand on est, comme moi, leur vieil ami. Que de choses elles ont à vous dire, et quel délicieux rabâchage du passé !... La maison à statuettes de la rue Pierre-de-Blois est comparable à la précieuse maison des musiciens de Weymouth. Je retrouve tout. Voici la Tour d'Argent, voici le haut pignon sombre, coin de rue des Violettes et de Saint-Lubin ; voici l'hôtel de Guise, voici l'hôtel de Cheverny ; voici l'hôtel Sardini, avec ses voûtes en anse de panier; voici l'hôtel d'Alluye, avec ses galantes arcades du temps de Charles VIII ; voici la rue du Sermon, et au fond la silhouette presque romane de Saint-Nicolas; voici la jolie tourelle à pans coupés, dite Oratoire de la reine Anne ; c'est derrière cette tourelle qu'était le jardin où Louis XII, goutteux, se promenait sur son petit mulet. »

HOTEL SARDINI. — Situé dans la rue du Puits-Châtel, il se rapporte au règne de Louis XII, ainsi que l'annoncent une portion de voûte, en cintre surbaissé, et nombre de sculptures extérieures, en partie dégradées. Mais une date plus certaine est écrite sur les parois de son petit oratoire : c'est une peinture à fresque, pleine de grâce et de naïveté, qui représente un crucifiement et les figures en pied de saint Michel, saint Jean-Baptiste, saint Roch, et sainte Catherine. L'autel, formé d'une table portée par deux troncs de palmiers, a été détruit : le porte-burettes de pierre se trouve chez M. Massé, architecte du département, et le vitrail chez M. de la Saussaye, qui ont pu sauver ces deux curieux débris.

Dans une des chambres de l'hôtel se voit encore une cheminée peinte à fresque, d'une époque un peu plus récente ; elle est fort remarquable.

Cet hôtel fut habité par une de ces familles italiennes qui s'établirent en France à la suite des princesses de la famille de Médicis, probablement par Scipion Sardini, possesseur, à cette époque, du château de Chaumont et d'un hôtel à Paris qui a donné son nom à la rue Scipion, où il se trouvait.

MUSÉE. — Le Musée, établi par la ville de Blois dans les combles de son château, ne date que de l'année 1850, et déjà il renferme un assez grand nombre de tableaux, gravures, médailles, objets d'art et d'histoire naturelle, etc. Toutes ces collections, de mérites bien divers, sans doute, présentent néanmoins, par leur réunion, un véritable intérêt, et peuvent fournir, dès à présent, des modèles précieux aux artistes et des notes intéressantes aux curieux.

Parmi les tableaux anciens, je signalerai l'*Enlèvement d'Europe*, tableau de la vieille école française, provenant de l'hôtel des quatre fils Aymon (V. p. 100); une *Allégorie* par Jean Mosnier, peintre blésois distingué, qui florissait sous Henri IV, donnée par M. le marquis de Vibraye; une *Toilette de Vénus*, attribuée à Lebrun, et une *Vénus* de Boucher. J'appellerai aussi l'attention sur des portraits historiques qui ont leur valeur, tels que Marie de Médicis, et Louis XIII enfant, par Martin, peintre du roi; un grand portrait en pied de Gaston d'Orléans, et un petit de Madame de Maintenon; une suite de belles toiles représentant le maréchal duc de Chaulnes, Paul de Beauvillier, duc de Saint-Aignan, le maréchal duc de Vivonne, le secrétaire d'Etat Chamillard, etc., données par

M. de la Duye, et qui avaient fait partie de la galerie formée par Michel Bégon, son trisaïeul maternel, dont la munificence fit les frais, comme on sait, du beau livre de Perrault sur les hommes illustres.

Parmi les tableaux modernes, on distingue un beau Fragonard, *la reine Blanche délivrant des prisonniers*, une *vue de la ville d'Avignon*, par M. Leconte de Roujou, et, par-dessus tout, *la Peste d'Elliant*, de Louis Duveau, donné par le ministère de l'Intérieur.

Les arts du dessin sont restés en honneur dans le Blésois, depuis les Bunel, les Mosnier et les Chereau ; le musée offre de bons tableaux de nos compatriotes, MM. Leconte de Roujou et Ulysse Besnard, auxquels notre livre doit plusieurs de ses vignettes, et des travaux recommandables de sculpture de MM. Loison et Halou.

La salle des gravures possède de magnifiques épreuves de *la Sainte Famille* de Raphaël et des *Pèlerins d'Emmaüs* du Titien, par Edelinck, et plusieurs Audran, indépendamment des *Batailles d'Alexandre*. Le célèbre Edelinck est encore représenté par la belle estampe qui surmonte la thèse du grand Colbert, imprimée sur satin, dont le dessin est de Lebrun. Cette curiosité vient de la collection de M. de Jobal.

On remarque, dans la salle d'histoire naturelle, un riche herbier offert par le docteur Monin, et dans les vitrines, de jolies suites de deniers romains impériaux et de monnaies d'or de la troisième race de nos rois.

Une riche collection d'antiquités gallo-romaines, recueillies dans la Sologne de Loir-et-Cher, a été récemment acquise par la ville.

L'Etat a donné un certain nombre de tableaux au Musée ; mais la plus grande partie des objets qui le garnissent est due à la générosité de plusieurs personnes de Blois et des environs, parmi lesquelles figurent souvent MM. de la Duye et de Jobal. La ville et le Conseil général de Loir-et-Cher y consacrent aussi annuellement des fonds.

PALAIS DE JUSTICE. — La construction du nouveau Palais de Justice, décidée en 1836, fut mise au concours par le Conseil géneral. M. Massé, architecte, obtint le prix, fixé à 3,000 fr., et, par une conséquence naturelle, la direction des travaux. Le terrain choisi fut un emplacement, autrefois dépendant du couvent des cordeliers et faisant face, au levant, sur la *Grande-Pièce*, aujourd'hui place Denis Papin. La première pierre en fut solennellement bénite par Mgr l'évêque, en présence des autorités locales et d'une foule nombreuse ; il fut achevé en 1841.

Comme presque tous les édifices élevés de notre temps pour l'administration de la justice, il est ce qu'il peut être, simple et sévère. La principale façade est précédée d'un rang de colonnes supportant un fronton, façade que l'on retrouve malheureusement appliquée à presque tous les palais de justice modernes, sous prétexte de glorifier l'architecture antique et l'Ecole des beaux-arts. Quand le département est pauvre ou parcimonieux, on élève de deux à quatre colonnes; s'il est riche ou généreux, l'architecte peut aller jusqu'au temple hexastyle ; à Lyon, ville opulente, le palais est tout colonnes.

L'intérieur du palais de Blois, parfaitement approprié aux nécessités de la justice, annonce un architecte très-capable de construire un monument plus remarquable, s'il ne devait pas, comme à l'ordinaire, être victime de la parcimonie des administrations et du système des adjudications au rabais.

PONT DE BLOIS. — La débâcle qui suivit le mémorable hiver de 1715 ayant renversé l'ancien pont de Blois, on construisit le nouveau sur les dessins de Gabriel, architecte du roi, et de Pitrou, ingénieur en chef de la généralité d'Orléans. Ce fut le premier ouvrage public important du règne de Louis XV, et on frappa une médaille à cette occasion. Elle représente, d'un côté, l'effigie royale, de l'autre, le pont et la ville, avec cette légende : AVGENDO POPVLORVM COMMERCIO, *pour l'accroissement du commerce des peuples.* On mit sept ans à le bâtir. C'est un fort bel édifice, auquel sa forme (en *dos d'âne*) donne une incomparable solidité. La pyramide de 18 mètres de haut, élevée sur la clef de voûte de l'arcade centrale, est un ouvrage hardi et un échantillon curieux d'un obélisque style Louis XV. A sa base, du côté de la rivière, est sculpté l'écusson de France, soutenu par deux tritons, de la main du célèbre Nicolas Coustou.

L'ancien pont, situé un peu plus bas, avait vingt arches : sous plusieurs d'entre elles il y avait des moulins. Il était défendu, aux deux bouts et au milieu, par des tours ou *tournelles*, et il portait, en outre, des maisons, une chapelle et une pyramide surmontée,

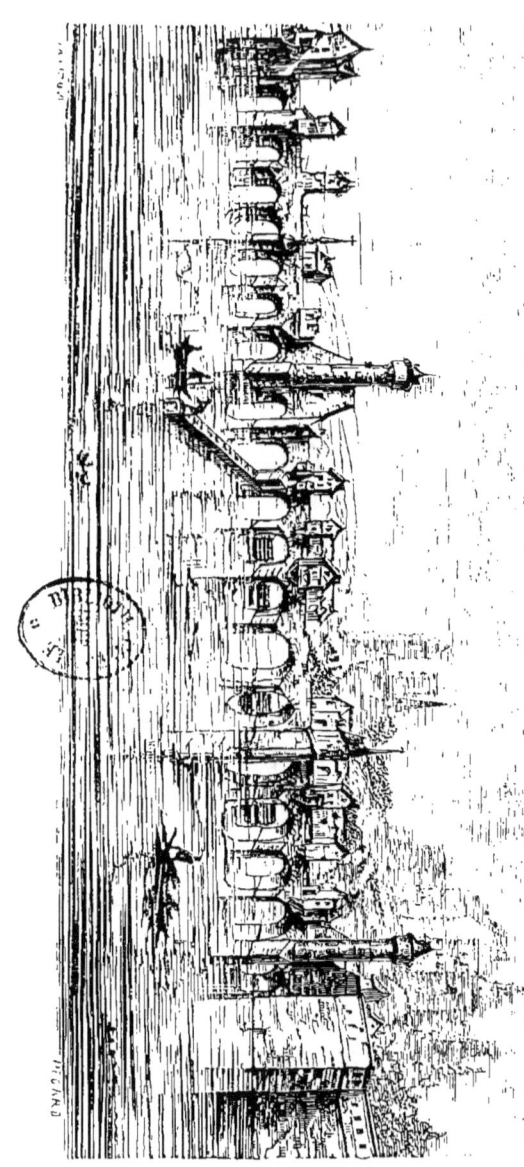

comme aujourd'hui, d'une croix, ce qui fait désigner populairement la pyramide tout entière sous le nom de *la Croix-du-Pont*.

Une arche du pont neuf fut rompue en 1793, par ordre du représentant Guimberteau, dans la crainte illusoire du passage d'une armée vendéenne. Deux ingénieurs chargés de l'opération devaient l'exécuter, dans le plus bref délai, *sous peine de mort*.

Deux inscriptions latines furent successivement gravées sur la plaque commémorative de la construction ; il serait trop long de les rapporter ; l'inscription actuelle, en français, est fort simple et a l'immense avantage d'être à la portée de tout le monde.

VIEUX PONTS. — L'ancien pont communiquait avec d'autres ponts ; les plus anciens, les *ponts Saint-Michel*, qui suivaient l'ancienne voie romaine de Blois à Tours, sont presque entièrement détruits ; les autres, appelés les *Ponts-Chartrains*, suivaient la route du Berry et servent encore de communication avec le bourg de Vineuil et les environs. Ces derniers sont longs d'une demi-lieue ; composés alternativement de terre-pleins et d'arcades, ils indiquent parfaitement la direction des divers courants et les endroits où se trouvaient des îles à l'époque où la Loire, non encore endiguée, s'étendait d'un côteau à l'autre.

THÉATRE. — Les Blésois possèdent une salle de spectacle faite aux dépens de la chapelle de l'ancien Hôtel-Dieu. On voit rarement un édifice de ce genre réunir, à un si haut degré, toutes les conditions possibles de malpropreté et de laideur.

ÉDIFICES MILITAIRES.

LE CHATEAU. — L'importance du château de Blois, sous le rapport de l'art, égale l'intérêt que lui ont légué les événements de l'histoire. L'architecture du XIIIe siècle y est encore représentée par la colonnade de la salle des Etats; le XVe a vu s'élever la galerie des ducs d'Orléans, aïeux de Louis XII, et le bon roi a fait construire la façade orientale, où l'heureux mélange de la brique et de la pierre, l'originalité de l'ensemble, la délicatesse et la naïveté des détails laissent l'œil et le goût indécis entre cette construction et celle qui l'avoisine, due au roi François Ier. Celle-ci, riche de tout ce que l'art avait emprunté à la Renaissance italienne, sans répudier pour cela l'ancien style français, mérite cependant plus

d'intérêt. La façade du Nord offre une belle ordonnance de galeries superposées, accompagnées de pilastres brodés d'arabesques, et enrichies de balcons circulaires, à pendentifs de la plus riche ornementation. La façade du côté de la cour a peut-être un peu de lourdeur, mais elle se distingue par son magnifique escalier extérieur, à jour, qui est certainement une des pièces capitales de l'architecture de la Renaissance. Gaston d'Orléans, exilé à Blois, fit construire le quatrième corps de logis, sur les dessins de François Mansard; le célèbre architecte lui a donné toute la grandeur et la majesté des édifices de l'époque. Le duc d'Orléans avait l'intention de reconstruire en entier le château dans le même style; mais la mort l'arrêtant dans ses projets, a conservé à la France cet assemblage pittoresque d'édifices de trois grandes époques de l'art qui forme le château de Blois. Abandonné, mutilé, déshonoré par les malheurs des temps et l'incurie des administrations, nous le voyons renaître, de jour en jour, paré à nouveau de tous ses ornements, grâce au goût qui s'est réveillé si vivement, à notre époque, pour les monuments de l'art et de l'histoire. Le nom du savant auteur des restaurations de la Sainte-Chapelle et du vieux Louvre, M. Duban, assure au château de Blois la restitution la plus heureuse de ses anciennes splendeurs architecturales et décoratives.

On trouvera, dans mon *Histoire du Château de Blois*, une description complète de ce noble édifice, ainsi qu'une étude approfondie de toutes les questions artistiques qui s'y rattachent. J'emprunterai à ce livre, en l'abrégeant, la relation des principaux événements qui ont fait son illustration historique.

Le château fut construit, selon toute apparence, sur l'emplacement d'un de ces anciens camps à demeure que les Romains établissaient ordinairement au confluent de deux rivières qui le défendaient de deux côtés, tandis qu'un fossé d'enceinte fermait le troisième. Placé ainsi au confluent de la Loire et de l'Arou, ruisseau que les déboisements et le détournement des eaux pour les fontaines de la ville ont entièrement tari, il devint plus tard le lieu de défense d'un de ces hauts barons qui se partagèrent la France féodale. Thibault-le-Tricheur, comte de Champagne, le type le plus complet de ces grands feudataires, en bâtit le donjon avec l'argent que, tuteur infidèle, il avait détourné de l'administration des biens de son pupille, fils d'Alain-Barbe-Torte, duc de Bretagne, dont les fiançailles avec la sœur du comte de Blois avaient eu lieu au château, en 943.

On ne rencontre aucun événement important à signaler pendant toute la durée de la première dynastie des comtes de Blois. Comme tous les puissants seigneurs de l'époque, ils passaient leur vie en guerres continuelles, en expéditions aventureuses, qui les tenaient presque toujours éloignés du chef-lieu de leurs domaines.

Il faut arriver aux dernières années du gouvernement des Châtillon, qui succédèrent à la maison de Champagne, pour trouver un fait de quelque intérêt. Ce fut dans le château de Blois, possédé alors par

Guy II, qu'eut lieu une entrevue entre les ducs de Bourgogne et de Berry et le duc Jean de Montfort, dont le résultat termina les anciennes querelles entre la France et la Bretagne, qui étaient sur le point de recommencer après la traîtreuse arrestation du connétable Olivier de Clisson. Le château, dit Froissart, qui s'y trouvait en sa qualité de chapelain du comte de Blois, était « bel, grand, fort et plantureux, et un des beaux du royaume de France. Là, continue le naïf chroniqueur, furent les seigneurs en parlement ensemble, et firent les deux ducs au duc de Bretaigne bonne chiere, et induisirent grand amour. » On passa cinq à six jours en festins et réjouissances, et pendant ce temps les ducs de Berry et de Bourgogne conduisirent si bien leur négociation, que Jean de Montfort se décida à les suivre à Paris, à rendre hommage au roi, pour le duché de Bretagne, et à soumettre sa cause au Parlement.

Sous les ducs d'Orléans, le château tient une place plus considérable dans l'histoire. Le prince Louis, qui était un prince lettré comme son père, le roi Charles V, y fonda une bibliothèque avec cinq volumes donnés par le roi : deux Bibles, un Missel, un livre intitulé : *Le Gouvernement des rois*, et les Voyages du Vénitien Marco Polo. Il augmenta beaucoup dans la suite cette petite collection.

Après l'assassinat, exécuté en 1407 par les ordres de Jean de Bourgogne, Valentine de Milan, dont la tendresse conjugale est demeurée célèbre, ayant en vain sollicité la punition du meurtrier, vint avec ses enfants se retirer au château de Blois. Ce fut alors qu'elle prit pour devise une *chantepleure* (un arrosoir) entre deux S, initiales de *Soupir* et *Soucy*, et la mélancolique légende :

> Rien ne m'est plus
> Plus ne m'est rien

que l'on voyait répétée sur les murs tendus de noir de tous ses appartements.

Sa douleur et le triomphe du coupable la réduisirent à un si profond désespoir, qu'elle n'y put survivre. Une année après la mort du duc d'Orléans, l'infortunée princesse succombait à l'âge de trente-huit ans. « Le quatriesme jour de décembre, dit Jouvenel des Ursins, mourut de courroux et de deuil la duchesse d'Orléans. C'estoit grande pitié d'oüyr, avant sa mort, ses regrets et complaintes, et piteusement regrettoit ses enfants et un bastard nommé Jehan, lequel elle voyoit volontiers, en disant : qu'il lui avoit esté emblé [volé], et que il n'y avoit aucun de ses enfants qui fust si bien taillé pour venger la mort de son père. » (Vign. p. 122.)

En 1431, pendant la captivité de Charles d'Orléans, le célèbre bâtard commandait le château de Blois et recevait, pour cette charge, 200 livres de gages (un peu plus de 1,100 fr. de notre monnaie). En 1439, sous ses auspices, le duc de Bourbon et le duc d'Alençon y organisaient la *Praguerie;* le Bâtard de Bourbon et le sire de Chabannes, deux des plus célèbres chefs d'*écorcheurs*, vinrent, suivis de leurs compagnies, y rejoindre les conjurés; le dauphin, qui devait être Louis XI, consentit à être le chef des mécontents.

On sait que la Praguerie, organisée uniquement dans l'intérêt des grands, ne trouva aucun appui dans le

peuple, et le roi parvint bientôt à se rendre maître de la révolte.

L'année 1440, Charles d'Orléans fut enfin délivré de sa longue captivité. Son retour fut un véritable triomphe jusqu'à Blois, où il fixa son séjour; il y vivait entouré d'une cour brillante et polie, occupé de l'administration de ses vastes domaines, de l'embellissement de son château, et surtout de la culture des lettres qui avait apporté de si douces consolations aux ennuis de son exil.

Ce dut être au château de Blois que Charles d'Orléans, l'un des premiers jours du premier printemps qu'il revoyait en France, arrêtant ses yeux sur le magnifique paysage qu'il découvrait du haut de sa royale demeure, et savourant les beautés de la nature avec la sensibilité du captif dont la prison vient de s'ouvrir, composa ce délicieux *rondel* :

> Le temps a laissié son manteau
> De vent, de froidure et de pluye,
> Et s'est vestu de bourderie,
> De souleil luysant cler et beau ;
> Il n'y a beste, ne oyseau
> Qu'en son jargon ne chante ou crie :
> Le temps a laissié son manteau
> De vent, de froidure et de pluye.
>
> Rivière, fontaine ou ruisseau
> Portent, en livrée jolie,
> Goutes d'argent d'orfaverie,
> Chacun s'abille de nouveau ;
> Le temps a laissié son manteau
> De vent, de froidure et de pluye.

Sous un prince éclairé, ami des arts, le château de

Blois prit une forme nouvelle. Jusqu'alors, ce n'avait été qu'une forteresse, couronnée de créneaux et de machicoulis, percée d'étroites ouvertures, flanquée de nombreuses tours, au milieu desquelles s'élevait triomphalement le donjon féodal, surmonté de ses guérites de pierre. Le château, en un mot, était une formidable place forte, munie de tous les moyens de défense qu'exigeait l'état de guerre continuel où se trouvait le pays. Au milieu du XVe siècle, les affaires de la France avaient complètement changé de face. Dans l'état de prospérité et de sécurité dont on jouissait alors, les forteresses semblaient désormais inutiles au centre du royaume; les barons qui les possédaient ne songèrent plus qu'à les remplacer par des demeures élégantes, où ils employèrent tout le luxe apporté par la civilisation méridionale, qui venait enfin se faire jour dans un pays resté en arrière d'un siècle, en raison de ses guerres avec l'étranger et de ses dissensions intestines.

Il ne reste aujourd'hui, des travaux alors exécutés par Charles d'Orléans, qu'une galerie à arcades qui réunissait les deux ailes de l'orient et de l'occident; les dessins de Du Cerceau donnent une idée très-avantageuse de l'aile occidentale. (V. la vignette ci-contre, p. 125.)

En 1462, se passa au château de Blois un événement qui combla de bonheur la famille d'Orléans, et dont la France eut un jour à se réjouir. Le 27 juin, Marie de Clèves accoucha d'un fils, à qui le hasard devait donner le titre de Roi de France, et l'amour de ses sujets celui de Père du peuple. Le nouveau-né fut

tenu sur les fonts de baptême par Louis XI, qui lui imposa son nom de Louis. Il se fit ensuite, à l'occasion de ces heureuses couches, *de grandes chères à merveilles, qui seroient*, dit Saint-Gelais, *bien longues à mettre par escrit.*

Ce chroniqueur nous a laissé le plus naïf et le plus gracieux tableau de l'éducation que reçut le jeune prince au château de Blois : nous ne pouvons résister à en mettre la plus grande partie sous les yeux de nos lecteurs.

« La bonne dame madame d'Orléans nourrit le jeune duc son fils si doulcement que il n'eust esté possible de mieulx. Et quand il eust l'aage de six à sept ans, elle le feit apprendre les lettres, où tellement il profita qu'il y appert, car je croy qu'il en est peu ou nuls de son estat, ny de beaucoup moindre, qui soient si grands historiens qu'il est..... Quand il fut plus avant en son aage, elle le feit instruire et endoctriner par saiges et vertueux gentils-hommes, le plus dont elle pouvoit finer, lesquels lui monstroient toutes choses vertueuses et honnestes. Il alloit aux champs et à la chasse, pour s'accoustumer à chevaucher, et sçeut tant de tous ces deduicts qu'en peu de temps il en eust tenu l'escholle à tous autres. Et quand il vint en l'aage de seize à dix-sept ans, c'estoit le meilleur saulteur, lucteur et joüeur de paulme que on sçeust trouver... Et est à noter qu'en tous ses jeux et esbatemens de jeunesse il estoit plus doulx, gracieux et benin que le plus petit de la compaignée. Et n'y en avoit nul qui tant craignist de faire quelque chose qui despleust ou ennuyast à quelque pauvre gentilhomme que ce fust... »

A dix-neuf ans, il commença de figurer dans les affaires du royaume, et se trouva dès lors le chef du parti qui disputait à Anne de Beaujeu le gouvernement du jeune roi Charles VIII. Ce parti finit par être anéanti à la bataille de Saint-Aubin, où le duc d'Orléans fut pris le 27 juillet 1488. Le prince fut ensuite traîné de prison en prison pendant trois années.

Le 7 avril 1498, il apprenait, à Blois, la mort du roi Charles VIII. Bientôt, il reçut les députations du Parlement de Paris, les envoyés des villes de France, le duc de Bourbon et les autres grands seigneurs du royaume. C'est au château de Blois que fut proféré le mot célèbre de Louis XII à la Trémoille : *Ce n'est pas au roi de France à venger les injures du duc d'Orléans.* (Vign. p. 128.)

Presque tous les grands actes politiques de Louis XII s'accomplirent au château de Blois qu'il habitait presque constamment, quand il n'était pas à son armée d'Italie.

Au commencement de l'année 1499, il y convoqua une assemblée de notables pour travailler avec lui à réformer la justice et l'administration générale du royaume. Le résultat de cette réunion fut la fameuse ordonnance, en 162 articles, connue sous le nom d'*Ordonnance de Blois*. Tous les rouages du gouvernement y sont passés en revue et un grand nombre d'abus réformés.

Le 7 décembre de l'année 1501, il recevait à Blois l'archiduc Philippe d'Autriche et son épouse Jeanne de Castille, dont le fils Charles, qui fut depuis Charles-

Quint, devait épouser la princesse Claude, fille de Louis XII. Le roi faisait alors construire son château

tout de neuf, dit Jean d'Auton, *et tant somptueux que bien sembloit œuvre de roy*. La façade orientale, qui subsiste encore, venait d'être terminée. Ses délicieuses dentelures de pierre se détachaient, d'une éblouissante blancheur, sur un fond brillant de briques vermeilles; les figurines apparaissaient dans toute la délicatesse de leur ciselure, dans toute la naïveté de leurs poses; une pluie de fleurs de lys et de mouchetures d'hermines, sculptées ou peintes, inondait l'édifice; l'or, la pourpre et l'azur rayonnaient sur les vitraux et jusque sur les plombs des combles; au-dessus de toutes les portes, le porc-épic, emblème royal, dressait ses longues épines; au-dessus du porche, sous le dais de pierre aux riches festons, s'élevait la statue équestre du bon roi, représenté jeune et beau, noble et gracieux comme il était alors.

L'intérieur de l'édifice n'était pas moins magnifiquement décoré : de splendides tapisseries à fleurs, à emblèmes ou à personnages, garnissaient les murailles; d'épais tapis doublaient les planchers; les manteaux de cheminée étaient couverts d'écussons, de tableaux et de sentences; les solives brillaient d'élégantes peintures; des meubles sculptés avec la plus grande délicatesse, des lits couverts d'étoffes tissées d'or et de soie ornaient les appartements.

L'archiduc et l'archiduchesse d'Autriche arrivèrent à Blois, accompagnés des plus hauts personnages de la cour de France, que le roi avait envoyés au devant d'eux. L'archiduchesse était sur une haquenée harnachée de velours cramoisi; la duchesse de Vendôme, qui était allée, de la part du roi, recevoir Jeanne de Castille à la frontière, la suivait avec toutes ses femmes, sur des haquenées harnachées en velours noir. Les chevaux des chariots, des litières et des personnes de la suite étaient au nombre de plus de six cents. On avait éclairé la ville par des torches, parce qu'il commençait à faire nuit, et les archers et les suisses de la garde, rangés en haie depuis l'entrée de la basse-cour du château jusqu'à la chambre du roi, tenaient tous à la main des torches allumées.

La salle où se trouvait Louis XII était richement tendue : devant la cheminée, sur un grand *tapis velu,* était posée la *chaire* où le roi était assis; auprès de lui se tenaient le comte d'Angoulême, qui fut François Ier, le cardinal-légat et M. de Brienne. Le récit de l'entrevue des deux princes nous a été laissé par un écrivain qui en fut témoin, probablement un des hérauts d'armes de France, dont l'une des fonctions consistait, comme on sait, à tenir registre des cérémonies de la cour.

« A l'entrée d'icelle salle, dit notre chroniqueur, l'archiduc ofta son bonnet, et dit M. de Brienne au roi : *Sire, voilà monsieur l'archiduc.* Et le roy, en souriant, respondit : *Voilà un beau prince.* L'archiduc fit jusques à trois honneurs [révérences] avant qu'arriver au roy. Au commencement que l'archiduc entra dans la salle, le roi se leva et commença à marcher vers ledit archiduc, à petits pas; au second honneur que fit ce prince, le roy s'avança et osta son bonnet, et au troisième honneur, le roi l'embrassa, puis parlèrent quelques mots assez bas ; ensuite le roi remit son bonnet, le dit archiduc restant tousjours la teste nuë, surquoy le roi le pressa beaucoup de se couvrir; mais il respondit qu'il estoit en son devoir ; ils se remirent là-dessus encore à parler ensemble. »

Je demande la permission de renvoyer à mon livre sur le château de Blois pour la suite du récit de cette entrevue, qui contient des détails très-curieux sur l'étiquette de l'époque, sur la distribution intérieure du château et son ameublement.

Le chroniqueur anonyme qui m'a servi de guide, véritable Dangeau de l'époque, occupé seulement du cérémonial de la cour, déclare que pendant les cinq jours que passèrent à Blois l'archiduc et l'archiduchesse d'Autriche, *il ne se fit chose de mémoire*. Les offices de Saint-Sauveur prirent la plus grande partie du lendemain de l'arrivée, jour de la Bonne-Dame de décembre ; les jours suivants le temps devint si mauvais qu'il ne fut pas possible de donner de fête au dehors. Le roi et l'archiduc essayèrent par deux fois de la chasse à l'oiseau, mais la pluie les empêcha d'y prendre plaisir. On passait le temps à se visiter ; on donnait de *grands et magnifiques festins* au château ; le soir, après souper, on dansait pendant trois heures ; après quoi chacun prenait congé, *avec de fort grands adieux et révérences, et cinq journées se passèrent en tels compliments*.

« Sa majesté prenoit grand plaisir à voir l'archiduc et à l'entretenir de discours beaux et grands. La reyne et l'archiduchesse s'entrevirent souvent, ainsi que leurs dames et damoiselles, tant le long du jour que aux soirs, ès danses ordinaires qui se faisoient ; puis, estans retirées, estoient servies de confitures très-excellentes et magnifiques. »

Quoi qu'en dise notre auteur, il se fit *chose digne*

de mémoire pendant le séjour de l'archiduc. Un traité signé à Blois, le 13 décembre 1501, par les deux princes, nous apprend que toutes les questions relatives à la politique avec l'Autriche avaient été discutées entre eux, et que ce fut là, sans doute, le sujet des discours *beaux et grands* de Louis XII.

Le 4 mars 1504, le roi rendit à Blois cette ordonnance qui, prescrivant la rédaction de toutes les coutumes de France, fit faire, sans contredit, le plus de progrès à la législation du royaume.

Le 22 septembre de la même année, fut signé au château de Blois le célèbre traité entre Louis XII et les ambassadeurs d'Autriche, où était stipulé le mariage du prince Charles, fils de l'archiduc d'Autriche, avec la princesse Claude de France. Si les clauses de ce traité eussent été exécutées, rien n'eût été plus funeste à la France, dont elles préparaient le futur démembrement.

En 1505, le roi, tombé malade à Paris et revenu à Blois, les médecins lui ayant conseillé le changement d'air, eut une rechute si grave que ses jours furent en danger. Il reçut les sacrements de l'Eglise et fit son testament. Le pape ordonna des processions générales. Le cardinal d'Amboise alla en pèlerinage à Notre-Dame-de-Cléry ; le sire de la Trémoille voua son maître à Notre-Dame-de-Liesse, et promit d'y aller à pied. Le roi se voua lui-même à la Sainte-Hostie de Dijon et lui envoya sa couronne ; il *faisoit tout son possible*, dit Saint-Gelais, *pour mettre Dieu de son côté*. La reine ne quittait pas la chambre de Louis XII, lui prodiguant les soins les plus empressés et donnant les témoignages de la plus vive douleur.

Le roi, rétabli enfin, contre toute espérance, parut vouloir rompre les engagements du traité de Blois, qui avait causé en France une douleur universelle. Il avait compris la faute qu'il avait commise, et son testament, daté de Blois, en offre la meilleure preuve. Dans cet acte, il revient à la véritable politique qu'il convenait de suivre, dans l'intérêt du royaume, en recommandant le mariage de sa fille unique avec l'héritier présomptif de la couronne, François de Valois, comte d'Angoulême.

Le roi resta pendant l'hiver de 1507 à Blois; là, dit Jean d'Auton, « passa tout doulcement la saison du caresme, et puis très dévotement célébra la joyeuse feste de Pasques, la reyne avec luy et madame Claude, leur fille, laquelle estoit en l'aage de sept à huict ans, très belle et moult bien enseignée. Et se passa le temps en joye et plaisir, car le roy estoit très sain et en bon poinct, et tous ses pays en paix et plantureux en biens. »

Au retour de la campagne contre les Vénitiens, Louis XII maria, le 2 décembre de l'année 1509, Charles, duc d'Alençon, dernier rejeton de cette branche royale, avec Marguerite d'Angoulême. La cérémonie eut lieu à Saint-Sauveur. Le roi conduisit et ramena la mariée. Le dîner eut lieu ensuite dans la grande salle du château. Le roi mangea seul, dans ses appartements, selon l'étiquette d'usage ; la table royale était présidée par la reine. Il n'y avait de couverts que d'un seul côté. La reine, la mariée et la douairière de Bourbon étaient servies en vaisselle d'or, ainsi que les ambassadeurs; les autres convives avaient de la vaisselle d'argent. Pendant le repas, la reine remit aux hérauts et trompettes un grand vase d'argent doré, rempli de monnaie, pour être jetée au peuple, en criant : *Largesse !*

On dansa après le dîner, et on alla voir ensuite les joutes. Le comte d'Angoulême, qui n'avait alors que seize ans, était le *tenant*. Les joutes durèrent trois jours; les prix furent donnés par les dames.

Une seconde fille naquit à Louis XII, au château de Blois, le 25 octobre 1510. La jeune princesse reçut le nom de Renée, qu'elle devait illustrer un jour par son savoir et par la protection qu'elle accorda aux lettres.

Pendant le séjour qu'Anne de Bretagne faisait seule au château de Blois, elle avait auprès d'elle plusieurs beaux esprits qui s'occupaient, pour la distraire, à composer de petits poèmes sur la guerre d'Italie, les conquêtes du roi, la douleur de la reine pendant son absence. Ces poèmes étaient en forme d'épîtres, et plusieurs d'entre elles sont adressées par Anne de Bretagne au roi, son époux. Louis XII avait aussi avec lui des poètes, chargés de chanter ses triomphes, qui rédigeaient également des lettres en vers, en réponse à celles de la reine.

Si ces différentes poésies, dont le poète à la mode, Fausto Andrelini, de Forli, le blésois Macé de Villebresme, et Jean d'Auton, historiographe du roi, étaient les principaux auteurs, ne sont pas remarquables sous le rapport de l'invention et du style, elles devaient apporter néanmoins beaucoup de charme à la vie de château que menait la reine Anne à Blois, et nous donnent une idée avantageuse des goûts littéraires de cette princesse. (V. mon *Hist. du Château de Blois*, pp. 152 et suiv. de la 6e édition.)

La première de nos lois relatives à la librairie fut rendue à Blois, le 9 avril 1513, à la demande de l'Université de Paris, « en considération, dit le roi, du grand bien qui est advenu en nostre royaume, au moyen de l'art et science d'impression, l'invention de laquelle semble estre plus divine que humaine. » Les libraires, relieurs, enlumineurs et écrivains jurés de l'Université, au nombre de trente, se trouvaient dispensés, par cette loi, de l'impôt de guerre qui venait d'être mis sur Paris, ainsi que de toutes tailles, aides, gabelles, etc. Les livres étaient exempts de tous péages, traverses, entrées et issues de ville, etc. Les souverains se sont montrés depuis moins bienveillants envers la presse; mais celle-ci le leur a bien rendu.

La preuve la plus éloquente de l'amour de Louis XII pour les livres est la riche collection bibliographique qu'il forma au château de Blois, et qui compose encore aujourd'hui la partie la plus précieuse des manuscrits de la Bibliothèque Impériale. La bibliothèque de Blois devint alors, au dire des savants, l'admiration de toute l'Europe.

Le roi, à l'exemple de son père, Charles d'Orléans, n'avait pas moins de goût pour les arts que pour les lettres; la magnifique construction qu'il fit faire au château de Blois en est le plus brillant témoignage. (V. la vign. p. 117.)

Le 2 janvier, Anne de Bretagne, depuis longtemps atteinte d'une maladie qu'elle avait regardée comme une punition de la guerre contre le chef de l'Eglise, eut une attaque très-violente à laquelle elle succomba peu de jours après.

Des funérailles d'une grande magnificence furent ordonnées par Louis XII. Le roi d'armes Bretagne en a laissé une relation fort circonstanciée, dont plusieurs copies, ornées de très-belles miniatures, furent offertes par lui aux principaux personnages de la cour. J'emprunterai quelques détails à cette curieuse relation.

Le corps de la reine resta pendant huit jours déposé sur un lit de parade et revêtu de ses ornements royaux. Le lundi soir, 16 janvier, lorsqu'il fut enlevé pour être mis dans le cercueil, on remarqua avec étonnement que les traits du visage n'avaient éprouvé aucune altération, et chacun disait : « Que pour avoir tant aimé et servi Dieu pendant sa vie, Dieu lui préservoit sa beauté des outrages de la mort. »

Le 3 février, le corps de la reine fut transporté en grande pompe à Saint-Sauveur, vers deux heures du soir. Arrivé dans l'église, on le mit sous une chapelle ardente, autour de laquelle brûlaient deux mille cierges. Le cardinal de Bayeux célébra le service, et le lendemain samedi, on chanta trois grand'messes : la première fut dite par l'archevêque de Paris, la seconde par celui de Limoges, la troisième par le cardinal de Bayeux, assisté de quatre prélats portant la crosse et la mître. Les messes achevées, maître Parvy, confesseur du roi, prononça l'oraison funèbre d'Anne de Bretagne. Il commença son discours par la généalogie de la reine, qu'il fit descendre de Brutus, petit-fils d'Ascagne et de Lavinie, et fondateur du royaume de Bretagne. Malheureusement, le temps lui manqua pour traiter ce point aussi longuement qu'il le désirait; *mais bien y revint*, dit Bretagne, *à Paris et à Saint-Denys*. Il continua ensuite sur ce texte que la reine ayant vécu trente-sept ans, il lui appartenait trente-sept éloges de trente-sept vertus différentes, et il termina en dressant un chariot d'honneur environné de ces trente-sept vertus pour la porter en Paradis.

Au moment du départ du cortége pour Saint-Denis, on entendait des cris et des gémissements de tous côtés; on plaignait vivement cette bonne reine, enlevée si jeune au monde, et l'on accusait les médecins de sa mort, « et estoit de chascun l'oppinion que chassez devoient estre. »

La mort d'Anne de Bretagne est le dernier événement historique arrivé à Blois, sous le règne de Louis XII. Des motifs politiques déterminèrent le roi à contracter un nouveau mariage qui devait le conduire promptement au tombeau. Le bon prince avait changé toutes ses habitudes pour plaire à sa jeune épouse; il ne revint plus à Blois, et mourut le 1er janvier 1515, loin de son château qu'il aimait tant, loin du pays qui l'avait vu naître, et aux mœurs franches, douces et généreuses duquel il dut peut-être les belles qualités qui lui méritèrent le surnom de *Père du Peuple*.

François Ier n'avait nullement hérité des goûts

sédentaires et royalement bourgeois de son prédécesseur; l'inconstance de son caractère le portait sans cesse à des changements de résidence, comme à des changements d'amour. Les séjours qu'il fit à Blois eurent lieu à de longs intervalles et furent seulement de quelques semaines, soit en se rendant à ses armées d'Italie, soit au retour de ses campagnes.

Cependant l'affection et l'intérêt que Blois avait inspirés à Louis XII revivaient tout entiers dans le cœur de Claude de France. Née dans le Blésois, Claude n'avait jamais voulu quitter les lieux où elle avait reçu le jour; une touchante conformité de caractère, doux et paisible, l'attachait aux habitants; car simple et bonne comme son père, elle aimait le pays aux mêmes titres que son père l'avait aimé. Le roi répondait sans doute à cette douce affection de la reine pour son pays, en lui remettant, en 1516, l'administration du comté de Blois, et en entreprenant une reconstruction du château où il répandait à profusion les chiffres et les devises de Claude. (Vign. pp. 117 et 139.)

Le roi, pendant un de ses rares séjours dans notre château, s'occupa de remédier au désordre qui régnait dans les finances, par une ordonnance datée du 28 décembre 1523.

François Ier était en Provence, occupé à réprimer la conspiration du connétable de Bourbon, lorsque mourut la reine, à Blois, à l'âge de vingt-cinq ans, le 20 juillet 1524. Cette mort, et, bientôt, le projet de bâtir Chambord furent probablement les causes qui firent laisser inachevée l'aile de François Ier. Dès

lors les faits relatifs au séjour du roi dans notre château deviennent de plus en plus rares. Nous savons qu'il y vint en 1534, par une ordonnance rendue contre des religionnaires qui avaient osé placarder des articles injurieux contre la messe, jusque sur la porte de la chambre à coucher du roi.

En 1536, fut signé le contrat de mariage de Magdeleine de France avec Jacques V, roi d'Ecosse.

La faveur royale s'étant portée de Chambord à Fontainebleau, la belle bibliothèque de Louis XII y fut transférée en 1544.

L'ordonnance de Henri II, qui créa les dix-sept grandes divisions du royaume en *généralités*, fut donnée au château de Blois, dans l'année 1552.

En 1556, Henri jura à Blois, entre les mains du comte de Lallain, envoyé de Charles-Quint, la trêve de cinq ans, dite *Paix de Vaucelles*, entre lui, l'empereur et Philippe II, son fils.

En 1559, Catherine de Médicis fit représenter au château de Blois la *Sophonisbe* du Trissin, traduite en prose, avec des chœurs, par Mellin de Saint-Gelais. La reine avait fait de grandes dépenses pour la mise en scène; mais la pièce eut peu de succès. C'était, au surplus, la première tragédie régulière en prose qui paraissait sur le théâtre et le point de départ d'une question discutée avec une grande vivacité au commencement du XVIIIe siècle.

Après la mort de Henri II, la cour se rendit à Blois. Le château fut témoin d'un des premiers succès des Guise dans leurs tentatives pour s'emparer de l'autorité royale. Le vieux connétable de Montmorency, que Henri appelait son *ami* et son *compère*, perdit sa charge de grand-maître de la maison du roi, et le duc de Guise, qui la convoitait, en fut revêtu.

Dans l'année 1559, plusieurs déclarations de François II, datées de Blois, portent commission d'informer contre ceux qui favorisaient les *sacramentaires et autres entachés d'hérésie*.

Au mois de décembre 1562, eut lieu la célèbre bataille de Dreux et la défaite des protestants. Le prince de Condé, leur chef, fut pris et conduit au château de Blois, d'où on l'envoya plus tard à celui d'Onzain qui lui fut assigné pour prison.

Sur ces entrefaites, la cour reçut la nouvelle de l'assassinat du duc de Guise par Poltrot. La reine-mère écrivit aussitôt au cardinal de Lorraine, pour lui apprendre le *malheureux inconvénient advenu à son frère*. Cette lettre, publiée dans les Mémoires de Condé, avec l'orthographe italienne de la reine, se terminait ainsi : « Encore que l'on m'aye aseuré que le coup de votre frère n'est mortel, si esse [est-ce] que je souis si troublée que je ne sé que je souis. Mé je vous aseure bien que je meteré tout set que j'é au monde et de crédist et de puisance pour m'an vanger, et souis seure que Dieu me le pardonnera.

« Vostre bonne cousine, CATERINE. »

Elle écrivait en même temps au connétable de Montmorency pour lui faire part de l'intention du roi de donner la charge de grand-maître au fils du duc de Guise, si celui-ci venait à mourir de sa blessure. C'est en effet au château de Blois que fut signée la nomination de Henri de Guise à la survivance de la charge de son père.

Parmi les édits donnés à Blois par Charles IX, pendant ses différents séjours au château, nous remarquerons ceux du mois d'octobre 1571, qui déclaraient insaisissables les bestiaux et outils servant au labourage, et accordaient trois années de *surséance* aux laboureurs pour payer leurs dettes. Ces édits tendaient, comme on voit, à réparer les désastres causés à l'agriculture par les guerres civiles.

Nous arrivons à cette époque odieuse du règne de Charles IX, que signala le massacre de la Saint-Barthélemy. La plupart des faits politiques qui la précédèrent se passèrent au château de Blois.

Pour communiquer en particulier avec les réformés, le roi s'y rendit sur la fin de l'été 1571. La reine sa mère l'avait suivi avec les ducs d'Anjou et d'Alençon et la princesse Marguerite de Valois.

La cour se livra d'abord à toutes sortes de plaisirs et de fêtes, destinés, disent les historiens protestants, à cacher les épouvantables projets qui se tramaient au sein du conseil royal. Marguerite de Valois, que ses amours avec le duc de Guise et sa grande beauté rendaient déjà célèbre, était la reine de ces fêtes brillantes. Ce fut alors qu'elle inspira à Brantôme cette admiration que l'expansif écrivain fait connaître d'une si délicieuse façon dans le portrait qu'il nous a laissé de cette belle et galante princesse. Je regrette de ne pouvoir reproduire en entier les pages qu'il lui a consacrées, dans toute leur originale prolixité.

« Les empereurs romains de jadis, dit-il, pour plaire au peuple et luy donner plaisir, luy exhiboient des jeux et des combats parmi leurs théâtres; mais pour donner plaisir au peuple de France et gaigner son amitié, il ne faudroit que luy representer et faire voir souvent ceste reyne Marguerite, pour se plaire et s'esjoüir en la contemplation d'un si divin visage, qu'elle ne cachoit guières d'un masque comme toutes les autres dames de nostre court, car la pluspart du temps elle alloit le visage descouvert. Et un jour de Pasques Fleuries, à Blois, estant encore Madame et sœur du roy, ... je la vis paroistre à la procession, si belle que rien au monde de plus beau n'eust sçeu se faire voir, car, oultre la beauté de son visage et de sa belle grandeur de corps, elle estoit très-superbement parée et vestue. Son beau visage blanc, qui ressembloit au ciel, en sa plus grande et blanche sérénété, estoit orné par la teste de si grande quantité de grosses perles et riches pierreries, et surtout de diamans brillans, mis en formes d'estoilles, qu'on eust dit que le naturel du visage et l'artifice des estoilles et pierreries contendoient avec le ciel quand il est bien estoillé pour en tirer la forme. Son beau corps, avec sa riche et haute taille, estoit vestu d'une robe de drap d'or frisé, le plus beau et le plus riche qui fust jamais veu en France....... Ce n'est pas tout, car estant en la procession, marchant à son grand rang, le visage tout descouvert pour ne priver le monde, en une si bonne feste, de sa belle lumière, parust plus belle encore, en tenant et portant en la main sa palme (comme font nos reynes de tout temps), d'une royale majesté, d'une grâce moitié altière et moitié douce..... Et vous jure qu'à ceste procession tous, nous autres courtisans, y perdismes nos dévotions, car nous y vaquasmes pour contempler et admirer ceste divine princesse et nous y ravir plus qu'au service divin, et si ne pensions pourtant faire faulte ny pesché, car qui contemple et admire une divinité en terre, celle du ciel ne s'en tient offensée, puis qu'elle l'a faicte telle. »

Cependant on n'avait pu réussir à dissiper, parmi les protestants, les défiances que leur inspiraient encore les démarches de la cour. Ils avaient cru devoir y répondre en députant vers le roi Téligny, Briquemault, Beauvais et quelques autres personnages marquants de leur parti, pour protester, au nom de tous ceux de la religion, *de leurs loyautés et servitudes*.

Des séductions de tout genre furent mises en œuvre auprès des envoyés. Leur séjour à Blois ne fut qu'une série de fêtes ; on s'emparait des plus âgés en flattant leur ambition ; on séduisait les plus jeunes par l'attrait des plaisirs, et on endormait les uns et les autres par de perfides caresses. Enivrés de l'accueil qu'ils avaient reçu, ils durent être, auprès de la cour protestante de la Rochelle, les partisans les plus ardents du rapprochement désiré par les catholiques.

Afin de profiter, dans l'intérêt de ses projets, du

retour de Téligny à la Rochelle, la reine-mère faisait solliciter le comte Louis de Nassau de se rendre secrètement à Blois, pour s'entendre avec Charles IX sur les projets de guerre avec l'Espagne. Le comte de Nassau quitta donc la Rochelle, accompagné de Lanoue et de Francourt, chancelier de la reine de Navarre; ils arrivèrent la nuit, en *habits déguisés*.

Charles IX mit en œuvre, dans les conférences secrètes qu'il eut avec eux, et dont l'écho devait se faire entendre à la Rochelle, toutes les leçons de dissimulation qu'il avait reçues de Catherine. Il maudit hautement l'influence que sa mère exerçait sur les affaires publiques, et feignit des intentions bien arrêtées de gouverner désormais son royaume par lui-même et sur un plan tout différent de celui qui avait été suivi jusqu'alors. Il développa ensuite ses projets de guerre contre le roi d'Espagne, et voulait même que le comte de Nassau partît tout de suite pour en faire les préparatifs. Quant aux plans de la campagne, il fallait la présence de l'amiral pour les arrêter, car c'était à lui que le commandement de l'armée devait être remis. On régla aussi les conditions du mariage de Marguerite de Valois avec le roi de Navarre.

Flatté dans ses désirs de voir un terme mis enfin à la guerre civile, et dans son ambition de commander une armée contre des ennemis qui ne devaient plus être des Français; déterminé aussi par l'espoir de profiter de la faveur du roi, dans l'intérêt de son parti, l'amiral se décide à quitter la Rochelle. Poussé, peut-être, suivant la belle expression du grave Pasquier, *par ce merveilleux et espouvantable jugement de Dieu qui court contre nous*, il arrive à Blois.

Charles IX reçut Coligny avec les plus vives démonstrations de bienveillance et d'amitié; il protesta qu'il regardait comme le jour le plus beau de sa vie celui où l'arrivée de l'amiral assurait la paix et la tranquillité du royaume.

Les négociations pour le mariage s'étaient poursuivies, depuis l'arrivée d'une partie des seigneurs protestants, avec tout le succès désiré par Charles IX. Mais rien ne pouvait se terminer sans la présence de la reine de Navarre. Jeanne d'Albret quitta aussi la Rochelle pour se rendre à Blois.

Jeanne aurait voulu présider seule au règlement des conditions du contrat de mariage de son fils; mais elle rencontrait chaque jour, malgré les démonstrations de respect et d'affection dont elle était l'objet, quelques difficultés suscitées par la reine Catherine. Celle-ci exigeait, par exemple, que les noces eussent lieu à Paris, tandis que Jeanne, redoutant avec raison la haine que les habitants de la capitale portaient aux protestants, voulait qu'elles fussent faites à Blois.

C'est sous l'influence de ces contrariétés qu'elle écrivit au jeune roi de Navarre une lettre devenue célèbre, où, après avoir parlé des ennuis qu'elle éprouve, elle juge d'une manière si sévère et si vraie la cour de France sous Charles IX:

« .... Madame [Marguerite de Valois] est belle et bien avisée et de bonne grâce, mais nourrie en la plus maudite et corrompuë compagnie qui fut jamais; car je n'en voy point qui ne s'en sente. Vostre cousine la marquise [l'épouse du jeune prince de Condé] est tellement changée qu'il n'y a apparence de religion en elle, sinon d'autant qu'elle ne va point à la messe; car au reste de la façon de vivre, horsmis l'idolastrie, elle fait comme les papistes, et ma sœur la princesse [de Condé] encore pis...

« Le porteur vous dira, mon fils, comme le roy s'émancipe. C'est pitié. Je ne voudrois pour chose du monde que vous fussiez ici pour y demeurer. Voilà pourquoy je désire vous marier, et que vous et vostre femme vous vous retiriez de cette corruption; car encore que je la croyois bien grande, je la trouve encore davantage. Ce ne sont pas les hommes icy qui prient les femmes, ce sont les femmes qui prient les hommes. Si vous y estiez, vous n'en échapperiez jamais sans une grande grâce de Dieu...

« Je vous envoye un bouquet pour mettre sur l'oreille, puisque vous estes à vendre, et des boutons pour un bonnet. Les hommes portent à cette heure force pierreries....

« Mon fils, vous avez bien jugé par mes premiers discours que l'on ne tasche qu'à vous séparer de Dieu et de moy. Vous en jugerez autant par ces derniers, et de la peine en quoy je suis pour vous. Je vous prie prier bien Dieu, car vous avez bien besoin en tout temps, et mesme en celui-cy, qu'il vous assiste; et je l'en prie, et qu'il vous donne, mon fils, ce que vous désirez. — De Blois, ce 8 de mars [1572] ; de par vostre bonne mère et meilleure amie,

« Jeanne. »

Enfin les pourparlers et les négociations durent se terminer au gré de Catherine de Médicis ; Jeanne d'Albret autorisa son fils à venir la rejoindre. Le jeune roi de Navarre fit son entrée à Blois, accompagné du prince de Condé, son cousin germain, du comte de La Rochefoucault et de plus de cinq cents gentilshommes protestants.

Le 11 avril, les articles du contrat de mariage furent arrêtés et signés, et les fiançailles célébrées à la chapelle de Saint-Calais.

Les projets à l'égard des protestants ne faisaient point perdre de vue à Catherine de Médicis ses idées d'ambition et ses espérances de donner un trône à chacun de ses fils. Ce fut pendant son séjour à Blois qu'elle dirigea ses premières démarches pour appeler le duc d'Anjou à la succession du vieux Sigismond-Auguste, roi de Pologne. On sait le succès dont fut couronnée la diplomatie de l'évêque de Valence, Montluc.

Dès l'année 1571, il avait été question du mariage du même duc d'Anjou avec Elisabeth d'Angleterre. Mais les pourparlers avaient tellement traîné en longueur, que, de la part de la reine d'Angleterre, du moins, il est permis de supposer qu'il n'y eut jamais l'intention de les mener à fin. Néanmoins ces négociations aboutirent à un traité de paix et d'alliance qui fut signé au château de Blois, le 29 avril 1572.

Quelque temps après la signature du traité, Charles IX en jura l'observation en présence du comte de Lincoln, qui arriva à Blois, comme ambassadeur extraordinaire, avec une suite magnifique.

Des négociations pour un mariage avec le duc d'Alençon furent reprises plus tard, mais sans résultat. Du haut de la vieille tour du Foix, dans ce petit édifice bâti par Catherine, et sur la porte duquel se lit encore VRANIAE SACRVM (consacré à Uranie), les astrologues avaient promis un trône à chacun des fils de Catherine de Médicis ; la Providence en avait autrement disposé.

Nous sommes arrivés à l'époque la plus mémorable de l'histoire du château de Blois : celle où se tinrent les Etats de 1576 et 1588.

Le dimanche 2 décembre 1576, le roi et toute sa cour, réunis à Saint-Sauveur, et les députés des trois ordres à Saint-Nicolas, communièrent avec une grande solennité. Le jeudi 6, eut lieu la séance d'ouverture. Entre dix et onze heures, après avoir entendu à Saint-Sauveur la messe du Saint-Esprit, tous les députés se rendirent dans la grande salle du château. Il y en eut cent quatre du clergé, soixante-douze de la noblesse et cent cinquante du tiers-état.

Vis-à-vis de la grande porte de la salle du château, qui a conservé le nom de *Salle des Etats*, il y avait une estrade au milieu de laquelle était un grand marche-pied. Au milieu de ce marche-pied, et sous un dais à dossier, s'élevait la *chaire* du roi, avec deux coussins pour les pieds, le tout couvert d'un grand drap de velours violet, semé de fleurs de lys d'or. A gauche,

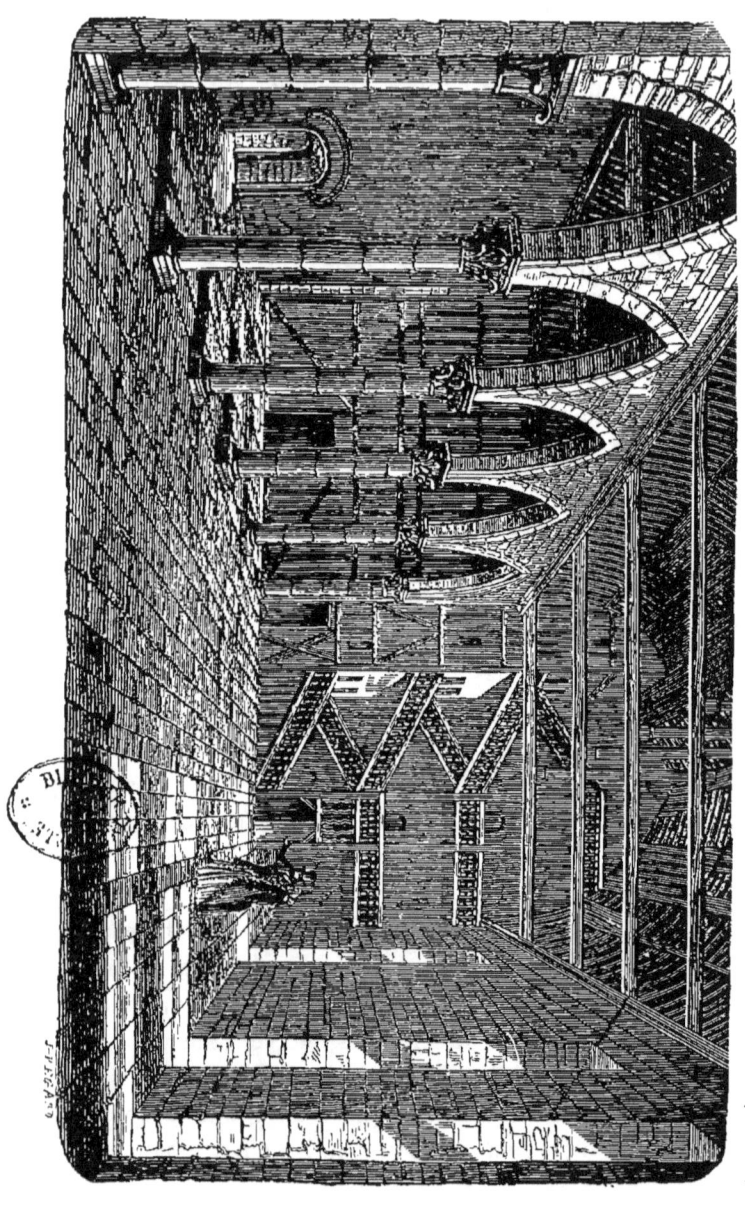

étaient placés les princes et les princesses de la famille royale et les grands dignitaires de l'Etat.

Toute la salle était tendue d'une riche tapisserie à personnages, rehaussée de fils d'or; les colonnes étaient couvertes de velours violet, semé de fleurs de lys d'or; le haut de la salle était *enfoncé* de tapisseries, et l'estrade couverte de tapis de pied.

Lorsque chaque député eut pris place, MM. de Chavigny et de Lansac, capitaines des Deux-Cents Gentilshommes, et Larchant, capitaine des Gardes, allèrent chercher le roi; celui-ci arriva par un petit escalier de bois qu'on avait fait construire le long du mur qui touchait à ses appartements. (V. la vignette, où l'on a rétabli l'escalier de bois, détruit par le Génie militaire.) Le roi avait au col le grand-cordon de l'ordre de Saint-Michel; deux huissiers de la chambre portaient leurs masses devant lui. Il était suivi de la reine sa mère, et de la reine sa femme, de son frère le duc d'Anjou, de la reine de Navarre, du cardinal de Bourbon, des ducs de Nevers et d'Uzès, de trois pairs d'Eglise, du chancelier Birague, et de Biron, grand-maître de l'artillerie.

A l'arrivée du roi, toute l'assemblée se leva, en se découvrant. Ceux du tiers-état restèrent un genou en terre jusqu'à ce que le roi et les deux reines se fussent assis. Le roi commanda alors au chancelier de faire asseoir toute l'assemblée. Parmi les personnes de la cour on remarquait surtout Marguerite de Valois. Brantôme nous a encore laissé un souvenir précieux de l'effet que produisit la beauté de cette princesse sur toute l'assemblée.

« Je vis ceste nostre grande Reyne, dit-il, aux premiers Estats à Blois, le jour que le roi fit son harangue, vestuë d'une robe orange et noir, mais le champ estoit noir, avec force clinquant, et son grand voyle de majesté, qu'estant assise en son rang, elle se montra si belle et si admirable que j'ouïs dire à plus de trois cens personnes de l'assemblée qu'ils s'estoient plus advisés et ravis à la contemplation d'une si divine beauté, qu'à l'ouïe des graves et beaux propos du Roy son frère, encore qu'il eût dict et harangué des mieux. »

Le roi prononça, en effet, un discours empreint d'une éloquence douce et persuasive, qui fit une vive impression sur l'assemblée. Il avait mis une grâce et une dignité admirables à prononcer sa harangue ; sa voix était claire, et, malgré l'étendue de la salle, sa parole nette et précise s'était fait entendre à tous les assistants.

Quand il se fut assis, le chancelier de Birague prit la parole pour faire connaître plus amplement la volonté du roi. L'archevêque de Lyon, d'Espinac, président du clergé, le sieur de Rochefort, député pour la noblesse du Berry, et Luillier, prévôt des marchands de la ville de Paris et président du tiers, remercièrent le roi de ses intentions paternelles, chacun au nom de son ordre, et protestèrent devant Dieu qu'ils étaient prêts à exposer leur vie et leurs biens pour le service du souverain.

Toutes ces assurances de dévouement durent faire espérer à Henri III qu'il pourrait facilement diriger les travaux et les résolutions des Etats ; mais ces protestations, nées de l'enthousiasme d'un moment, n'eurent pas d'effet plus durable que l'éloquence et la pompe royale qui les avaient provoquées. Les préventions contre la personne et l'autorité du roi se réveillèrent au sein des réunions particulières, où dominait l'influence de la Ligue.

Dans toutes les questions importantes, Henri III retrouvait la Ligue, avec son esprit d'opposition systématique, qui entravait tous ses projets, paralysait toute l'action de son autorité royale.

Une autre séance solennelle eut lieu le 17 janvier, dans la grande salle, comme la première et avec les mêmes cérémonies, et le 20 février, les trois ordres furent convoqués dans la galerie du château attenant au cabinet du roi. Mais ces convocations générales, comme les réunions particulières, n'amenèrent que des discussions orageuses, et la dissolution des Etats eut lieu le 1er mars. Les députés se séparèrent sans avoir pu ni voulu prendre aucune détermination fixe sur les grandes questions d'où dépendaient l'ordre et la prospérité dans le royaume. Toutefois, l'assemblée nationale de 1576 mérite une belle place dans notre histoire sociale : c'est sur les *plaintes et doléances* contenues dans ses cahiers que fut rendue, en 1579, la fameuse ordonnance en 363 articles, connue sous le nom d'*Edit de Blois*.

Il me reste à raconter quelques événements qui se passèrent au château pendant la tenue des premiers Etats. Leur importance historique est fort secondaire, il est vrai; mais la nature de mon travail ne me permet pas de les passer sous silence.

Le 20 décembre, le fils aîné du sieur de Saint-Sulpice se prend de dispute au jeu de palle-maille avec le vicomte de Tours, et l'outrage grièvement. Le soir ils vont au bal du château; à onze heures ils en sortent sans témoins ni seconds, suivis d'un seul laquais portant une torche. Arrivé dans la basse-cour, et au moment d'en venir aux mains, Saint-Sulpice renvoie le laquais qui lui appartenait, ne voulant pas donner à penser qu'il en eût tiré assistance contre son adversaire. Le combat s'engage dans l'obscurité, et Saint-Sulpice tombe en criant : Je suis mort! Son laquais accourt, prend l'épée de son maître, poursuit le vicomte de Tours qui s'enfuyait, et le blesse d'un coup à la tête. De Tours néanmoins gagne une maison, d'où il parvient plus tard à quitter la ville, pour éviter les effets de la colère du roi.

Le 29 janvier 1577, après un combat à la barrière, fait à *beaux flambeaux*, dans la salle des Etats, par le roi et les princes, un capitaine des archers de la garde, nommé Briague, fut tué par un soldat de sa compagnie, qui voulait se venger de quelques voies de fait. Ce soldat s'était caché au pied même des degrés d'où l'on descendait de la chambre du roi. Au moment où Briague passait avec d'autres officiers, il le frappe entre les deux épaules, laisse son épée dans le corps de sa victime, et parvient à s'échapper en criant qu'on vient de tuer son maître, et qu'il court chercher un chirurgien.

Les premiers comiques italiens qui parurent en France, les *Gelosi*, arrivèrent à Blois au mois de février suivant. Henri III les avait fait venir de Venise. La troupe entière tomba au pouvoir des protestants, et le roi fut obligé de payer sa rançon. Il lui assigna, pour donner ses représentations, la salle des Etats, en l'autorisant à prendre un *demi-teston* par personne. Nous lisons dans les Mémoires de l'Estoile, que le roi se trouvait ordinairement aux représentations des *Gelosi* « habillé en femme, ouvrant son pourpoinct, descouvrant sa gorge, y portant un collier de perles et trois colets de toille, deux à fraizes et un renversé, ainsi que les portoient les dames de la cour. »

Si qu'au premier abord chascun estoit en peine
S'il voyoit un roy-femme, ou bien un homme-reyne,

a dit d'Aubigné dans son langage énergique.

Un seul fait signale la présence de la cour à Blois pendant l'intervalle de temps écoulé entre les Etats de 1576 et ceux de 1588, et ce fait est un crime. Triste effet de la fatalité qui préside ordinairement aux événements dont le château est le théâtre : les séjours de la royauté dans ses murs, depuis Charles IX, ne lui fournissent que des souvenirs de deuils particuliers ou de malheurs publics !

Le lundi 4 mai 1581, Jean de Livarot et le marquis de Maignelais, après une querelle survenue au milieu d'un bal donné par le roi, conviennent de se battre le lendemain, dans une des îles de la Loire qui existaient alors près du vieux pont. Ils s'y rendent, avec deux laquais sans armes. Livarot est tué ; mais aussitôt, Maignelais, frappé par derrière, tombe aussi, et meurt sur le corps de sa victime. Livarot, dans l'éventualité d'une défaite, avait ménagé sa vengeance aux dépens de son honneur, et pour ravir à son adversaire la gloire d'un triomphe, il avait donné ordre à son laquais de cacher une épée dans le sable, et d'en tuer Maignelais, si Maignelais était vainqueur. Le laquais fut pendu ; mais *on s'estonna beaucoup* de cette déloyauté de Livarot, qui, pour avoir déjà *bravement* tué le jeune Schomberg, dans le fameux combat des Mignons, s'était acquis par toute la cour si bonne réputation de brave et loyal chevalier.

La ville de Blois fut de nouveau choisie pour l'assemblée des Etats-Généraux de 1588. Le 11 septembre, le roi arriva au château, escorté d'une nombreuse suite de gentilshommes, et s'occupa aussitôt du nouveau plan de conduite qu'il voulait suivre.

Les députés cependant n'arrivaient qu'avec lenteur, et le roi, malgré son impatience, se vit forcé de remettre au 15 octobre la séance d'ouverture qui avait été fixée à un mois plus tôt.

Henri III se faisait amener dans son cabinet tous les députés, les uns après les autres, à mesure qu'ils arrivaient, afin de les *voir, ouïr et recongnoistre*. Alors sans doute, bien des séductions furent mises en œuvre ; mais le malheureux monarque, sans argent et sans crédit, voyait avec désespoir la popularité du duc de Guise contreminer ses projets, et tous les serviteurs ardents de la Ligue se porter *en flotte* aux appartements de son rival, écoutant ses ordres et prêts à seconder ses desseins.

La nomination des bureaux éclaira Henri III sur

l'esprit dont les chambres étaient animées. Cette nomination se fit le 3 octobre. Le cardinal de Guise fut porté à la présidence du clergé, le comte de Brissac à celle de la noblesse, et la Chapelle-Marteau à celle du tiers. C'étaient, dit Pasquier, les *plus authorisez de la Ligue*.

La séance d'ouverture fut précédée de toutes ces solennités religieuses, si belles et si splendides à une époque où l'*honneur de Dieu* était le sentiment qui dominait tous les partis et sur lequel reposaient toutes les opinions politiques. Henri III avait fait publier des jeûnes et abstinences, pendant trois jours entiers, pour *se préparer et disposer à recevoir le corpus Domini*. La cour communia, en grande pompe, dans l'église Saint-Sauveur, et les princes et seigneurs dans les diverses églises, tandis que les députés, réunis tous aux Jacobins, reçurent la communion des mains du cardinal de Bourbon.

Enfin, le 16 octobre, tous les députés réunis dans la cour du château furent appelés dans la salle des Etats. Quatre cent onze se placèrent successivement, selon le rang de leur province.

Le duc de Guise fixait tous les regards. Il était assis devant l'estrade royale et sous le même dais qui la surmontait, le dos tourné au roi et la face vers le peuple. « Il estoit habillé d'un habit de satin blanc, la cappe retroussée à la bijarre, perçant des yeux, dit Pierre Mathieu, toute l'espesseur de l'assemblée, pour recongnoistre et distinguer ses serviteurs, et d'un seul eslancement de sa veuë, les fortifier en l'espérance de l'advancement de ses desseins, de sa fortune et de sa grandeur, et leur dire sans parler : Je vous voy. » Lorsque toute l'assemblée fut réunie, il se leva et, suivi des Deux-Cents gentilshommes et des capitaines des gardes, il alla chercher le roi.

Henri III descendit par le petit escalier qui aboutissait à l'estrade du trône. *Il entra plein de majesté, portant son grand ordre au col*, et commença sa harangue, suivant le compte-rendu de la cérémonie, par un *grave choix de beaux mots*.

On avait attribué à Morvillier la harangue du roi aux Etats de 1576; l'abbé, depuis cardinal du Perron, passa pour être l'auteur de celle de 1588. Cependant, en comparant la faiblesse des autres orateurs de l'époque, même les plus en réputation, l'enflure et le ridicule de leurs discours, avec l'éloquence, l'adresse et le bon goût des harangues royales, on est tenté de laisser tout l'honneur de celles-ci à Henri III.

Si la noblesse et la dignité du roi séduisirent toute l'assemblée, la vigueur de ses paroles et les allusions, qu'il n'avait pas cherché à ménager, causèrent au duc de Guise et aux représentants des Seize une agitation qui fut mal contenue.

Après le roi, le nouveau garde-des-sceaux, Montholon, prit la parole et commença un interminable discours, par une lourde amplification sur l'origine et les avantages des assemblées générales, depuis Salomon et les druides, jusqu'à Louis XII; il développa longuement les projets du roi d'extirper les vices et les abus du royaume, et finit en exhortant les

Etats à rester unis et à ne point *défaillir* à Dieu, au roi et au pays.

L'archevêque de Bourges répondit au nom du clergé. Il remercia le roi d'avoir fait entendre sa *douce et agréable voix et parole, ornée de la féconde éloquence d'Ulysse et des graves sentences de Nestor*. Le savant prélat trouva moyen de parler aussi d'Hercule, de Thésée, de Moïse et du grand capitaine Josué, de Daniel, de Nabuchodonosor, de Cyrus et d'Artaxerce, de Démétrius, etc. Il montra les sujets du roi qui, après avoir levé les mains en haut, attendant la miséricorde de Dieu, ouvraient aujourd'hui les bras pour embrasser les jambes de Sa Majesté, et se livra sans mesure à un vain étalage d'érudition indigeste, qui était, du reste, si fort à la mode alors, que de Thou lui-même parle avec une sorte de complaisance de l'*excellent* discours de l'archevêque.

M. de Beaufremont-Senecey adressa ensuite au roi son *remerciement* au nom de toute la noblesse, et, après lui, La Chapelle-Marteau au nom du tiers. Les discours de ces deux derniers contrastent, par leur brièveté et leur clarté, avec les éternelles divagations de MM. de Bourges et de Montholon.

Dans cette séance d'ouverture, comme à celle de 1576, l'*honneur de bien dire* avait encore été pour Henri III, mais encore, comme aux Etats de 1576, les premières opérations des trois chambres ne furent inspirées que par un sentiment de malveillance pour le monarque. Chaque jour, il recevait quelques remontrances rédigées par de furieux ligueurs ; elles avaient toute l'allure des pamphlets politiques les plus violents. Dans leurs délibérations, les chambres demandaient à grands cris des réformes et ne fournissaient point les moyens de les exécuter; elles voulaient que l'on poursuivît, avec la plus grande vigueur, la guerre contre les huguenots, mais refusaient des subsides, et s'abandonnaient, en un mot, à l'opposition la plus systématique et la plus irréfléchie.

Henri III essaya en vain de se créer des partisans dans la chambre du tiers. Il faisait venir au château les membres les plus influents, causait familièrement avec eux sur la marche des affaires et sur ses projets de réforme; en mêlant à ses demandes d'adroites promesses, il ne négligeait aucune de ces prévenances toutes-puissantes de monarque à bourgeois.

« Le 27 novembre, dit Bernard, le roi eut envie de voir M. Coussin et moi..... Le sieur de Marle nous vint prendre et entrâmes dans la chambre du roi, lequel nous trouvâmes seulement accompagné de M. de Lyon et du président de Neuilly. Il nous commença à dire la volonté qu'il avoit de nous soulager; qu'il vouloit régler sa maison et la réduire au petit pied; que s'il avoit trop de deux chapons, il n'en auroit qu'un, ... et qu'avant de partir il nous promettoit un très-grand contentement. Mais que de le contraindre à réduire les tailles au pied de 1576, il estoit impossible que ce ne fût à la ruine de sa maison et de son estat; qu'il considéroit la guerre contre les hérétiques, où il vouloit hazarder de sa personne; qu'il estoit nécessaire d'avoir fonds pour ce regard, et que ce n'estoit pas lui donner courage de le faire que de lui retrancher ses moyens.......

Son propos fini, ... le roi voulut que je parlasse, ce que je fis longuement, avec toute franchise et respect.... Il me fit l'honneur de m'entendre patiemment et m'interrogea de quelques sujets faciles à résoudre.... Sur la fin de mon discours, il nous dit : Je vois bien que nous tendons tous au même but ; mais nous y venons par divers chemins. »

Aux embarras politiques suscités au roi avec la brutalité de formes des grandes majorités et toute l'inconséquence systématique de l'esprit de parti, se joignaient des déboires plus cruels encore. Si la puissance du monarque était chaque jour méconnue, chaque jour aussi la dignité de l'homme était froissée. Tout ce que la haine peut amasser de calomnies, la passion d'injures, la critique de ridicules, était déversé sur Henri de Valois ; son nom donnait lieu à d'ignobles anagrammes ; ses goûts, ses habitudes, ses affections provoquaient les plus outrageantes satires. Les écrivains, dans leurs pamphlets, le poursuivaient, lui et les siens, d'invectives sanglantes ; dans leurs sermons, les prédicateurs excitaient le peuple à la sédition, et lui représentaient le roi comme un tyran et un suppôt du diable.

Cependant, à côté de cette autorité royale si abaissée, à côté de ce nom livré au mépris, s'élevait une autre autorité, se popularisait un autre nom. Henri de Guise grandissait de tout l'avilissement où était tombé Henri de Valois. Logé au château, avec une foule de serviteurs et d'amis, qui criaient haut leur titre de *guisards*, il paraissait plus roi que le roi de France. Si Henri III s'abaissait à d'humiliantes démarches auprès des Etats de son royaume, s'il avait recours, vis-à-vis des bourgeois du tiers, à des prières et à des flatteries, il voyait, dans son propre palais, le nom de Guise craint et vénéré, les ordres de Guise partout obéis, les appartements de Guise toujours remplis des principaux membres des Etats, hautains et insolents en présence du roi de France, courtisans dévoués auprès du *roi de Paris*.

Pour arriver à cette puissance, les Lorrains ne cherchaient pas des voies d'adresse et de dissimulation. Leur rivalité se manifestait au grand jour, en présence du monarque, comme en présence du peuple. Leur conduite privée témoignait l'absence de tout respect, comme leurs actes publics révélaient leurs vues ambitieuses. Ils ne désignaient le roi que par d'injurieuses dénominations, et la duchesse de Montpensier, au milieu des propos les plus violents, montrait à toute la cour ses petits ciseaux d'or destinés à faire la tonsure de moine à *frère Henri de Valois*. S'il s'adressait au monarque, le duc de Guise parlait en maître qui veut être obéi, et de toutes les causes qui déterminèrent sa perte, ce ton de violence, ces airs de hauteur, en blessant l'orgueilleux et irritable Valois, ne furent pas les moins influentes.

Personne n'ignorait le but vers lequel s'avançait le duc de Guise. On parlait publiquement du projet qu'il formait de conduire Henri III à Paris, et de se faire le Charles Martel d'un nouveau Chilpéric. Il ne s'agissait donc plus pour Henri III d'une lutte politique avec son adversaire. La question pour le roi était d'être ou ne pas être. Il n'avait plus qu'à prévenir les coups qu'on allait lui porter : la mort du duc de Guise fut résolue.

Mais le monarque avait la conscience de sa faiblesse et de son isolement. Il sentait la nécessité de trouver des confidents et de préparer silencieusement sa vengeance, sans détruire la sécurité naturelle de son ennemi. Depuis longtemps, la superstitieuse dévotion de Henri III, son humeur chaque jour plus sombre, son goût pour la solitude et pour les pratiques religieuses les plus exagérées, et souvent les plus extravagantes, affectaient douloureusement les fidèles serviteurs de la monarchie qui croyaient à la sincérité du prince. Les Guise et les ligueurs, de leur côté, en profitaient pour s'immiscer plus avant dans l'administration des affaires. Les habitudes toutes monacales du roi, en provoquant leurs continuelles moqueries, leur paraissaient un acheminement naturel à leur projet de *donner le froc à frère Henri de Valois*. Mais Henri III persistait dans son apparente inertie, afin de faire servir à ses desseins secrets cette vie de retraite et de pratiques pieuses, qui semblait uniquement consacrée à faire taire les reproches de sa conscience. Il s'entoura de religieux de tous les ordres et fit distribuer, dans les combles du château de Blois, de petites cellules pour des frères capucins. En apparence, indifférent aux affaires publiques, il semblait vouloir en abandonner le soin à son cousin de Guise.

On était arrivé au 18 décembre : la reine-mère célébrait le mariage de Christine, fille du duc de Lorraine et sœur de la reine régnante, avec Ferdinand de Médicis, grand-duc de Toscane. Charles, duc d'Angoulême, avait épousé la princesse, au nom du grand-duc, et la cérémonie s'était faite dans la grande salle du château, avec cette pompe et ce luxe pour lesquels Henri III ne se refusait jamais à satisfaire sa passion, quelles que fussent les préoccupations de son esprit ou l'état de ses affaires.

Le soir, la cour était réunie dans les appartements de la reine-mère. Henri III profita de ce moment où toutes les pensées étaient tournées vers le plaisir, pour s'ouvrir à quelques amis sur les projets qu'il avait conçus. Il appelle dans son cabinet le maréchal d'Aumont, Nicolas et Louis d'Angennes, Beauvais-Nangis et le colonel corse, Alphonse d'Ornano. « Il y a longtemps, leur dit-il, que je suis sous la tutelle de messieurs de Guise. Je suis résolu d'en tirer raison, mais non par la voie ordinaire de justice ; car M. de Guise a tant du pouvoir en ce lieu que si je lui faisois faire son procès, lui-même le feroit à ses juges. Je suis résolu de le faire tuer présentement dans ma chambre ; il est temps que je sois seul roi ; qui a compagnon a maître. »

Le maréchal d'Aumont opina pour qu'on le fît arrêter, juger et punir selon les lois comme criminel de lèse-majesté ; mais Nicolas d'Angennes et les autres seigneurs combattirent ce projet, qui n'offrait aucune garantie, ni dans son exécution ni dans ses résultats. Quels seraient, en effet, les juges, les geôliers et le bourreau d'un homme si haut placé que la puissance du souverain fléchissait devant la sienne ? L'opinion du roi prévalut ; on convint aussi de s'emparer du cardinal de Guise, du prince de Joinville, des ducs de Nemours et d'Elbeuf, et même du vieux cardinal de Bourbon.

L'exécution se présentait toutefois entourée de mille difficultés. Le duc de Guise était, il est vrai, sans défiance, mais non sans précautions; il ne sortait jamais qu'entouré d'un grand nombre de partisans et de gentilshommes, et c'était, en effet, le nombre et le dévouement des siens qui faisaient sa confiance.

Henri III ne devait donc avoir d'autre but que celui d'isoler un instant le duc, de manière à le frapper loin de tout secours. Lorsque le duc de Guise se rendait chez le roi, sa suite envahissait la salle du conseil. Cette salle était contiguë à la chambre de Henri III; mais les jours de conseil, la porte en était fermée et gardée par des huissiers. Les pages et gentilshommes, formant la suite des seigneurs, se tenaient dans le grand escalier du château et sur une petite terrasse appelée la *Perche aux Bretons* (V. la vign. de la p. 126), qui communiquait avec l'escalier par une galerie extérieure. Cette circonstance fut le pivot sur lequel l'entreprise devait rouler.

Il s'agissait, avant tout, de trouver un brave serviteur, dont le cœur fût résolu, le bras fort, et le zèle aveugle. Henri III jeta les yeux sur Crillon, colonel de son régiment des gardes. Crillon haïssait le duc de Guise de tout l'attachement qu'il portait au roi; toutefois, en apprenant à quelle épreuve Henri voulait mettre son dévouement : « Sire, dit-il, je suis bon serviteur de Votre Majesté; qu'elle m'ordonne de me couper la gorge avec le duc de Guise, je suis prêt à obéir; mais que je serve de bourreau et d'assassin, c'est ce qui ne convient ni à un soldat, ni à un gentilhomme. » Cette franchise ne déplut pas au roi, mais le refus l'embarrassa, sans lui laisser toutefois d'inquiétude; Crillon lui avait promis le secret. Henri s'adresse alors à Loignac, premier gentilhomme de la chambre. Loignac accepte et répond des moyens d'exécution. C'était le 21 décembre. Henri fixa au vendredi 23 le jour de sa vengeance.

J'emprunte textuellement à mon livre sur le château de Blois le récit de la catastrophe à laquelle l'histoire de ce monument doit son principal intérêt.

« Tout ce qu'il y avait à la cour et aux Etats d'hommes éclairés, d'esprits froids, à qui les passions du moment n'inspiraient pas d'aveugles préventions, avait déjà prononcé l'arrêt de Guise. *Quelques âmes brusques disoient hautement qu'il méritoit un coup de balle.* Aux yeux d'un grand nombre, tant d'entreprises ambitieuses voulaient une issue fatale, tant d'offenses publiques une vengeance exemplaire. On opposait involontairement à cette audace toujours croissante du Lorrain la patience extraordinaire de l'irritable Valois; et pour tous ceux qui, à cette époque d'intrigues, faisaient de la dissimulation une étude et une science, ce grand calme présageait un grand éclat.

« Et puis, comme à l'approche des grandes catastrophes, de vagues pressentiments venaient agiter les esprits, les plus graves ne pouvaient y échapper.

« L'almanach de Billy, écrivait sérieusement Pasquier, « ne prognostiquoit rien de bon pour toute l'année

« 1588, et moins encore au mois de décembre. »
Toutes les prédictions, en effet, étaient menaçantes.
Le peuple s'attendait à voir se réaliser cette prophétie de Nostradamus :

> Paris conjure un grand meurdre commettre,
> Bloys luy fera sortir son plein effect.

« Les amis de Guise commentaient, comme l'annonce fatale de quelque événement sinistre, qui devait frapper la maison de Lorraine, ce quatrain des Centuries que la crédulité de l'époque rendait terrible :

> En l'an qu'un œil en France regnera,
> La cour sera en un bien fascheux trouble,
> Le grand de Bloys son amy tuera,
> Le règne mis en mal et doubte double.

« Mais Guise se sentait le cœur trop haut placé pour ajouter foi à ces funestes prophéties. Il en riait, et disait que tous ces vers d'almanach étaient à double entente, et ne lui présentaient pas moins de sujets d'espérance que de motifs de crainte.

« C'était en vain que sa famille, ses amis, essayaient de lui faire partager et leurs craintes raisonnées et leurs terreurs superstitieuses. Ceux qui lui conseillaient l'audace et la persévérance étaient les seuls écoutés. D'Espinac l'encourageait surtout dans une fatale obstination. Ce prélat avait la promesse du chapeau de cardinal, et la crainte de voir l'éloignement de son protecteur nuire à son élévation lui inspirait ces funestes conseils. Le cœur généreux et fier du Balafré n'était que trop enclin à les suivre. Sa confiance reposait sur le double sentiment de sa puissance et de son mépris pour le caractère du roi. La veille de sa mort, en se mettant à table pour dîner, il trouva sous sa serviette un billet contenant ces mots: « Donnez-vous de garde, on est sur le point de vous « jouer un vilain tour. » Il se contenta, pour réponse, d'écrire au bas : *On n'oserait*, et jeta le billet sous la table.

« Cependant Henri III se faisait oublier dans sa solitude. Il semblait, au milieu du plus complet isolement, vouloir s'effacer à tous les yeux. Tout entier à ses austérités et à ses pieuses retraites, *il paroissoit à vue*, dit Miron, *presque privé de sentiment et de mouvement*. Sa dévotion avait redoublé aux approches de Noël. L'emploi de ses journées, pendant cette sainte semaine, avait été réglé d'avance. Le vendredi 23, le roi devait aller en pèlerinage à Notre-Dame-de-Cléry. La veille au soir, il fit prier le duc et le cardinal de Guise, l'archevêque de Lyon et quelques autres seigneurs de se trouver à six heures du matin à son cabinet, parce qu'il voulait, avant son départ, tenir conseil et expédier quelques affaires pressantes, de manière à plus n'être dérangé dans ses dévotions le reste de la semaine.

« Loignac, comme nous l'avons dit, avait accepté par zèle la mission que Crillon avait refusée par honneur, et il avait fait agréer à Henri III les services de Larchant, l'un des capitaines des gardes. Celui-ci, de concert avec le roi, se rend le soir du 22 chez le duc de Guise, à la tête de quelques soldats de sa compagnie, et le supplie de vouloir bien appuyer, dans le conseil annoncé pour le lendemain, une requête de ses gens qui réclamaient l'arriéré de leur paye. Rentré vers les neuf heures chez le roi, Larchant reçoit ses dernières instructions. A minuit, Henri III se retire dans l'appartement de la reine, après avoir donné ordre à du Halde, son premier valet de chambre, de l'éveiller à quatre heures.

« Quatre heures sonnent, du Halde heurte à la chambre de la reine. Louise de Piolans, première femme de chambre, vient au bruit, et demande : Qui est là? Dites au roi qu'il est quatre heures, répond du Halde. L'agitation de Henri III, pendant cette nuit d'inquiétudes, l'avait tenu éveillé. « Piolans, dit-il, « mes bottines, ma robe et mon bougeoir. » Il se lève, laissant la reine dans une grande perplexité, et va dans son cabinet neuf, où étaient déjà Bellegarde et du Halde. Loignac ne tarde pas à venir avec neuf des Quarante-Cinq ordinaires; Henri III, pour s'assurer de ces derniers, les enferme dans les cellules qu'il avait fait construire pour les capucins. Lorsque les membres du conseil et les officiers de service furent arrivés, le roi fait descendre les Quarante-Cinq par un escalier dérobé, qui conduisait des combles du château au cabinet neuf, en leur recommandant de marcher doucement pour ne point réveiller la reine-mère, logée au-dessous. Il leur apprend alors le service qu'il exige de leur dévouement, leur promet de grandes récompenses, et leur demande s'ils sont prêts à servir sa vengeance. Tous le jurent. *Cap dé Diou, Sire*, dit Sariac, *iou lou bous rendis mort!* Henri les poste avec Loignac dans sa chambre à coucher. Il commande en même temps à Nambu, huissier de la chambre, de ne laisser sortir ni entrer personne, que lui-même ne l'eût ordonné.

« Rentré dans le cabinet neuf, Henri III envoie le maréchal d'Aumont au conseil, pour le faire tenir, et s'assurer du cardinal de Guise et de l'archevêque de Lyon, aussitôt que le duc de Guise serait frappé. Bellegarde reçoit l'ordre, en même temps, d'amener dans l'oratoire les deux chapelains, Claude de Bullis et Etienne d'Orguyn, et de leur dire de prier Dieu, *que le roy peust venir à bout d'une expédition qu'il vouloit faire pour le repos de son royaume*. Ces dispositions faites, il fallait attendre l'arrivée des deux frères. Ce fut pour le roi un moment de cruelles incertitudes. Contre ses habitudes de nonchalance et d'apathie, il allait, il venait, et ne pouvait demeurer en place; parfois il se présentait à la porte de son cabinet, et exhortait les Ordinaires à se bien donner garde de se laisser *endommager* par le duc de Guise. *Il est grand et puissant, j'en serois marry,* disait-il. On vint lui annoncer que le cardinal était au conseil; mais le duc n'arrivait pas.

« Guise, qui logeait au château, dans le bâtiment de Louis XII, avait passé la nuit avec la belle madame de Sauves, marquise de Noirmoutier, qui, selon l'énergique expression de Le Laboureur, *alloit coucher d'un parti chez l'autre*. Sous la double influence de l'amour et de l'ambition, il avait encore méprisé les avertissements qui lui furent donnés pendant cette nuit de plaisir, et n'avait quitté sa maîtresse qu'à trois heures du matin. Il était près de huit heures quand ses valets de chambre le réveillèrent, en lui apprenant que le roi était prêt à partir. Il se lève à la hâte et sort pour se rendre au conseil.

« Le temps était sombre et triste, une pluie froide tombait par torrents. « Le ciel, dit Pasquier, sem- « bloit pleurer les calamités qui alloient advenir. » Au pied du grand escalier, le duc de Guise rencontre Larchant, qui, à la tête de sa compagnie, lui présente la requête de ses gens, en suppliant le duc de leur permettre d'attendre ce qui serait décidé sur leur sort. Guise promet son appui, monte et entre dans la chambre du conseil.

« Aussitôt Larchant dispose ses gardes en double haie sur les degrés du grand escalier, et, selon les instructions reçues la veille, envoie son lieutenant et un exempt des gardes, avec vingt de ses hommes, à l'escalier du vieux cabinet du roi, d'où l'on descendait à la galerie des Cerfs, qui conduisait aux jardins ; douze autres gardes furent placés dans le cabinet même, afin de se jeter sur le duc quand il viendrait à hausser la portière pour y entrer. En même temps Crillon fait fermer toutes les portes du château.

« Ce fut alors un moment d'appréhension générale. Ce supplément de forces, ces précautions inusitées, cet appareil militaire qui remplissait le château jetèrent l'effroi parmi les serviteurs de Guise. Péricard, son secrétaire, lui envoie dans un mouchoir un billet contenant ces mots: *Monseigneur, sauvez-vous, ou vous êtes mort*. Mais le page chargé de porter ce mouchoir à un huissier du conseil est repoussé par les gardes. Il n'y avait plus de salut pour le duc de Guise.

« A son entrée dans la chambre du conseil, il trouve déjà réunis : le cardinal son frère, les cardinaux de Gondy et de Vendôme, les maréchaux d'Aumont et de Retz, Rambouillet, MM. de Marillac et Petremol, maîtres des requêtes, Marcel, intendant des finances, et Fontenay, trésorier de l'Épargne. Peu après arrive l'archevêque de Lyon. Le duc de Guise prend place auprès du feu, en se plaignant du froid. Tout d'un coup, il devient pâle, et, soit pressentiment de la mort, soit terreur de son isolement, ou fatigue des excès de la nuit, il sentit son cœur défaillir. « Mon« sieur de Fontenay, dit-il au trésorier de l'Épargne, « veuillez prier M. de Saint-Prix de me monter des « confitures. » Saint-Prix, premier valet de chambre du roi, apporta des prunes de Brignoles ; le duc en mangea et se trouva mieux. Ruzé de Beaulieu déposa, sur ces entrefaites, un état des différentes matières qui devaient se traiter au conseil. Petremol commençait la lecture d'un rapport sur les gabelles, lorsque Révol ouvrit la porte de la chambre du roi et dit à Guise que Sa Majesté le demandait dans son cabinet vieux. Le duc mit quelques prunes dans son drageoir, et jetant les autres sur la table : *Messieurs*, dit-il, *qui en veut ?* Puis, jetant son manteau sur le bras gauche, il entre dans la chambre du roi. Nambu ferme aussitôt la porte derrière lui. Guise se trouve en présence des Quarante-Cinq ; il les salue en entrant ; les gardes s'inclinent et accompagnent le duc comme par respect ; un d'eux lui marche sur le pied : était-ce le dernier avertissement d'un ami ?

« Guise traverse la chambre, et comme il s'approchait du passage qui conduisait au cabinet, inquiet de se voir suivi, il s'arrête, et prenant, par un geste d'hésitation, sa barbe avec la main droite, il se retourne à demi. En ce moment, Montséry, qui se trouvait près de la cheminée, le saisit au bras et lui porte à la gorge un coup de poignard. *Mes amis! mes amis! trahison!* s'écrie Guise. Aussitôt des Effrénats se jette à ses jambes, et Sainte-Maline le frappe derrière la tête. Malgré ses blessures, Guise peut encore renverser un des assassins d'un coup du drageoir qu'il avait à la main, et bien qu'il eût son épée engagée dans son manteau et les jambes saisies, il ne laisse pas, tant il était fort, d'entraîner ses meurtriers d'un bout de la chambre à l'autre. *Il marchait les bras tendus, les yeux éteints, la bouche ouverte et comme déjà mort.* Poussé par Loignac, il tombe au pied du lit du roi, en criant : *Mon Dieu! miséricorde!* Ce furent ses dernières paroles.

« Lorsqu'il apprend que c'en est fait de Guise, Henri III hausse la portière de son cabinet, et après s'être assuré que son ennemi est bien mort, il sort pour contempler sa victime. Il lui donne un coup de pied au visage, comme le duc de Guise en avait donné un à l'amiral de Coligny, le jour même de la Saint-Barthélemy. *Mon Dieu! qu'il est grand,* s'écria-t-il, *il paraît encore plus grand mort que vivant;* et il le poussa de nouveau du pied. Il rentre ensuite et commande à Beaulieu de le visiter. On trouva autour du bras une chaîne d'or à laquelle était attachée une petite clef,

sans doute quelque gage d'amour, et dans la *pochette des chausses*, une bourse contenant quelques pièces d'or, et un billet où étaient écrits, de la main du duc, ces mots : *Pour faire la guerre civile en France, il faut sept cent mille livres tous les mois*. En s'acquittant de cette triste fonction, Beaulieu croit remarquer quelque mouvement dans le corps de Guise : « Monsieur, « lui dit-il, cependant qu'il vous reste quelque peu « de vie, demandez pardon à Dieu et au roi. » Mais, sans pouvoir parler, Guise jette un grand et profond soupir ; c'était sa dernière lutte contre la mort, et le dernier effort de cet homme puissant, qui périssait plein de vie et de force.

« Le corps fut couvert d'un tapis sur lequel on mit une croix de paille, et fut traîné dans la garde-robe. Deux heures après, il était livré à du Plessis de Richelieu, grand-prévôt de France, aïeul du cardinal, « qui n'épargna pas non plus les grands, dit Châ- « teaubriand, mais qui les fit mourir par la main du « bourreau. »

« Au bruit qui se faisait dans la chambre du roi, tous les membres du conseil s'étaient levés. Le maréchal de Retz s'écria : *La France est perdue !* Le cardinal de Guise ne dit que ces mots : *On tue mon frère !* et dans son effroi il se précipite vers la porte du grand escalier, tandis que d'Espinac, dans un mouvement de résolution et de dévouement, se jette à la porte de la chambre du roi pour prêter secours au malheureux Guise. Au même instant, le maréchal d'Aumont, mettant l'épée à la main, lui dit : *Ne bougez, mort-Dieu, Monsieur, le roi a affaire de vous !* Aussitôt la chambre se remplit d'archers, et les prélats sont placés entre deux exempts des gardes. Quelques minutes après, la porte de la chambre s'ouvre et Loignac vient dire que le duc de Guise est mort. Nambu appelle le cardinal de Vendôme et les autres membres du conseil, et comme ils entraient chez le roi : « Messieurs, leur dit « d'Espinac, dictes au roi que nous sommes icy, et « qu'il ordonne bientost ce qu'il veut faire de nous ! »

« En les voyant entrer dans sa chambre, Henri III leur dit avec un ton d'autorité et de menace qu'on ne lui connaissait pas, qu'enfin il était roi, qu'il entendait que tous apprissent à le respecter et à craindre désormais le châtiment qu'encourrait toute atteinte portée à son pouvoir. Après ces mots, il descendit chez la reine-mère.

« Catherine était depuis longtemps au lit, tourmentée par la goutte. Elle avait entendu tout le bruit qui s'était fait dans l'appartement du roi, mais elle en ignorait la cause. En apprenant, de la bouche même de Henri III, la mort de Guise, elle fut frappée, dit l'historien de Thou, moins de frayeur que d'indignation de n'avoir pas été prévenue de cette entreprise. Elle demanda à son fils s'il avait prévu les suites de ce coup de hardiesse, et sur la réponse du roi qu'il avait pourvu à tout: *C'est bien coupé*, ajouta-t-elle, *mais il faut à présent coudre; activité et vigueur, voilà ce qu'il vous faut;* et elle retomba affaissée par la douleur et ses vives anxiétés.....

« Déjà des ordres avaient été donnés pour s'assurer des ducs de Nevers et d'Elbeuf, de la duchesse de Nemours, mère du duc de Guise, et du prince de Joinville, son fils. Le président de Neuilly, La Chapelle-Marteau, Compans et plusieurs autres députés, hostiles au roi, furent arrêtés par Richelieu dans l'assemblée du tiers, et enfermés le lendemain dans une chambre haute, située au-dessus du grand escalier de Louis XII.

« La suite des événements ne cessa dès lors de faire voir que Henri III n'avait pas si bien pourvu à tout qu'il avait semblé le croire.

« Cependant le cardinal de Guise et l'archevêque de Lyon avaient été conduits dans la salle haute de la tour du Moulin. Ils y restèrent jusqu'à quatre heures, gardés à vue par quelques-uns des Ordinaires. On les fit alors descendre dans une salle située au-dessous, et connue aujourd'hui sous le nom de *salle des oubliettes*. Sur les six heures du soir, on leur apporta de l'office du roi des œufs, du pain et du vin : ils mangèrent fort peu, le cardinal surtout, et avec beaucoup de défiance... Quelque temps après, ils firent demander à Larchant qu'il leur fût permis d'avoir leurs bréviaires, leurs robes de nuit, et un lit pour se coucher. Bien que leur chambre fût pleine d'archers et de gardes, les deux prélats purent se communiquer, à voix basse, leurs émotions et échanger quelques paroles de consolation. Ils dirent leurs vêpres et complies, se confessèrent l'un à l'autre, et, vers les onze heures, se jetèrent sur un matelas qui leur avait été apporté de chez l'archevêque.

« Le même soir, la mort du cardinal de Guise avait été résolue. Aux yeux de Henri, ce prélat avait d'abord paru inviolable, sous la sauve-garde de sa triple dignité d'archevêque de Reims, de cardinal romain et de président de l'ordre du clergé. Mais les scrupules du roi se dissipèrent devant la crainte de voir un homme aussi hardi et aussi vindicatif à la tête des affaires de la Ligue....

« Les instruments de ce nouveau meurtre furent plus difficiles à trouver. Larchant, La Bastide et quelques officiers des Quarante-Cinq se refusèrent à porter la main sur un prêtre, malgré toutes les menaces et les sollicitations du roi. Enfin, le capitaine du Guast se chargea de cette triste commission. Il détermina trois soldats de sa compagnie, Gosi, Châlons et Viollet, moyennant quatre cents écus, à tuer le cardinal.

« Le samedi 24 décembre, sur les trois heures du matin, les deux prisonniers de la tour du Moulin se réveillèrent et dirent leurs prières et leurs heures jusqu'à primes. A huit heures, La Fontaine, un des valets de chambre du roi, entra dans leur prison, tenant un flambeau à la main, du Guast le suivait. « Monseigneur, dit celui-ci, en s'adressant au car-« dinal de Guise, le roi vous demande. — Nous « demande-t-il tous deux? répond le cardinal. — Je « n'ai charge d'appeler que vous seul, reprend du « Guast. Et comme Guise sortait : Monsieur, pensez « en Dieu, lui dit d'Espinac. » L'archevêque entendit un bruit éloigné. C'était son malheureux compagnon, que les soldats de du Guast frappaient dans un petit passage, près de la salle où les deux prélats avaient été renfermés.

« Les corps des deux frères furent brûlés dans la chambre des combles, située au-dessus du grand escalier de Louis XII. Henri III ne se laissa point fléchir pas les supplications de la duchesse de Nemours, et lui refusa le cadavre de son fils. Il craignit que les restes des deux victimes ne fussent regardés par les ligueurs comme reliques de saints martyrs, et ne devinssent un moyen puissant d'émouvoir et de soulever tout le royaume. Les cendres des Guise furent jetées dans la Loire. Ainsi finirent les deux frères Lorrains; ainsi finit le grand duc de Guise! Cet homme qui rêva le trône n'eut pas même une tombe ! » (V. le plan des appartements de Henri III, à la fin du volume.)

Le coup d'Etat du 23 décembre avait renouvelé l'aspect de la cour. Henri III ne voyait autour de lui que visages tremblants ou composés. « Les courtisans qui furent le plus frappés du coup que le roi venoit de porter, furent ceux, dit l'historien de Thou, qui y applaudirent le plus lâchement. » Mais le roi ne fut pas longtemps à jouir des résultats qu'il se promettait. De Paris et des provinces, les nouvelles les plus alarmantes arrivaient à Blois; partout on annonçait des soulèvements, c'était un déchaînement général des passions et des partis.

Dans ces effrayantes conjonctures, Henri III, au lieu d'organiser partout de vigoureuses attaques et de profiter du premier mouvement de trouble et d'hésitation pour concentrer ses forces, s'unir au roi de Navarre, son allié naturel, et marcher vers la capitale, perdit un temps précieux en rapports sans intérêt et sans but avec le Etats-Généraux. Enfin, pour avoir une lutte de moins à soutenir, il fit hâter la confection des cahiers, et tint le 15 une dernière séance générale qu'il fallut continuer le 16, grâce à d'interminables discours. Le roi, qui assistait à cette séance comme à une fête, fit lire et jurer l'édit d'union, et congédia l'assemblée.

A tous ces malheurs vint se joindre encore la mort de Catherine de Médicis. L'état de cette princesse était devenu plus alarmant depuis la catastrophe du 23 décembre. Frappée, dit-on, des reproches du vieux cardinal de Bourbon, prisonnier, qui l'accusa de l'avoir *conduit à la boucherie*, lui et ses neveux de Guise, elle était tombée en proie à une fièvre ardente et avait succombé le samedi 5 janvier 1589, dans sa soixante et dixième année.

De toutes les personnes arrêtées par ses ordres, le 23 décembre, le roi n'en avait gardé que huit; c'étaient: le cardinal de Bourbon, le jeune duc de Guise, les ducs d'Elbeuf et de Nemours, l'archevêque de Lyon, le président de Neuilly, La Chapelle-Marteau, prévôt des marchands de Paris, et un jeune abbé, nommé Cornac. Henri III espérait se servir d'eux pour arriver à une transaction avantageuse avec la Ligue, en stipulant leur délivrance comme une condition d'un retour à l'ordre et à la soumission. Blois cessa bientôt de lui paraître une prison assez sûre; il choisit le château d'Amboise, et crut se donner une double garantie de sécurité en confiant le commandement de cette place à du Guast, le meurtrier du cardinal de Guise. La défiance du monarque l'empêcha de s'en remettre à personne du soin de conduire ses captifs; il voulut les accompagner lui-même.

On avait préparé des bateaux sur la Loire, et tout

était disposé pour le transport; mais, dans la nuit, le duc de Nemours, ayant gagné deux de ses gardes, s'était évadé du château. Henri III, furieux de cette nouvelle, se résout à arrêter la duchesse de Nemours et la fait embarquer avec les autres prisonniers. Brantôme dit qu'au moment de quitter le château de Blois, elle se tourna vers la statue du roi Louis XII, son grand-père, et la contemplant, s'écria : « Si celuy qui est là représenté estoit en vie, il ne permettroit pas qu'on emmenast sa petite-fille ainsi prisonnière et qu'on la traittast de cette sorte ! Possible, ajoute Brantôme, que l'invocation de cette princesse peust servir à advancer la mort du roy qui l'avoit ainsi oultragée. Une dame de grand cœur qui couve une vindication est fort à craindre. »

Du Guast fut bientôt circonvenu par la Ligue, et sa défection paraissait tellement imminente, que le roi se crut obligé de négocier avec lui, et de lui offrir trente mille écus pour obtenir la remise immédiate du cardinal de Bourbon, du prince de Joinville et du duc d'Elbeuf. On lui laissait la faculté de traiter avec la Ligue pour la rançon de l'archevêque de Lyon et des autres prisonniers. Du Guast accepta, et le cardinal de Bourbon, qui déjà s'entendait traiter de roi, fut, avec les autres princes, conduit au château de Blois, sous bonne garde.

Peu après, Henri III, qui avait montré d'abord beaucoup de répugnance pour traiter avec un chef d'hérétiques, partit pour Tours, afin de se rapprocher du roi de Navarre et de contracter avec ce prince la seule alliance capable d'amener promptement la solution de toutes les difficultés.

Henri revit le château de Blois pour la dernière fois, dans les premiers jours de juin, en passant pour aller rejoindre le quartier-général du roi de Navarre, alors à Baugency. Au moment où l'union des deux rois pouvait faire espérer aux amis de la monarchie le rétablissement de l'ordre, le fanatisme, en éteignant la race des Valois, devait encore faire acheter à la France, par de cruelles années de guerre civile, les bienfaits du règne de Henri IV.

A l'avénement de la maison de Bourbon, l'importance historique du château de Blois commence à décroître; la cour ne doit plus s'éloigner que rarement de la capitale; la possession de Paris avait fait la puissance de la Ligue, elle avait fait le roi de Navarre roi de France. Lorsque le royaume est pacifié et la Ligue détruite, le système de la centralisation prend naissance; le pouvoir se concentre sur un seul homme, le monarque; le siége du pouvoir sur un seul point, la capitale; Paris va devenir la France, et bientôt le souverain pourra dire : *L'Etat, c'est moi !*

La centralisation du gouvernement rencontra parmi les grands du royaume, et dans les provinces dont elle menaçait les priviléges, une longue et vive opposition. Le mécontentement se manifestait surtout dans la Guyenne, la Provence, la Saintonge, l'Angoumois et le Poitou, où les ducs de Bouillon, de Biron et d'Epernon avaient de nombreux vassaux et beaucoup de places fortes. Blois servait comme point intermédiaire entre Paris et les provinces insoumises. Henri IV fut obligé d'y faire un long séjour au commencement de 1602, lorsqu'il se rendit en Poitou pour étouffer les troubles et les soulèvements qui menaçaient d'éclater.

Il avait mandé au château les ducs d'Epernon et de Bouillon, sur les projets desquels les bruits les plus menaçants lui étaient parvenus. Tous les deux s'excusèrent, plus ou moins habilement, et se confondirent en protestations de fidélité que le roi parut recevoir avec confiance. Le grand Sully faisait partie des hommes d'Etat qui l'avaient accompagné.

Ce fut pendant ce séjour que Henri IV data de Blois, au mois d'avril, son premier édit sur les duels : les contrevenants étaient considérés comme criminels de lèse-majesté.

Le château de Blois, désormais dépouillé des splendeurs royales, apparaît maintenant dans l'histoire comme un lieu d'exil, et il aura encore à recueillir, dans ses murs, de hautes infortunes, jusqu'à ce que, victime aussi lui-même d'une disgrâce éclatante, le séjour des rois devienne un corps-de-garde !

En 1617, Marie de Médicis, obscurément enveloppée dans les accusations dont on chargeait la mémoire de son favori, le maréchal d'Ancre, fut exilée au château de Blois.

Armand du Plessis de Richelieu, évêque de Luçon, que l'on voyait alors préluder, par l'ascendant qu'il acquérait sur la mère, à l'empire absolu que plus tard il devait exercer sur le fils, avait, sur l'ordre de Louis XIII, suivi Marie, pour remplir auprès d'elle les fonctions de chef de son conseil et d'intendant de sa maison. Mais la présence à Blois d'un homme dont l'habileté et la finesse étaient bien connues ne tarda pas à effaroucher la défiance ombrageuse du duc de Luynes. Un ordre de la cour l'éloigna de la reine-mère. L'évêque de Luçon se retira dans son diocèse, et mit à obéir un empressement et une résignation qui font soupçonner l'adroit prélat d'avoir lui-même cherché, dans cette opportune rigueur, une sauvegarde contre les périls qui s'associent d'ordinaire à la fidélité gardée envers la grandeur déchue.

Le système d'espionnage et de délation dont le favori de son fils entourait la reine-mère la plongèrent d'abord dans un profond découragement. Marie, se réfugiant dans sa solitude, refusait même de communiquer avec les amis restés fidèles à ses malheurs. Mais, après un an de muettes douleurs et l'insuccès des démarches du duc de Rohan, elle consentit à autoriser les intrigues secrètes de quelques serviteurs.

Au milieu de toutes ces intrigues, qui avaient pour objet sa délivrance, une seule avait échappé à la vigilance de Luynes et de ses nombreux agents. Elle se tramait par un homme dévoué, ambitieux, habile, l'abbé Ruccelai, ancien ami de Concini, son compatriote et l'ennemi prononcé du connétable. Elle eut un plein succès.

On gagna à la cause de la reine l'appui des ducs de Bouillon et d'Epernon. Dubuisson, conseiller au parlement de Paris, ami de Ruccelai, La Hillière, gouverneur de Loches et créature de d'Epernon, du

Plessis, gentilhomme attaché au duc, et le plus intime de ses confidents, furent les agents subalternes de Ruccelai et des deux ducs. Ce qu'il fallut de démarches et d'intrigues pour l'exécution d'un complot qu'on avait employé près de deux années à mûrir; les incidents divers, les trahisons qui le traversèrent, auraient à être racontés tout l'intérêt d'un roman; mais mon sujet m'oblige de me renfermer dans le récit des circonstances du dénoûment.

Au mois de février 1619, tout était préparé pour l'évasion. Du Plessis, retenu auprès de La Hillière, effarouché des premières ouvertures qui lui avaient été faites, fut réduit à se faire remplacer près de la reine, qu'il devait aller chercher à Blois, par un valet de chambre de confiance nommé Cadillac.

Voilà donc Cadillac s'acheminant vers Blois, muni de quelques mots pour le comte de Brenne, premier écuyer de Marie de Médicis, et, ce qui était plus grave, chargé de lettres adressées à la reine par les auteurs de l'entreprise. Il arrive, pénètre jusqu'à M. de Brenne, et est introduit par lui dans le cabinet de la reine, avec laquelle il reste seul, son introducteur ne sachant rien de l'objet de sa mission. Alors, il conjure Marie d'envoyer aux Montils, la poste la plus voisine de Blois, une personne sûre pour s'entendre avec du Plessis; mais Marie déclare n'avoir auprès d'elle aucun homme à qui elle ose confier son secret, et prie à son tour Cadillac d'inviter du Plessis à ne point s'arrêter aux Montils, mais à venir jusqu'au faubourg de Vienne, à l'hôtellerie du *Petit-Maure*, où il aura de ses nouvelles.

Cadillac retourne aussitôt vers son maître qui, rassuré sur les dispositions de La Hillière, arrive à l'hôtellerie indiquée, où l'on vient le chercher pour le conduire au château, à l'appartement du comte de Brenne.

Dès qu'il fut possible à Marie d'éloigner les personnes de sa maison, elle reçut du Plessis, qui tout d'abord insista pour que l'exécution du projet d'évasion ne souffrît pas de délai. De Brenne, à qui l'on s'ouvrit alors, eut rapidement préparé tout dans la journée du lendemain. Il y eut des échelles prêtes, des voitures commandées, et du Plessis, demeurant enfermé dans le cabinet de Marie, expédia Cadillac à l'archevêque de Toulouse, qui devait attendre la reine à Loches, en le chargeant d'instruire le prélat de ce qui s'était passé. Mais le confident de du Plessis rencontra le duc d'Epernon lui-même, qui n'avait pas voulu se laisser devancer par son fils, et Cadillac fut aussitôt renvoyé à Blois, pour annoncer que l'archevêque devait se rendre à Montrichard avec cinquante gentilshommes, et y serait bientôt suivi par son père, lequel, avec le gros de sa troupe, viendrait au-devant de la reine.

Parti de Loches à huit heures du soir, et arrivé au pont de Blois à minuit, Cadillac avait été arrêté par un écuyer de la reine et un valet de pied qui, chargés de conduire les voitures hors la ville, avaient ordre de ne laisser passer que le courrier attendu. Cadillac eut beau dire qu'il était ce courrier, les gens de la reine, n'ayant pas voulu le croire sur parole, l'avaient suivi jusqu'au lieu où devait s'effectuer l'évasion. L'intelligent messager de du Plessis avait si bien reconnu toutes les rues aboutissant aux échelles, qu'il arriva bientôt à celle qui était posée contre la terrasse. Il passa ensuite à la seconde, dressée contre le cabinet par où Marie devait sortir. Parvenu à la fenêtre, il entendit le bruit d'une discussion à laquelle donnaient lieu les craintes et les hésitations de la reine. Sa présence dissipait heureusement tous les doutes. En se précipitant aux pieds de Marie, il lui dit que tout allait au gré de ses désirs.

« Sans perdre plus de temps à parler, dit Girard, auteur de la vie du duc d'Epernon, elle-même leva sa robe, et l'ayant troussée pour sortir plus aisément, elle donna la main au comte de Brenne, qui étoit passé le premier, et descendit la seconde, le Plessis, le troisième, et ensuite les autres. La reine eut tant de peine à cette première descente, qu'elle ne put se résoudre à se servir d'échelle pour descendre du haut de la plate-forme dans la rue du faubourg. Elle aima mieux, la terre étant éboulée en beaucoup d'endroits, parce que la terrasse n'étoit pas encore revêtue, s'asseoir sur un manteau, lequel, tiré doucement en bas, conduisit à l'aise Sa Majesté. Les autres, ou par même moyen, ou par l'échelle, la suivirent promptement, de sorte qu'elle fut incontinent prise sous le bras par le comte de Brenne et le Plessis, qui, la conduisant le long du faubourg, firent rencontre de ses propres officiers. Ceux-ci, voyant une femme sans flambeaux, entre deux hommes, la prirent pour une femme de débauche. Elle l'ouït, et dit en riant au Plessis : *Ils me prennent pour une bonne dame.* »

188 ÉDIFICES MILITAIRES. — LE CHATEAU.

Le plus difficile paraissait fait; un carrosse devait attendre les fugitifs à l'extrémité du pont : ils arri-

vent, mais ne trouvent ni carrosse, ni personne pour les avertir de ce qu'il était devenu. Nouveau trouble, nouvelle anxiété. Les gens de la reine avaient-ils été gagnés? Etait-on trahi par du Plessis, ou du Plessis l'était-il par Cadillac? On ne savait s'il fallait attendre ou retourner sur ses pas, lorsqu'un valet de pied arrive et apprend que le carrosse avait été mis dans une ruelle écartée, afin qu'il ne fût point aperçu des gens qui passaient sur le pont.

On allait partir, lorsque Marie s'aperçoit qu'il lui manquait une cassette. Elle veut qu'on la trouve, et ce nouveau retard met au comble l'impatience générale. Après une longue recherche, la cassette est trouvée au pied de la terrasse, où elle avait été oubliée dans la précipitation du premier moment; elle contenait pour cent mille écus de pierreries. Ce fut le dernier épisode. On sortit silencieusement du faubourg, puis les flambeaux furent allumés, et la mère du roi de France, fugitive, se dirigea rapidement, avec sa petite escorte, du côté de Montrichard.

On sait combien d'attaques Richelieu eut à soutenir pour demeurer maître absolu de l'autorité et de l'esprit de Louis XIII. Le château de Blois devait être le théâtre d'un de ces actes de fermeté par lesquels le cardinal déjoua les complots tramés contre lui. Ce fut là que, pendant un séjour du roi, dans la matinée du 12 juin 1626, il fit arrêter le duc et le prieur de Vendôme. A la fin de cette même année, triomphant de toutes les intrigues formées contre son pouvoir, il fit donner à Gaston, pour prix de sa soumission, en augmentation d'apanage, les duchés d'Orléans et de Chartres, ainsi que le comté de Blois.

Le comté de Blois, reparu dans l'histoire, reçut un

éclat passager des séjours de Gaston, forcé à chaque nouvelle faute politique d'y venir chercher un refuge. Il devait même y terminer, dans l'exil, une vie qui eût été trop indigne d'un fils de Henri IV, si une grande bonté de caractère, un amour éclairé de la science et une fin chrétienne n'eussent effacé, en partie, bien des souvenirs de honte.

Ce fut après sa troisième réconciliation avec son frère, au commencement de l'année 1635, que Gaston, retiré à Blois, entreprit une reconstruction générale du château. Malgré le talent de l'architecte et la magnificence de son plan, malgré la beauté d'exécution de ce que le duc d'Orléans eut le temps de conduire à fin, on ne doit pas regretter la réalisation complète de son projet, car il nous eût privés de deux admirables modèles du style architectural du siècle précédent.

Mademoiselle de Montpensier, fille de Gaston, vint rejoindre son père au château de Blois, et y passa une partie de l'année 1635. Elle était alors âgée de dix ans. Elle raconte, avec beaucoup de naïveté, dans ses Mémoires, ce souvenir de sa jeunesse. Son père lui donnait de grands témoignages d'affection et prenait souvent part à ses amusements enfantins. La petite-fille de Henri IV préférait à tout, disait-elle, les *jeux d'action ;* le duc d'Orléans jouait avec elle des *discrétions*, qu'elle gagnait ordinairement et se faisait payer *en montres et en toutes sortes de bijoux* qui se trouvaient alors dans la ville.

Au mois de mars 1652, tandis que la *grande Mademoiselle* prenait résolûment la ville d'Orléans sur les troupes royales, la cour de Louis XIV occupait à Blois le château de son père. On y organisait, contre la Fronde, un système vigoureux de défense dans les provinces de la Loire, refuge ordinaire de la monarchie en péril.

Louis XIV, chassé de Paris par les intrigues du duc d'Orléans, y rentrait, le 21 octobre, vainqueur de toutes les mauvaises passions qui avaient troublé les premières années de son règne. Avec la Fronde, finit le rôle politique de Gaston, et un ordre du roi changeait en un lieu d'exil l'apanage du prince. Relégué à son château de Blois, il y supporta d'abord impatiemment sa disgrâce, et, comme la plupart des hommes tombés du pouvoir, il prétendait que l'Etat périrait entre les mains de ceux qui le gouvernaient. Voici le singulier pronostic du duc d'Orléans sur le grand règne qui se préparait : « La monarchie, disait-il, alloit finir. En l'état où estoit le royaume, elle ne pouvoit subsister, car dans toutes celles qui avoient finé, leur décadence avoit commencé par des mouvements pareils à ceux qu'il voyoit. »

Mademoiselle de Montpensier, ennemie irréconciliable de sa belle-mère, Marguerite de Lorraine, et sans cesse en querelle et en procès avec son père, ne trouva plus à Blois, dans les différents séjours qu'elle y fit, de 1655 à 1657, que des contrariétés et des sujets d'ennui. La fâcheuse disposition d'esprit où elle se trouvait, lui a fait représenter, sous des traits peu flatteurs, le duc et la duchesse d'Orléans et leur cour de Blois, dans toutes les pages de ses Mémoires où elle parle d'eux.

Voici une petite pièce de vers extraite des mélanges manuscrits du marquis de Paulmy, et dont la facture rappelle la Gazette rimée de Loret; on y trouve une peinture très-piquante de l'intérieur de famille de Gaston, au château de Blois :

> Entre monsieur de la Vrillière
> Et madame de Nantouillet
> Le bon prince alors se trouvoit,
> A Blois, dont il ne sortoit guère,
> Et c'étoit en vue du parterre,
> Où la fleur-de-lys foisonnoit,
> Quant et la rose et le muguet.
> Sa fille aînée (sans lui déplaire,
> Vu qu'elle étoit née la première,)
> Nullement ne s'y complaisoit,
> Disant qu'elle s'y figuroit
> En serre et sous châssis de verre.
> Mademoiselle est, comme on sait,
> La riche et puissante héritière
> En qui sa lignée finissoit,
> Et cette princesse archifière
> Ouvertement contredisoit,
> Argumentoit et ripostoit,
> Sans relâche, à sa belle-mère,
> En qui le sang lorrain bouilloit,
> Ce qui ne l'accommodoit guère,
> Et dont le diable profitoit
> Pour inciter à la colère
> La guisarde qui suffoquoit
> Et la pucelle montpensière.
> Monsieur dissertoit, distinguoit,
> Hésitoit, comme à l'ordinaire,
> Et sous quatre rideaux étoit
> Madame qui fébricitoit.

Trois ans après, Louis XIV passait à Blois, accompagné de la reine-mère et de mademoiselle de Montpensier, pour se rendre à Saint-Jean-de-Luz, où il devait épouser l'infante d'Espagne. Mademoiselle, toujours impitoyable pour Gaston, sa famille et sa cour, raconte ainsi l'entrevue :

« Mon père donna à dîner à Sa Majesté au château. Mes sœurs vinrent au bas du degré [le grand escalier] recevoir Sa Majesté. Par malheur, de certaines mouches qu'on appelle cousins avoient mordu ma sœur, la nuit; comme ce qu'elle a de plus beau est le teint, elle l'avoit si gasté et la gorge qu'elle a très-maigre, comme l'ont d'ordinaire les filles de treize ans, que c'étoit une pitié à voir. Cela par dessus le chagrin où elle étoit d'avoir cru épouser le Roy, car on ne luy parloit d'autre chose, on l'appeloit toujours petite Reine, et voir qu'il s'alloit marier à une autre, tout cela ne donne pas des charmes. Pour la petite de Valois, elle étoit fort jolie; on la voulut faire danser... elle dansa fort mal, quoiqu'on disoit qu'elle dansoit très-bien. La petite, que mon père avoit dit qui causoit à étourdir les gens, et qu'elle le divertissoit extrêmement, ne voulut jamais parler. Comme les officiers de mon père n'étoient plus à la mode, quelque magnifique que fût le repas, on ne le trouva pas bon, et Leurs Majestés mangèrent très-peu. Toutes les dames de la cour de Blois, qui étoient en grand nombre, étoient habillées comme les mets du repas, point à la mode. La Reine avait une hâte de s'en aller, et le Roy, que je n'en vis jamais une pareille; cela n'avoit pas l'air obligeant. Mais je crois que mon père étoit de mesme de son costé, et qu'il fut bien aise d'être défait de nous. »

Ce fut pendant le court séjour de Louis XIV à Blois, en 1659, qu'il dut voir, pour la première fois, mademoiselle de la Vallière, dont la mère s'était mariée, en secondes noces, à M. de Saint-Remy, premier maître-d'hôtel de Gaston. Le roi s'arrêta encore au château, à son retour.

Au mois de janvier suivant, le prétendant à la couronne d'Angleterre, Charles II, séjournait au château de Blois, en revenant des Pyrénées, où il avait cherché vainement à entamer des négociations avec Mazarin. Gaston fit, en faveur de sa fille cadette, une autre tentative de mariage auprès du prétendant, auquel sa fille aînée avait également songé dans ses innombrables projets d'établissement. « L'on ajusta fort ma sœur, dit Mademoiselle, parce que l'on la vouloit marier à quelque prix que ce fût. »

Mais nous nous sommes assez occupés du duc d'Orléans et de sa cour, au point de vue présenté par mademoiselle de Montpensier ; hâtons-nous d'arriver à une appréciation plus favorable du caractère de Gaston et de son genre de vie pendant son exil.

Désabusé enfin des menées politiques et des intrigues de cour, Gaston avait appelé à son aide le goût qu'il avait montré, dès sa jeunesse, pour l'étude des sciences naturelles et de l'histoire. Il avait établi au château de Blois une très-belle bibliothèque ; il y avait joint un riche médaillier, des tableaux, un cabinet d'estampes et de pierres gravées, des collections d'oiseaux et d'insectes, n'étant étranger, comme on disait alors, à aucun genre de *curiosité*. Mais la plus remarquable de ses collections était celle des plantes vivantes indigènes et exotiques, formée dans les jardins du château, dans laquelle il avait surtout cherché à rassembler une série complète des plantes médicinales que Brunyer, premier médecin de Gaston, distribuait aux pauvres de la ville de Blois.

Dès l'année 1653, Brunyer avait publié, sous le titre d'*Hortus regius Blesensis*, un catalogue méthodique des plantes contenues dans les jardins dont il était directeur. Dans cet ouvrage, qui précéda les écrits de Tournefort et de Linnée, les plantes sont réunies, non par familles, mais par genres, et on y trouve les premiers rudiments de la *méthode naturelle*, dont l'importance devait, par les travaux de Tournefort et de Jussieu, balancer un jour celle du système de Linnée. En 1655, Brunyer donna une seconde édition de son catalogue, en y mentionnant les accroissements que la collection avait reçus.

On voyait, comme on doit croire, parmi les arbres fruitiers des jardins de Blois, le *Prunier de Reine Claude* et le *Prunier de Monsieur*. La pomme de terre, dans laquelle Brunyer croyait reconnaître l'arachnide de Théophraste, y était cultivée comme une rareté. On y cultivait aussi la tomate, importée du Mexique, et le tabac, dont l'usage commençait à se répandre.

Le duc d'Orléans avait aussi du goût pour la littérature; Voiture et Vaugelas lui avaient été attachés dans sa jeunesse. Il avait essayé d'attirer à sa cour de Blois une société de gens de lettres, mais il ne put réussir à amener que quelques-uns de ces poètes subalternes dont Boileau envoyait dédaigneusement les productions chez l'épicier. Toute la haute littérature gravitait autour du soleil de Louis XIV, et on peut juger du mérite des poètes *suivant la cour* de Gaston, par les recueils, devenus rares, de leurs œuvres ignorées. Là, florissaient le poète Le Pays et le blésois Paul Véronneau; là brillait surtout le sieur de Neufgermain, orgueilleux de son titre de *poète hétéroclite de Monsieur*. On doit croire cependant que Gaston, prince spirituel et éclairé, ne s'abusait pas sur le mérite de ses commensaux.

Au commencement de l'année 1660, Gaston, attaqué depuis longtemps d'une affection grave, tomba dangereusement malade. On fit venir, en toute hâte, de Paris, le célèbre Guenault. Outre son premier médecin, Bruynier, il avait près de lui Belay, médecin blésois, qui devait bientôt acquérir aussi une grande réputation.

Gaston, qui depuis plusieurs années était devenu très-dévot, fut admirable de piété, de résignation et de repentir. Prévoyant que ses belles constructions, objet de tant de prédilection pendant sa vie, seraient abandonnées et périraient peut-être après lui, il ne put s'empêcher d'exprimer un regret, par ces paroles, restées longtemps prophétiques, qu'il prononça peu de temps avant de mourir. *Domus mea, domus desolationis in æternum!* « Ma demeure sera à jamais une demeure de désolation. »

Les nombreux travaux exécutés par ce prince, pendant son séjour à Blois, les bienfaits qu'il répandait sans cesse autour de lui, ses manières douces et affables, son esprit élevé, son éloquence et son savoir rendirent sa mémoire grande et vénérée dans le Blésois, et firent porter de lui, dans notre province, un jugement différent de celui dont l'a frappé l'impartialité de l'histoire. Bernier ne craint pas de dire qu'il réunissait en lui toutes les grandes qualités des comtes de Blois, ses prédécesseurs, et qu'il fut, pour le pays, un autre Louis XII. La Fontaine, visitant Blois en 1662, était sans doute sous l'impression des souvenirs qu'y avait laissés Gaston, quand il écrivait que de semblables princes *devroient naître un peu plus souvent, ou ne point mourir*.

Le duc d'Orléans, par son testament, avait légué à Louis XIV toutes ses collections. Les livres, estampes, médailles et pierres gravées furent portés au Louvre. Tout ce qui regardait l'histoire naturelle fut transporté au Jardin du Roi. On voit encore, dans la bibliothèque du Muséum, d'admirables peintures des plantes du Jardin de Blois, exécutées sur vélin, par le célèbre Robert, au prix de 100 livres chacune.

C'est un fait remarquable que les trois collections scientifiques les plus précieuses possédées par la France : la Bibliothèque des Manuscrits, le Cabinet des Médailles et le Muséum d'Histoire naturelle, aient dû, en partie, leur origine ou leurs accroissements aux richesses amassées dans le château de Blois.

Les collections emportées à Paris, les objets de décoration ou d'ameublement disparurent, à leur tour, pour aller orner d'autres maisons royales. Celle de Blois finit par être tout à fait abandonnée, et dès lors on put croire à l'accomplissement de la prophétie de Gaston.

En 1668, Louis XIV donna cependant une fête au château de Blois, en revenant de Chambord. Pélisson, avec le ton emphatique des écrivains de ce temps, quand ils parlaient du grand roi, dit que cette fête *n'eut rien d'humain et d'ordinaire*. Ce fut la dernière visite de la royauté.

Pendant les règnes de Louis XV et de Louis XVI, le château de Blois était confié à des gouverneurs qui ne daignaient pas même en faire leur résidence. L'un d'eux, M. de Marigny, frère de la marquise de Pompadour, ne profita de son titre que pour faire enlever de l'édifice de Gaston toute la charpente des planchers, afin de l'employer à la construction de son château de Menars.

D'après un vieil usage, quelques gentilshommes pauvres recevaient de la munificence du souverain un logement gratuit dans les châteaux royaux. Plusieurs anciennes familles du Blésois habitèrent le nôtre jusqu'à la Révolution.

En 93, tous les emblèmes de la royauté qui décoraient le château furent détruits. Le buste de Gaston fut décapité, les groupes de Guillain, qui décoraient la façade de Mansart, abattus; la statue de Louis XII, elle-même, ne trouva pas grâce devant la fureur populaire. On eût volontiers rasé l'édifice pour le punir d'avoir donné asile aux rois. D'ailleurs, en même temps qu'on désirait effacer tous les souvenirs de l'histoire, on se rendait peu compte du mérite des productions de l'art. Un écrivain de l'époque a laissé cette singulière appréciation de l'architecture du château de Blois : « Il fut l'ouvrage, dit-il, de vingt mains, et il semble que les rois se soient acharnés à qui le défigureroit le mieux. Tour à tour il épuisa le mauvais goût de Louis XII, de François Ier, de Henri II, de Charles IX, de Henri III, de Henri IV; et tous ces messieurs, de père en fils, par la sotte vanité de vouloir se mieux loger que leur père, sont parvenus à n'en faire qu'un amas de pierres, sans choix et sans grâce, et que les stériles admirateurs des sottises royales trouvent superbe. » (*Voyage dans les départements de la France*, par le citoyen La Vallée.)

Cependant le château, qui avait déjà été transformé en caserne, devient la propriété du Domaine; le pavillon de la reine Anne est destiné au magasin des subsistances militaires; la tour de l'Observatoire sert de poudrière, afin sans doute que le château n'échappe à aucune chance possible de destruction. Une commission scientifique, instituée à Blois, réclame vainement les Jardins du Roi, pour y établir un jardin botanique; ils sont vendus en détail.

Un décret impérial, du 23 avril 1810, accorda aux villes la nu-propriété de tous les édifices militaires, à la condition de payer les travaux d'entretien qui seraient exécutés sous la direction du ministère de la guerre. Mais tandis que les soldats essayaient la pointe de leurs sabres et de leurs baïonnettes sur les figurines de Louis XII, sur les arabesques de François Ier et les acanthes de Gaston, la municipalité de Blois détruisait les larges cheminées du XVe siècle, pour placer quelques lits militaires de plus, renversait un des pavillons de Mansart, pour en vendre les pierres, et laissait tomber tout le reste, faute de réparations.

Enfin, en 1833, l'administration municipale décida d'établir au château un quartier d'infanterie, assez vaste pour contenir un régiment tout entier. L'ancien casernement n'avait pu être formé que dans les constructions royales, celles de Gaston n'ayant jamais été terminées. On résolut de distribuer celles-ci, ainsi que différentes portions des autres édifices qui n'avaient pas encore été employées; le ministère de la guerre se chargea de faire exécuter les travaux. On ne songea, ni à stipuler auprès de lui un droit de contrôle, ni à demander la conservation des parties que le mérite du style ou les souvenirs de l'histoire commandaient de respecter.

Les deux actes les plus regrettables ont été l'adjonction du cabinet vieux de Henri III au casernement, et la démolition de la belle colonnade qui décorait la façade du côté de la cour. Aucun motif plausible ne peut être allégué pour ce dernier acte de barbarie; cette décoration appartenant à l'extérieur de l'édifice, ne pouvait gêner en rien sa distribution intérieure. L'administration municipale conserve précieusement, à la vérité, cette colonnade, afin de l'utiliser plus tard. Comme ces Romains de la décadence, qui arrachaient les ornements de l'arc de Trajan pour décorer celui de Constantin, les Blésois comptent un jour employer les colonnes du château à embellir quelque grange monumentale, à laquelle ils donneront le nom de *Théâtre !*

Le château de Blois disparaissait peu à peu sous les coups réunis du temps, du corps municipal et du génie militaire, quand la création, près du ministère de l'intérieur, en 1841, par M. le comte Duchâtel, d'une Commission des Monuments historiques, vint complètement changer les choses de face.

Sur le rapport du correspondant de la Commission à Blois, le château fut immédiatement classé, en première ligne, parmi les monuments dont la restauration devait être entreprise. On résolut de commencer par l'aile de François Ier, qui menaçait ruine. M. Duban fut choisi pour architecte. De graves oppositions, toutefois, empêchèrent encore longtemps d'exécuter ce projet : d'une part, le refus du ministre de la guerre de céder l'usufruit du monument, et d'une autre, la difficulté de fournir, sur le budget de la Commission, une allocation suffisante pour entreprendre une œuvre aussi considérable. Le maréchal Soult ne céda aux efforts de la Commission et de toute l'administration du département de Loir-et-Cher, qu'en 1845. Quant à la somme de quatre cent mille francs, à laquelle s'élevait le devis de l'architecte, M. Duchâtel ne craignit pas d'en faire l'objet d'une demande de crédit spécial qu'il présenta aux chambres. Cette demande fut adoptée, à une grande majorité, à la chambre des députés, sur le rapport de M. Arago ; à la chambre des pairs, sur le rapport de M. de Barante.

Le 1er septembre 1845, les travaux commençaient. Poussés avec une activité sans égale, ils étaient terminés au mois de janvier 1848, et, chose merveilleuse, le crédit n'était point dépassé, quoique l'architecte eût exécuté beaucoup plus qu'il n'était porté au devis !

Quand éclata la révolution de février, on put craindre un instant pour le sort des emblèmes royaux qui resplendissaient de nouveau sur tous les points de l'édifice. Heureusement, le peuple, plus éclairé aujourd'hui qu'en 93, respecta ces souvenirs innocents des vieilles illustrations du pays.

En 1855, le ministère d'Etat, où siége maintenant la Commission des Monuments, décida que la restauration de l'aile de Louis XII et de la salle des Etats serait entreprise sur les fonds spéciaux consacrés aux monuments historiques. Au moment où j'écris ces lignes, M. Duban poursuit son œuvre, et tout annonce que les travaux réclamés par cette partie de l'édifice seront promptement achevés, avec non moins de succès que les précédents.

En 1860, le conseil municipal de Blois faisait hommage au Prince Impérial de l'ancienne demeure des Valois, et le conseil général de Loir-et-Cher émettait le vœu d'y adjoindre les trois magnifiques forêts qui en dépendaient jadis, afin de reconstituer en partie le domaine des comtes de Blois. Le 23 février 1861, l'Empereur acceptait, pour son fils, l'hommage du château.

Une condition importante restait toutefois à remplir, la construction d'une caserne, afin de pouvoir livrer le monument tout entier au donataire. Dans la session d'août 1861, les deux conseils se sont associés de nouveau pour voter les fonds nécessaires à cet objet. La caserne est bâtie aujourd'hui et sera bientôt habitée.

Cette heureuse restitution à la Couronne peut avoir pour conséquence de redonner à la ville et à la résidence de Louis XII leurs anciens éléments de grandeur, de magnificence et de gloire.

MAGASIN DES SUBSISTANCES MILITAIRES. — En 93, quand le château devint caserne, on établit ce magasin dans un édifice qui ornait la partie des jardins du château appelée le *Jardin bas* ou le *Jardin de la reine*. C'est un petit pavillon carré, en pierres et en briques, à un seul étage, couvert par un toit pointu fort élevé. Il est flanqué, à chacun de ses angles, de quatre autres pavillons carrés, couverts de terrasses, décorés de balustres de pierre figurant les lettres initiales des noms de Louis et d'Anne. La cordelière de la reine encadre les trumeaux de briques des façades. Un des pavillons d'angle contient une petite chapelle ou oratoire; un autre renferme l'escalier. Quoique défiguré par des masures élevées sur les terrasses et enveloppé de constructions modernes, cet édifice est très-digne d'intérêt par l'originalité du plan, par sa décoration architecturale et par le souvenir d'Anne de Bretagne qui le fit construire. Au dire de Félibien, il lui servit de retraite quand elle fit un vœu pour avoir des enfants. D'autres auteurs prétendent que ce fut pour se séparer du roi, son époux, lorsqu'il était excommunié par le pape. On sait en effet que la reine, qui avait d'abord partagé le ressentiment de Louis XII contre Jules II, finit par être très-effrayée des conséquences de la guerre contre le chef de l'Eglise.

En quittant l'avenue du chemin de fer pour aller au château, le pavillon de la reine Anne offre au voyageur une sorte de préface à l'étude de l'art et de l'histoire qu'il va suivre dans les murs du vieux manoir royal.

MURS DE VILLE. — Les murailles d'enceinte de la ville de Blois furent construites du XIIe au XIIIe siècle et n'offrent rien de bien curieux. Elles donnent seulement, avec les tours dont elles sont flanquées, un aspect pittoresque à certaines parties de notre cité, notamment à la rue Gallois qui suit la courbe de l'un des anciens fossés. Blois, comme presque toutes les villes de France, a eu le mauvais goût de renverser les vieilles portes qui décoraient ses murailles et dont l'aspect était si monumental.

TOUR BEAUVOIR. — Lorsque, du côté du midi, on jette les yeux sur l'amphithéâtre de maisons qui compose la ville de Blois, on aperçoit au sommet une masse noire, de forme carrée, dominant tout ce qui l'environne. C'est le tronçon défiguré de l'ancien donjon des seigneurs de Beauvoir.

Ces seigneurs, dont il est question dès le XIe siècle, possédèrent ce fief aux portes de la ville, jusqu'en 1256, que Louis II de Châtillon acheta la tour, pour la somme de 300 florins, de Jean de Saint-Brisson, qui l'avait eue de Henri de Beauvoir, seigneur d'Herbault. Elle fut comprise dans les murs d'enceinte et devint une des tours de défense de la ville de Blois.

Les bâtiments adjacents à la tour faisaient partie, pour la plupart, de l'ancien couvent des Cordeliers; ils servent aujourd'hui de prison. La rue qui les avoisine a conservé le nom de l'ancien manoir féodal.

PROMENADES

LES ALLÉES. — Cette plantation, dont l'origine remonte à Catherine de Médicis, était alors composée de quatre rangs d'ormes. Elle fut réduite à deux lorsqu'elle fut replantée par le roi de Pologne, Stanislas, quand il vint au château de Blois, avant de s'établir à Chambord. Les quelques ormeaux qui précèdent l'embarcadère du chemin de fer sont du temps de cette seconde plantation. La dernière date de trente-cinq ans. Ces allées faisaient partie de la décoration du château, et conduisaient des jardins jusqu'à la forêt de Blois et au château de la Noue, charmante construction royale, de la Renaissance, démolie sous la Restauration.

BOULEVARD DE L'EST. — Deux voies étroites

et ardues, impraticables pour les voitures, portaient à Blois le nom de *Petit* et de *Grand-Remenier* ou *Ramenier*, parce qu'elles ramenaient du bas de la ville à son sommet : par des degrés de pierre, au hameau de Montigny ; par une rampe, ouverte entre de hauts murs en terrasse, à l'angle que forment les jardins de l'Evêché et la rue du Haut-Bourg. Grâce à l'édilité blésoise, à ces avenues primitives succède une voie large, carrossable, garnie de trottoirs et plantée d'arbres. La ville haute et les quais du Bourg-Saint-Jean se trouvent ainsi reliés par une communication heureuse et facile, que rendent remarquable, au point de vue pittoresque, les arcatures de briques qui décorent les murs de soutènement et les aspects variés qu'elle ouvre, dans son cours sinueux, sur la ville et le val de la Loire.

BOULEVARD DE L'OUEST. — Cette belle avenue, récemment ouverte entre l'embarcadère du chemin de fer d'Orléans et la levée de Blois à Tours, cotoie d'abord la voie ferrée. S'en éloignant bientôt, elle descend, en tournoyant, le coteau des Grouets, renommé pour ses vins, et aborde la levée à l'endroit où vient d'être construit un très-bel abattoir. Ce nouveau boulevard n'est pas moins agréable à parcourir que celui de l'Est, et offre même des perspectives plus étendues sur le fleuve, dont le cours abandonne le coteau du Midi et fuit, par une courbe gigantesque, vers le coteau du Nord.

BUTTE DES CAPUCINS. — La ressemblance

de ce monticule artificiel avec les *tumulus* dont on fait remonter l'origine à nos premiers ancêtres, lui a fait attribuer la même destination : haut-lieu, d'abord, ou tombeau, et ensuite autel d'adoration et de sacrifice. Un compilateur de l'historien Bernier a voulu lui donner une origine récente, en l'attribuant à Gaston d'Orléans, qui l'aurait fait élever pour procurer du travail aux pauvres pendant une année de disette. Mais des titres de propriété des terrains environnants font mention, bien antérieurement à l'époque de Gaston, du *climat du pommier de pin* et du *climat de la butte du pommier de pin*. La Butte prit son nom actuel du couvent de Saint-François, qui s'établit dans son voisinage au commencement du XVIIe siècle. Un ormeau, contemporain des vieilles *Allées*, avait succédé au pommier de pin.

Victor Hugo a chanté la Butte des Capucins, qu'il a placée au midi de la ville, quoiqu'elle soit à l'ouest, et son orme, qu'il a pris pour un noyer ; les poètes n'y regardent pas de si près :

> . . . . Et sorti de la ville, au midi,
> Cherchez un tertre vert, circulaire, arrondi,
> Que surmonte un grand arbre, un noyer, ce me semble,
> Comme au cimier d'un casque une plume qui tremble.
> (*Feuilles d'Automne*, II.)

Du sommet de la Butte des Capucins l'on découvre un magnifique panorama formé par la ville de Blois, la Loire, les prairies et les coteaux couronnés de forêts qui l'entourent. Ce beau lieu devait être un but de promenade d'autant plus recherché par l'illustre poète, qu'en jetant les yeux au bas du coteau, en face de la Butte, il apercevait la maison que le général Hugo, son père, habitait alors au faubourg du Foix, où il mourut en 1823 :

> . . . . Louis, cette maison
> Qu'on voit bâtie en pierre et d'ardoises couverte,
> Blanche et carrée, au bas de la colline verte,
> Et qui, fermée à peine aux regards étrangers,
> S'épanouit, charmante, entre les deux vergers,
> C'est là, — regardez bien : c'est le toit de mon père.
> (Feuilles d'Automne, II.)

La Butte des Capucins n'a pas moins de 20 mètres de hauteur et 56 de diamètre à sa base. Le sommet était presque inaccessible autrefois ; mais pendant la période révolutionnaire, il fut le théâtre de fêtes patriotiques, et, à cette occasion, on pratiqua les sentiers qui s'y trouvent encore.

En 1851, on conçut le projet de placer sur la Butte la statue colossale de l'un des colosses de la science, Denis Papin. Cette statue aurait été creuse, comme celle de saint Charles Borromée au lac Majeur, et l'aurait dépassée dans ses dimensions. On voyait encore naguères sur la Butte un long mât qui marquait la hauteur à laquelle la statue devait arriver. Moins heureux que la tour de Babel, le monument n'a pas même été commencé.

On a fait droit aux plaintes des derniers historiens de Blois, MM. Bergevin et Dupré : on a détruit les plantations d'arbres faites en 1831, dans le dessein d'orner la Butte, et qui avaient fait perdre sa physionomie au vieux monument druidique, paré autrefois de ses seuls gazons jaunissants. Le ciel a foudroyé l'arbre séculaire qui couronnait le tumulus gaulois.

LE MAIL. — Cette promenade, située près du pont, était, comme son nom l'indique, le champ d'exercice des joueurs de mail, ou *palle maille*, jeu qui partagea le succès et suivit la chute du jeu de paume. Un double rang de magnifiques platanes y abrite tous les ans de nombreux étalages de marchands, durant la foire de Blois, qui dure dix jours. Elle est alors le rendez-vous d'une foule immense, accourue de tous les points du département.

SAINT-DENYS-LÈS-BLOIS. — Un des plus agréables buts de promenade, dans le voisinage de la ville de Blois, est assurément l'établissement thermal de Saint-Denys. Disons en peu de mots l'histoire de ce lieu, dont les souvenirs, longtemps effacés, viennent d'être heureusement remis en lumière.

En l'an 895, d'après une charte de l'abbaye de Marmoutier, rapportée par Bernier, Saint-Denys-sur-Loire, alors simple village, portait encore le nom de *Voginant*, appellation gauloise qui atteste que, dans les temps reculés de l'ère celtique, existait en ce lieu une fontaine sacrée, un *nant*. La réputation de cette source, perpétuée pendant tout le moyen-âge, était en grande estime à la cour des comtes de Blois et des princes de la branche des Valois qui résidèrent dans notre ville. Dans une notice intéressante, le regrettable docteur Blau, médecin en chef de l'Hôtel-Dieu de Blois, citant le savant bibliothécaire de la même ville, M. Dupré, nous apprenait que l'illustre famille des Hurault possédait à Saint-Denys un manoir dans lequel elle se plaisait à héberger les hôtes distingués qu'y faisait affluer l'excellente réputation des eaux. Plus tard, le célèbre médecin blésois, Paul Reneaulme, l'un des pères de la botanique française, mettant à profit le séjour à Blois de Marie de Médicis, dédiait à cette princesse un opuscule intitulé : *Les Vertus de la Fontaine de Médicis près Saint-Denys-lez-Blois*, imprimé en 1618. Dans l'année 1682, le docteur Bernier comparait la vertu des eaux de *Voginant* à celles des sources de Forges. La mort de Gaston d'Orléans, le dernier des comtes de Blois, et le séjour de la cour à Paris leur firent perdre leur vogue aristocratique. Bientôt le défaut d'entretien amena la dégradation du bassin dont les avait ornées la mère de Louis XIII; leur qualité fut altérée par le mélange des terrains éboulés et des eaux pluviales; elles tombèrent enfin dans un abandon général, sans être, cependant, tout à fait oubliées. L'Annuaire de Loir-et-Cher, pour 1807, nous apprend qu'elles sont connues sous le nom de la Fontaine médicinale, et que l'usage assez fréquent que l'on en fait dans le département, les bons effets que nombre de malades en ont ressentis, les rendent dignes d'attention.

Les choses étaient dans cet état, lorsque le docteur Blau et M. le docteur Arnoult, médecin de l'hôpital de Blois, eurent l'idée d'en faire opérer le déblaiement et de leur rendre une réputation qu'elles n'auraient pas dû perdre. Grâce à leur zèle intelligent et à l'empressement désintéressé du propriétaire, M. le comte de Beaucorps-Créqui, dont la femme est héritière des Hurault de Saint-Denys et propriétaire de leur manoir, les premiers travaux furent exécutés, et la source ne tarda pas à verser ses eaux limpides sur les vieilles dalles, retrouvées, de Marie de Médicis. Maintenant, par les soins d'une société d'hommes honorables, présidée par M. E. Riffault, maire de Blois, la fontaine de Saint-Denys, totalement réparée, est couverte d'un pavillon élégant, et une maison de bains s'y est élevée sous la direction habile de M. de la Morandière ; un hôtel et de jolis chalets, construits près de la maison, reçoivent les familles des baigneurs. Un établissement d'hydrothérapie ne peut suffire à l'affluence toujours croissante des malades. Cet état de choses appellera de nouveaux agrandissements.

Ces eaux, éprouvées par de savantes analyses, sont très-efficaces pour la guérison de toutes les maladies provenant d'une faiblesse de constitution ou de l'épuisement des forces ; favorablement accueillies de l'Académie de Médecine, elles ont reçu la consécration de l'autorité supérieure, qui leur a donné pour médecin-inspecteur M. le docteur Arnoult. Elles voient de nouveau la foule se presser, dans la saison propice, sur les bords de leur triple source ; et pourquoi ne retrouveraient-elles pas toute la vogue qu'elles eurent autrefois? Indépendamment de leurs qualités salutaires, maintenant bien constatées, n'offrent-elles pas, dans leur espace resserré, trois sources de qualités différentes, que l'on a justement baptisées

des noms de Médicis, Reneaulme et Henri IV ; n'ontelles pas l'inestimable avantage d'être situées à la porte de Blois, de Chambord, de Menars ; à quelques lieues de Chaumont, de Chenonceau, de Cheverny, de Beauregard, dans le paysage de la Loire, un des paradis de ce monde? Disons d'elles ce que l'immortel Dante disait des eaux régénératrices, placées au seuil des béatitudes paradisales :

> *Io ritornai dalla santissim' onda,*
> *Rifatto sì, come piante novelle,*
> *Rinnovellate di novella fronda,*
> *Puro e disposto a salire alle stelle.*

« Je sortis de ces eaux divines, plein d'une vigueur sans pareille; j'étais comme une plante récemment éclose, que le printemps garnit de feuilles naissantes, disposé, dans ma pureté nouvelle, à m'élancer vers les régions constellées. »

SAINT-GERVAIS. — Une des principales voies de communication de la ville avec les belles campagnes qui l'entourent est la grande route de la Sologne et du Berry, qui s'ouvre au nord, au-delà du pont. Elle a reçu, dans le pays, le nom de *Promenade*, ou *Allée de Saint-Gervais*, de celui d'une commune qu'elle traverse, à deux kilomètres de la ville. C'est, en effet, une véritable avenue et une promenade des plus agréables que l'on puisse rencontrer. Elle était autrefois bordée de peupliers jusqu'aux premières maisons du faubourg de Vienne; mais, depuis quelques années, les plus rapprochés de ces arbres aux proportions gigantesques ont dû céder la place à d'élégantes maisons, et les plus éloignés à des travaux rendus nécessaires par les dernières inondations de la Loire. A droite et à gauche, s'étend au loin un riant échiquier de terrains fertiles, où l'œil chercherait en vain quelque trace de la fureur des eaux, tant la main de l'homme fut prompte à réparer leurs désastres. Plus loin, sur un pont de pierre, qui fut comme tordu en 1856 par la puissante action du fleuve débordé, on traverse le Cosson, petite rivière, à l'eau calme et profonde, qui fuit à travers la verdure éclatante des prairies, et on arrive, par une allée de vieux ormeaux, au joli village de Saint-Gervais, si célèbre dans le monde des gourmets par la crême de son nom. Situé sur le coteau, il étage, au bas d'une église rustique, des villas pittoresques et des habitations champêtres, au milieu desquelles s'élève le château moderne de l'Aubépin, bâti, dans le goût Renaissance, par M. de la Morandière, pour M. Bergevin, président du tribunal civil de Blois.

Ce qui distingue la promenade de Saint-Gervais, c'est la variété. A partir du village, elle vous fait gravir, parmi de grands rochers, anguleux et moussus, une pente que les ingénieurs n'ont pas suffisamment adoucie; puis, par une large avenue, bordée de jeunes arbres, dont le temps accroît tous les ans le trésor de feuilles et de branches, elle vous mène à la *Patte-d'Oie*, immense carrefour de la forêt de Russy, où cinq routes viennent se souder sous vos pas. Mais, avant de pénétrer dans les futaies séculaires qui les ombragent, arrêtez-vous un peu sur les hauteurs :

en vous retournant, votre regard saisira, dans un lointain horizon, un aspect merveilleux de la vallée de la Loire et de l'amphithéâtre de hautes collines où Blois se montre, déployé comme un magique éventail.

SQUARES. — La ville de Blois possède, depuis peu d'années, deux très-beaux squares. Le premier, qui occupe la place de Saint-Vincent, a pour perspectives l'église des Jésuites, les vieilles tours de défense de la ville et la façade restaurée du château de François Ier. Il se compose de plantations distribuées avec goût sur de vertes pelouses inclinées, et d'un bassin avec jet d'eau.

Le second, est l'ancienne place dite la *Grande-Pièce*. Il porte le nom d'un administrateur distingué du département de Loir-et-Cher, M. le comte de Lezay-Marnésia, et fut fait aux dépens d'une somme léguée par lui pour être employée à l'embellissement de quelque partie de la ville. On ne pouvait mieux choisir que la place située en face de l'Hôtel de la Préfecture qu'il avait si honorablement occupé pendant vingt ans. Ce square est merveilleusement entouré par la Préfecture, le Palais-de-Justice, la nouvelle Halle et plusieurs demeures particulières dont les jardins, construits dans les anciens fossés de la ville qui ont été comblés, montrent encore plusieurs des vieilles tours de son enceinte fortifiée. Il est surtout remarquable par l'abondance des eaux qui de ce point culminant sont distribuées à tous les quartiers de la cité. Arrivées de la Loire par la puissance de la vapeur, elles ont fait donner à la place qui entoure le square le nom du blésois Denis Papin, l'un des plus célèbres de ceux qui figurent dans l'histoire des machines à vapeur.

Le square Lezay-Marnésia communique, par un long boulevard extérieur, planté d'ormeaux, à l'ancienne route de Paris.

ENVIRONS

ABBAYES

LA GUICHE. — Des légendes, dont l'historien Bernier nous a conservé le précieux souvenir, rapportent que, vers la fin du XIIIe siècle, des pâtres découvrirent, à la suite de quelques apparitions, dans un lieu nommé *la Guiche*, une image miraculeuse de la mère du Sauveur. Cet endroit, situé dans la commune de Chouzy, à l'extrémité septentrionale de la forêt de Blois, à trois lieues à peine de cette ville, paraît avoir été l'emplacement d'une habitation gallo-romaine, peut-être le théâtre de quelque ancienne superstition druidique ou païenne. Quoi qu'il en soit, les prodiges dont parle Bernier déterminèrent, en 1272, Jean Ier de Châtillon, comte de Blois, à fonder à la Guiche une abbaye de femmes nobles qu'il avait depuis longtemps le dessein d'établir, et il la fit élever sur un terrain qu'il acquit de l'abbaye de Saint-Martin de Tours. Au rapport de l'hiftorien que nous venons de citer, le nombre des religieuses ne devait pas aller au-delà de quatre-vingts. Astreintes à un service perpétuel pour le comte, sa femme et ses ancêtres, elles étaient tenues d'admettre parmi elles toutes les filles du mérite et de la vocation nécessaires, désignées par ce dernier. Une bulle du pape Martin II stipula que la communauté ne serait sujette que de la cour de Rome. Jeanne, comtesse d'Alençon, dans une charte de 1285, ajoutant de nouvelles libéralités à celles de Jean Ier, son père, ordonna que le nom de la Guiche, qui cependant a prévalu, serait changé en celui de *la Garde-Notre-Dame*. Longtemps après, Charles, duc d'Orléans, comte de Blois, donna quelques biens à cette abbaye. Au temps de Bernier, on admirait encore le bel entretien de l'église et l'exacte régularité du service divin. Cependant le nombre des religieuses diminuait, une mauvaise administration ayant, à une époque précédente, amoindri les revenus de la communauté.

La Guiche devint la nécropole de la dynastie des comtes de Blois de la maison de Châtillon. En 1280, on y déposa les restes mortels de son fondateur, décédé à Chambord et, peu de temps après, ceux d'Alix de Bretagne, sa veuve, morte au retour d'un pèlerinage en Palestine. Les dames de la Guiche firent élever à leur bienfaitrice, dans le chœur de leur église, un superbe tombeau noir, *avec sa représentation au naturel.* Auprès de son père, en 1292, vint reposer Jeanne de Châtillon, bienfaitrice comme lui de la maison, et successivement Hugues de Châtillon, prince ami des lettres ; Guy Ier, mort en 1342 ; Louis Ier, tué à la bataille de Crécy, et quelques autres personnages de la même famille.

L'époque des guerres de religion ne laissa pas d'être fatale à l'abbaye de la Guiche ; ses tombes mêmes furent profanées. Presque entièrement démolie après la Révolution, elle ne présente aujourd'hui que des ruines. Néanmoins on y admire encore un reste de

cloître et, dans un grand bâtiment du XIIIe siècle, une crypte du plus majestueux effet.

Dans une petite chapelle isolée, se voient les sarcophages du fondateur de l'abbaye, Jean de Châtillon, et de Guy, l'un de ses successeurs. Deux fois violés et mutilés par les calvinistes et par les révolutionnaires de 93, ils ont pu être restaurés par M. Pardessus, frère du savant jurisconsulte blésois, et père du propriétaire actuel de la Guiche.

PONTLEVOY. — Le célèbre Mabillon croit reconnaître Pontlevoy dans un lieu du pays blésois nommé en 818 *Pontilapidensis* (Pont-Pierre) ; mais son nom vient évidemment du *pont-levis* d'un ancien château. Louis-le-Débonnaire possédait, en cet endroit, quelques propriétés dont il fit don à l'abbaye de Saint-Martin de Tours, ou, peut-être, à l'ermitage que paraissent avoir possédé là, dès 816, des moines sortis de Saint-Martin même. Suivant M. Dupré, l'un des historiens de Pontlevoy, un château-fort y fut élevé vers 854, à l'époque où les pirates normands incendièrent Blois et les plaines situées entre le Cher et la Loire. Au XIe siècle, Gelduin, vassal du comte de Blois, était seigneur du château et du pays de Pontlevoy. Ce Gelduin, sur la fin de sa vie, en 1034, convertit le château en un monastère. Il le mit sous la règle de saint Benoît et le dédia à la Vierge Marie, en mémoire de la protection qu'il en avait reçue, pendant une tempête, dans un voyage sur mer. Enrichie dans le cours des siècles par une foule de princes et de seigneurs, l'abbaye de Pontlevoy, en

1473, devint une commende. Le premier de ses abbés commendataires fut François de Brillac, depuis évê-

que d'Orléans; l'un de ses successeurs, le fameux cardinal de Richelieu, y introduisit en 1629, la discipline de saint Maur. En 1729, la commende ou mense abbatiale fut réunie à la mense des évêques de Blois, qui en jouirent jusqu'à la Révolution.

L'enseignement des Bénédictins paraît avoir commencé à Pontlevoy, dès le XIe siècle. Mabillon assure que, dans le siècle suivant, la culture des études y était florissante. Au XIIIe, l'instruction s'y trouvait dans un état si prospère que l'évêque de Chartres crut devoir en féliciter l'abbé Godefroy, chef de la communauté. Mais alors, l'école était composée de deux parties distinctes : celle des *laïcs* ou *externes*, limités aux premiers éléments, et celle des *novices* ou *internes*, que de plus hautes études préparaient à l'état monastique. Vers le milieu du XVIIe siècle, fut fondée, sous l'influence de la réforme de saint Maur, l'institution d'un pensionnat séculier. En 1715, Louis XIV donna, par lettre de cachet, le titre de Collége à cette institution, et Louis XV, en 1764, y ajouta celui d'*Ecole royale militaire*. Par suite de ce dernier titre, elle reçut de la munificence de Louis XVI le dixième des six cents bourses créées en 1776 pour les fils des chevaliers de Saint-Louis, dans les dix écoles militaires du royaume. En 1788, d'après Mandard, le nombre des élèves était de 220, dont 60 boursiers, nombre fixé en 1776.

Mandard, architecte et ingénieur, auquel la ville de Paris doit la rue et la cour qui portent son nom, professait les hautes mathématiques à Pontlevoy avant 1789. Ce respectable vieillard vivait encore en 1844.

La Révolution surprit Pontlevoy dans cette situation prospère. Dès lors, la congrégation de Saint-Maur ayant été dispersée, la direction du collége, décoré du titre de *Collége national*, fut confiée à M. Garrelon, membre sécularisé de cette congrégation. Incarcéré comme suspect en 1793, cet ex-religieux fut remplacé par M. Chappotin, ancien bénédictin et vicaire épiscopal de M. Grégoire, évêque constitutionnel de Loir-et-Cher.

M. Chappotin continua, dans le collége de Pontlevoy, les traditions de l'illustre congrégation de Saint-Maur. En 1796, de directeur qu'il était pour le compte de l'Etat il devint directeur pour son propre compte, par l'acquisition qu'il fit à cette époque des bâtiments et des meubles de la maison, mis en vente comme propriété nationale. Sous cet administrateur intelligent et éclairé, l'institution ne fit que grandir. Elle atteignit son apogée sous l'Empire, mais elle déclina sous la Restauration. En 1824, après trente-un ans de fonctions, M. Chappotin, peu agréable au pouvoir d'alors, poussé aussi par le besoin du repos, résigna ses fonctions à M. Germain Sarrut, qui les exerça jusqu'au 15 août 1827. La maison, par suite de mésintelligences survenues entre lui et le grand-maître de l'Université, ayant été fermée, se rouvrit, après une année d'interruption, sous la direction de M. l'abbé Demeuré. Ce dernier directeur, d'une volonté énergique, rappela l'ancienne prospérité de l'école. Possédée aujourd'hui par M. Laurentie, le publiciste distingué de notre temps, par M. le prince de Chalais et par M. le marquis de Vibraye, l'école de Pontlevoy, après quelques jours de déclin, reprit, sous l'administration de feu l'abbé Peschoud, la situation où M. Demeuré l'avait replacée. Elle est, depuis 1858, parfaitement dirigée par M. l'abbé de Forges, sous le haut patronage de Mgr Pallu du Parc, évêque de Blois.

Grâce à son enseignement, l'abbaye de Pontlevoy est du petit nombre des grands cloîtres que la Révolution a laissé subsister jusqu'à nos jours. Elle peut ainsi donner une idée de ces puissants monastères que la piété de nos aïeux avait élevés sur le sol de la France. Elle intéresse à la fois l'architecte et l'archéologue. La masse imposante de ses bâtiments, leur majestueuse élévation frappent les regards. On remarque principalement la chapelle, élevée au XVe siècle, et malheureusement inachevée, puis la grande façade des premiers temps du XVIIe, qui se développe, au midi, sur des prairies entrecoupées de bocages.

L'église du bourg rappelle seule, dans son architecture, l'époque de Gelduin. La statue originale de la Vierge miraculeuse, *Notre-Dame-des-Neiges*, longtemps enfouie, a été retrouvée, il y a peu d'années, et placée dans la chapelle du collége.

A un faible éloignement de Pontlevoy, dans un champ, se trouve un *dolmen* ou table de pierre. Ce monument celtique est appelé *pierre de minuit*, parce que, dans la contrée, il passe pour faire une révolution sur lui-même, pendant la messe de minuit, au moment de la consécration. C'est un souvenir légendaire des cérémonies religieuses des Gaulois qui avaient lieu, comme on sait, pendant la nuit.

CHATEAUX

AMBOISE. — La vieille demeure royale d'Amboise est trop voisine de Blois, *nimium vicina Cremonæ*, pour qu'il soit permis de l'omettre dans ce Guide. Elle nous appartient aussi par une partie de son histoire, et surtout par sa position aux limites du cadre admirable de la grande vallée de la Loire blésoise. Ma tâche de narrateur sera facile : je n'aurai qu'à suivre, en l'abrégeant, l'excellente Notice publiée en 1859, dans le *Journal de Loir-et-Cher*, par M. A. Péan, mon collègue de la Société des Antiquaires de la Touraine.

La ville d'Amboise dut sans doute son origine à une bourgade celtique, dont le nom, latinisé par Sulpice Sévère et Grégoire de Tours en *Ambacia*, par l'épigraphie monétaire mérovingienne, en *Ambaciaco vico*, se rattache certainement au nom de l'Amasse, ruisseau qui se jette dans la Loire et au confluent duquel était bâti un *oppidum*, ou lieu de refuge, dont il reste des traces très-apparentes, qu'on appelle le *Camp d'Amboise* ou *les Châtelliers*. A l'oppidum gaulois succéda le *castellum* romain; à celui-ci la forteresse du moyen-âge et le château du XVe siècle. Des monuments de toutes les époques que je viens de citer sont les témoins irrécufables de son histoire.

Ainsi : restes encore apparents d'un ancien tumulus d'origine gauloise, qui fut surmonté, à l'époque romaine, d'une colonne en l'honneur du dieu Mars qui en couronnait le sommet; trouvailles fréquentes de médailles gauloises et romaines dans l'enceinte du camp retranché; récits légendaires ou mythologiques mêlés à des souvenirs du cycle de la table ronde; fragments de constructions antérieures au XVe siècle; et enfin ce qu'il reste de l'immense édifice construit par Charles VIII et qu'il n'avait pas eu le temps de terminer.

En cherchant à travers les traditions merveilleuses où se laissent deviner les origines mythiques de la Haute-Touraine, on peut retracer avec une sorte de certitude l'histoire primitive du château d'Amboise.

L'oppidum gaulois aurait vu, après la prise de Bourges, camper dans ses murs l'heureux conquérant de la Gaule. Sous l'un des Césars, ses successeurs, une colonne surmontée d'une statue colossale de Mars fut érigée sur le sommet du tumulus gaulois et y consacra le culte du conquérant. Sous Dioclétien, le *castellum* romain fut détruit par les *Bagaudes*, troupe

de paysans gaulois que poussait à la rébellion la rapacité des consuls romains. En 376, il aurait été rebâti par un prétendu Anicien, comte de Tours, investi par l'empereur Gratien de la propriété du delta de l'Amasse qui renfermait alors une bourgade formée à l'abri de la forteresse. C'est à cette époque que, selon le témoignage de Sulpice Sévère, l'idole de Mars et sa haute colonne, respectées des Bagaudes, furent renversées par saint Martin ; ce fut le signal de l'établissement du christianisme dans la contrée. En 496, 504 ou 506 (les chronologistes ne sont pas d'accord), eut lieu dans l'île Saint-Jean, en face du château d'Amboise, l'entrevue de Clovis et d'Alaric, dont parle Grégoire de Tours. A partir de cette époque, la lumière historique ne cesse plus d'éclairer les événements dont Amboise est le théâtre.

La Haute-Touraine et sa capitale firent donc partie du domaine des rois, successeurs du grand Clovis. On ne sait, dès lors, à quel titre en était seigneur S. Baud, grand référendaire sous Clovis Ier. Vers 732, elle pourrait avoir reçu quelque atteinte de la grande invasion sarrasine arrêtée par Charles-Martel, dans les plaines qui séparent la Touraine du Poitou ; des hauteurs, à peu de distance d'Amboise, portent encore le nom de *Camp des Arabes*. Il est beaucoup plus sûr que cette ville eut beaucoup à souffrir des déprédations des Normands. Ils furent enfin expulsés, et, dans l'année 870, Louis, dit *le Bègue*, investit Ingelger, petit-fils du duc de Bourgogne, de la seigneurie d'Amboise, en récompense de la bravoure qu'il avait déployée contre eux. Ce hardi capitaine, qui fut le premier des comtes d'Anjou, n'entra pas toutefois en possession de la ville et de ses dépendances immédiates; elles formaient un fief tenu par Aimon, de l'illustre maison de Buzançais.

Dix ans après, en 880, Ingelger réunit à cette seigneurie les biens jadis aliénés en faveur d'Adelaude ou Adelald, évêque de Tours, par Charles-le-Chauve, et dont un démembrement du château faisait partie; il les avait reçus comme donataire du prélat, à l'occasion du mariage qu'il avait contracté avec Adeline, nièce de cet évêque et fille de Geoffroy, premier comte de Gâtinais. Devenu seul maître du château et de ses dépendances, l'heureux comte s'occupa de réparer tous les désastres de l'invasion normande. Par ses soins, en 881, l'antique castellum d'Ambacia sortit de ses ruines, et ses fortifications furent relevées. A la mort d'Ingelger, arrivée en 888, Amboise, tel que l'avaient constitué les libéralités de Louis-le-Bègue et d'Adelaude, continua de former l'un des plus splendides joyaux de la couronne féodale des comtes d'Anjou.

Un seul événement mémorable y signale la domination de ses premiers successeurs. Sous l'un d'eux, nommé Maurice, la trahison d'un certain Landry pensa faire choir la forteresse amboisienne en des mains ennemies des consuls angevins. Ce personnage, sans patrie bien connue, avait reçu de Geoffroy-Grisegonelle, père de Maurice, la garde du château d'Amboise; mais, trompant la confiance de son suzerain, il fit ouvertement alliance avec Eudes, comte de Blois et de Champagne. Archambaud de Buzançais et Sulpice, son frère, établis dans leur fief, une maison 'de la ville, fortifiée d'une tour, l'attaquèrent d'abord, mais sans succès. Foulques *Nerra* ou *le Noir*, fils et successeur de Maurice, fut plus heureux : il reprit le château sur Landry, chassa ce misérable de la ville et fit raser la maison qu'il y possédait.

Foulques-Nerra, dont la place est si large dans l'histoire, a laissé à Amboise peu de traces de son règne aventureux. A sa mort, le gouvernement du château et les possessions qui en relevaient passèrent à Lysois de Bazogers, fils de Hugues de Lavardin, guerrier actif (*impiger*) et tige de l'illustre maison d'Amboise.

Les bizarres exigences de la féodalité rendent assez confuses, depuis Foulques-Nerra, la nomenclature des possesseurs simultanés d'Amboise et les limites de leurs possessions. Indépendamment du château, véritable forteresse (*arx*), où habitait le gouverneur des comtes, ceux-ci possédaient, attenant au bourg, un donjon (*domicilium*), où ils résidaient durant leurs séjours. Quant aux Buzançais, leur demeure était cette maison fortifiée d'une tour, d'où Archambaud et Sulpice avaient attaqué le rebelle Landry. En bois d'abord, cette tour fut refaite en pierre par Sulpice. Elle était assez forte, assez élevée pour qu'on aperçût, de son sommet, les clochers de Saint-Martin de Tours, et se trouvait placée au sud-ouest du château, entre les deux forts de l'Amasse. On fixe sa démolition au commencement du XIIe siècle.

Ainsi, à l'époque où nous sommes arrivés, tandis que les Lavardin, dans la personne de Lysois, occupent le château pour les comtes, les Buzançais tiennent encore le bourg, en leur qualité de seigneurs (*domini indominicati*).

J'ai parlé d'Aimon de Buzançais, contemporain d'Ingelger. A celui-ci succéda Sulpice, dit *Mille-Boucliers*, son fils. L'héritier de Sulpice fut Robert, l'un de ses enfants. Un autre fut cet illustre Hervé qui, devenu trésorier du chapitre de Saint-Martin, en fit rebâtir l'église en 1014, et mourut en odeur de sainteté, vers 1021, suivant Chalmel. Robert eut deux fils, Sulpice, aussi trésorier de Saint-Martin, après Hervé, son oncle, et Archambaud : ce sont ces deux frères que nous avons vus combattre le rebelle Landry.

Foulques-Nerra engagea Sulpice à marier Hersende, sa nièce, fille d'Archambaud, à Lysois de Bazogers, dont il avait éprouvé la fidélité et le courage. Hersende apporta en dot à son mari la tour d'Amboise et tout ce que possédait Sulpice dans le pays. De cette manière, un seul homme se trouva, depuis plusieurs siècles, commander au château et au bourg : au bourg, comme maître, au château, comme gardien. Mais, soit défiance de Lysois, soit désir de récompenser d'autres services rendus, Geoffroy-Martel établit Fulcoy de Tornay, seigneur de *la Motte*, le vieux tumulus gaulois, qui était alors fortifié et qui dominait tout l'intérieur du castellum.

Cet état de choses rendait la guerre inévitable entre des chefs également jaloux, également avides de pouvoir. En effet, à peine Lysois eut-il fermé les yeux que les nouveaux gouverneurs, Arnould de Mehun,

Fulcoy de la Motte et Sulpice Ier d'Amboise, fils de Lysois, en vinrent aux mains ; chacun d'eux espérant que les divisions survenues entre les deux neveux de Geoffroy-Martel lui permettraient de réunir sous son autorité tous les lambeaux du puissant fief d'Amboise.

En 1069, Foulques-Réchin, devenu comte d'Anjou, se crut obligé d'intervenir. Cet héritier de Geoffroy-Martel vint en personne assiéger la tour, résidence féodale de la famille de Lysois ; mais, après plusieurs attaques infructueuses, il prit le parti de se retirer.

Il paraît que Hugues Ier, fils de Sulpice, réussit à se débarrasser de ses compétiteurs. Le château et le donjon tombèrent en son pouvoir ; il les retint, non à titre de conquête, mais comme dot d'Elisabeth, sa femme, dot convenue, assurait-il, entre lui et Geoffroy-Martel, dont Elisabeth était la sœur utérine. Foulques-Réchin refusait de ratifier la promesse de son oncle ; sa mort, survenue en 1109, l'empêcha de réaliser les projets de vengeance qu'il méditait. Son fils, Foulques V, animé de sentiments plus pacifiques, maintint solennellement Hugues dans la jouissance de sa conquête.

En mettant fin aux dominations multiples qui s'étaient succédé dans le vieux domaine d'Ingelger, cet acte de Foulques V prépara les grandeurs de la maison de Bazogers-Lavardin, illustrée depuis sous le nom d'Amboise.

Des guerres heureuses, des accroissements de territoire et la riche succession de Godefroy de Chaumont mirent le petit-fils de Lysois à même d'exécuter de grandes choses: il fit, entre autres, réédifier le château et il fonda la coutume touchante d'y nourrir, pendant le carême, treize pauvres, habillés de neuf à la Saint-Jean, *avec robes de drap, braies et chemises*. Hugues se distingua dans les deux premières croisades et mourut à Jérusalem, où il reçut les honneurs de la sépulture sur le Mont des Oliviers.

A Hugues Ier succéda Sulpice II, son fils. Ce haut baron, d'un caractère inquiet et remuant, fut d'abord heureux dans ses entreprises; il vainquit et fit prisonniers tour à tour, de 1132 à 1136, Geoffroy-Grisegonelle et Jean Ier, son fils, seigneurs de Vendôme, qui lui avaient déclaré la guerre; mais, tombé lui-même par trahison au pouvoir de Thibault IV, comte de Blois, après la prise de la Motte-Mindray, près de Chaumont-sur-Loire, il fut enfermé dans la tour de Châteaudun avec ses deux fils, Hugues et Hervé. Il décéda dans cette prison, le 24 août 1153; pour les deux jeunes frères, ils furent délivrés par l'intervention de Henri Plantagenet, comte d'Anjou, depuis roi d'Angleterre. Ce même prince, quelque temps après, reprit le château d'Amboise dont le comte de Blois s'était emparé.

Vers l'an 1159, Henri eut à Amboise une entrevue avec Louis VII, roi de France; dans cette réunion, Louis obtint du monarque anglais la promesse d'une réconciliation avec Thomas Becket, que l'Eglise honore sous le nom de saint Thomas de Cantorbéry. On sait comme Henri tint parole. Le fils aîné de Hugues Ier était alors rentré en possession des héritages paternels. L'histoire le distingue, dans la série des seigneurs d'Amboise, sous le nom de Hugues II.

Son fils, Sulpice III, l'un des chevaliers bannerets de Touraine, nommés, en 1213, par Philippe-Auguste, eut la douleur de voir sa ville et son château d'Amboise pris et dévastés par des bandes de ces brigands connus au XIIe siècle sous le nom de *Cottereaux*.

Sulpice III eut, de son union avec Mathilde, qualifiée par Chalmel du titre de comtesse de Blois, une fille appelée comme sa mère et son aïeule, Mathilde ou Mahaut, laquelle fut dame d'Amboise au décès de son père.

Mathilde mourut sans postérité. Sa succession fut recueillie par son cousin germain, Jean de Berrie, fils de Jean d'Amboise et de Marguerite de Berrie. Jean de Berrie, qui fut Jean Ier d'Amboise, laissa ses vastes domaines à Jean II, son fils. Celui-ci eut deux enfants : l'aîné, Pierre, lui succéda, à Amboise, sous le nom de Pierre Ier; le puîné eut en partage Chaumont, et devint la tige de la grande maison de Chaumont-Amboise.

Pierre Ier eut pour successeur Pierre II. Ce suzerain et sa femme, Jeanne de Chevreuse, fondèrent, dans la ville d'Amboise, un couvent de Cordeliers, et, dans l'église du château, une confrérie de Saint-Nicolas, longtemps florissante. Supprimée en 1782, ses biens furent réunis à la dotation de l'Hôtel-Dieu.

Pierre II fut suivi d'Ingelger, surnommé *le Grand*, fait prisonnier à la fatale bataille de Poitiers, en 1356. On lui connaît deux fils : Pierre III, décédé sans postérité, et Ingelger, dont le fils, Louis, succéda à Pierre III.

Louis Ier possédait, avec Amboise, les seigneuries de Bléré, de Montrichard, les vicomtés de Thouars, de Mauléon et plusieurs autres fiefs : il en prend les titres dans nombre d'actes et de diplômes. Déclaré coupable de lèse-majesté et condamné à mort, le 8 mai 1431, par arrêt du Parlement, séant à Poitiers, en présence de Charles VII, sa peine fut commuée en une prison perpétuelle. Ses biens, confisqués par le même arrêt, accrurent l'apanage de Georges de la Trémoille, favori du roi ; mais des lettres patentes du mois de septembre 1434 le réintégrèrent dans toutes ses possessions, à la réserve d'Amboise qui resta à la couronne.

Ainsi, un arrêt du Parlement, de 1431, et des lettres-patentes du roi, de 1434, mirent fin à l'hégémonie féodale d'Amboise,

Devenu propriété royale, le château d'Amboise partagea souvent, avec Blois, l'honneur d'héberger la cour. Dans ses visites au bord de la Loire, Charles VII s'y transporta en 1432, lors des déprédations commises en Touraine par le capitaine d'*Ecorcheurs* Rodrigues de Villa Andrado; en 1440, pour s'opposer à la révolte du dauphin, depuis Louis XI. A la mort de Charles, il devint l'asile de sa veuve, Marie d'Anjou, princesse aussi distinguée par son mérite que par ses vertus.

Louis XI, aussitôt après son sacre, y vint rendre visite à sa mère; il y fixa son douaire et apanagea du duché de Berry son frère Charles.

En 1465, à la première nouvelle qu'il eut de la ligue des grands feudataires, dite *du bien public*,

Louis XI se rendit en diligence à Amboise. Son premier soin fut d'y rassembler une armée pour marcher sur le Bourbonnais, puis d'y organiser les habitants en une sorte de milice urbaine ; il confia à ces soldats improvisés la garde du château, leur recommandant d'*apporter leurs pots et cuillers audit chastel, de boyre de ses vins, et de ne rendre la dicte place sinon à luy.*

Fidèles à leur souverain, les bons habitants d'Amboise eurent la satisfaction de remettre les clefs du château à la reine, qui les remercia de leur attachement.

Après le malencontreux traité de Péronne, Louis XI réunit à Amboise le Parlement et les autres cours du royaume. Redoutant les railleries des Parisiens, il exigea l'enregistrement du traité, sans bruit ni remontrances. Les railleries qu'il craignait ne lui furent cependant pas épargnées. Les malicieux habitants de Paris s'avisèrent d'instruire des oiseaux à répéter : *Peronne;* mais un édit, publié à son de trompe, enjoignit de saisir et de transporter au château d'Amboise tous les oiseaux de cage, atteints et convaincus d'offense envers la personne royale.

C'est au même château, assurent plusieurs auteurs, que le cardinal La Balue, convaincu de trahison envers le roi, commença d'être enfermé dans la fameuse cage de fer où il gémit onze ans durant : du moins la cédule royale qui ordonna la confection de cette prison d'une horrible espèce est-elle datée d'Amboise le 11 février 1469. Presque en même temps, Louis instituait dans ce château l'ordre de Saint-Michel, destiné à remplacer celui de l'Etoile, fondé par le roi Jean, et y procédait avec pompe à la réception des quinze premiers chevaliers.

Louis XI apparut plusieurs fois encore à Amboise; mais des événements peu importants signalent ces courtes visites. La dernière eut lieu au mois de septembre 1482; elle fut pour son fils, depuis Charles VIII, qu'il y faisait élever en secret, sous les regards de Charlotte de Savoie, sa mère. Cette princesse survécut peu de temps à son mari. Confinée au château d'Amboise, négligée par le roi, elle méritait d'être plus heureuse; chez elle les grâces de l'extérieur s'unissaient aux qualités du cœur et de l'esprit; mais qui fut heureux avec le fils de Charles VII?

Dans l'année 1483, qui vit mourir Louis XI, le château et la ville d'Amboise furent témoins de pompeuses réjouissances. Elles eurent lieu pour les fiançailles du dauphin et de Marguerite d'Autriche; Etienne Ragueneau, maire de Tours, y assista, sur l'invitation du roi; ce qui fut remarqué alors.

Charles VIII prit Amboise en affection: il y faisait de fréquents séjours avec Anne de Bretagne, sa femme.

Durant leurs absences, le roi et la reine laissaient à Amboise, où il était né, le dauphin, leur fils. Ce tout jeune prince, dont la santé les inquiétait, fut enlevé à leurs soins et à leur amour, le 16 décembre 1495. « C'estoit, dit Comynes, un bel enfant, et audacieux en parole, et ne craignant aucune chose. » La belle tombe en marbre blanc, qui renferme ses restes et ceux de son frère puîné, se voit encore dans l'église cathédrale de Tours. Elle est l'œuvre de Jean Just, de la célèbre école artistique de la Touraine.

Charles VIII, dont l'expédition de Naples, commencée sous d'heureux auspices, eut une si malheureuse issue, rapporta le goût des arts de ses campagnes d'Italie. La vue des monuments de tout genre qui décorent cette superbe péninsule lui inspira le désir de se bâtir un palais à Amboise. Il le fit commencer, à son retour, par des artistes distingués qu'il avait ramenés avec lui. Sa mort arrêta les travaux. Il n'y eut d'achevé que les deux grandes tours, la chapelle, cette merveille de la Renaissance, et les jardins fleuristes et potagers établis à Château-Gaillard, au bas du camp romain.

Charles mourut subitement le 7 avril 1498, à Amboise, dans une galerie du nom de *Hacquelebac*, où il était allé, en compagnie de la reine, voir des joueurs de paume.

Cette fin prématurée du fils de Louis XI, cette rénovation commencée d'un château qu'elle arrête tout à coup, ont inspiré à Philippe de Comynes quelques-unes de ses meilleures pages : « Je veuil, dit-il, parler du soubdain trespas de nostre roy Charles huictiesme de ce nom ; lequel estoit en son chasteau d'Amboise, où il avoit entreprins le plus grant édiffice que commencea, cent ans a, roy, tant au chasteau que à la ville, et se peut veoir par les tours par où l'on monte à cheval, et parce qu'il avoit entreprins à la ville, dont les patrons estoient faictz de merveilleuse entreprinse et despence, et qui de long temps n'eussent prins fin. Il avoit amené de Naples plusieurs

ouvriers excellens, en plusieurs ouvraiges, comme tailleurs et painctres, et sembloit bien que ce qu'il entreprenoit estoit entreprinse de roy jeune, et qui ne pensoit point à la mort, mais espéroit longue vie, car il joignit ensemble toutes les belles choses dont on luy faisoit feste, en quelque pays qu'elles eussent été veues, fust France, Italie ou Flandres . . . . . .
. . . .

« Estant le roy en ceste grant gloire, quant au monde, et en bon vouloir, quant à Dieu, le septiesme jour d'avril, l'an mil quatre cens quatre vingts dix huit, veille de Pasques Flories, il partit de la chambre de la royne Anne de Bretaigne, sa femme, et la mena quant et luy pour veoir jouer à la paulme ceux qui jouoyent aux fossez du chasteau, et il ne l'y avoit jamais menée que ceste fois, et entrèrent ensemble en une gallerie qu'on appeloit la gallerie Hacquelebac, parce que cestuy Hacquelebac l'avoit eue aultresfois en garde, et estoit le plus deshonneste lieu de léans, car tout le monde y p...... et estoit rompue l'entrée, et s'y heurta le roy, du front, contre l'huys, combien qu'il fust bien petit, et puis regarda une grant pièce les joueurs, et devisoit à tout le monde. »

Comynes raconte ensuite les circonstances de la mort du roi, longue et chrétienne agonie, honneur de ce lieu misérable ; puis il ajoute :

« Et ainsi despartit de ce monde, si puissant et si grant roy, et en si misérable lieu, qui tant avoit de belles maisons, et en faisoit une si belle. Et si ne sceut à ce besoing finer une povre chambre. Et combien peult on, par ces deux exemples ci dessus couchez, congnoistre la puissance de Dieu estre grande, et que c'est peu de chose que de nostre misérable vie, qui tant nous donne de peine pour les choses du monde, et que les roys n'y peuvent résister, non plus que les laboureurs. »

Le règne de Louis XII s'ouvrit, à Amboise, par les scandales de son divorce avec Jeanne de France, fille de Louis XI. Juridiquement, le roi gagna son procès ; mais tout l'intérêt resta du côté de Jeanne. Le tribunal, chargé de décider, ne siégea pas toujours dans le ville d'Amboise ; son arrêt, toutefois, y fut prononcé, dans l'église de Saint-Denis, au milieu des murmures et des imprécations de la foule. Affranchi de la chaîne qui l'attachait à la vertueuse Jeanne, Louis épousa, le 7 janvier 1499, la veuve de Charles VIII, Anne de Bretagne, qu'il aimait depuis longues années.

Amboise fit une réception brillante à cette princesse. Par des motifs de convenance, Louis ne crut pas devoir partager les honneurs rendus à sa nouvelle épouse. Il la rejoignit sans bruit quelques jours après. Ce premier séjour à Amboise paraît avoir été pour le bon roi une ère de véritable bonheur. Désireux de plaire à la jeune reine, il adjoignit au château une superbe galerie et le beau jardin, dit *Jardin royal*. Cette galerie, qui régnait le long de la Loire, et ces jardins, vantés dans les récits de l'époque, ne sont plus que des souvenirs légués par l'histoire.

Les cruelles exigences de la guerre et de la politique l'arrachèrent bientôt aux délices de cette vie tranquille. Puis, le château de Blois, qui l'attirait par le charme des souvenirs d'enfance, lui fit abandonner tout à fait le vieux manoir des Hugues et des Ingelger.

François Ier, qui conservait aussi un doux souvenir d'Amboise où ses jeunes années s'étaient écoulées, rendit cette résidence témoin de nombreux tournois ; il aimait ces exercices chevaleresques dans lesquels il pouvait déployer son adresse et sa force naturelles. Ce fut pendant une de ces fêtes, données à l'occasion du mariage de Renée de Montpensier avec le duc de Lorraine, qu'il vint à bout d'un sanglier, lâché dans la cour du château. Cet animal, irrité par les agaceries réitérées des dames penchées aux fenêtres pavoisées du castel, brisa les portes de l'escalier et monta, furieux, jusqu'à l'appartement de ses belles provocatrices. Le roi, renouvelant l'antique prouesse de Pépin, marcha seul au-devant de la bête et la tua d'un coup de son épée ; événement qui fut célébré sur tous les tons par les poètes suivant la Cour.

Durant la campagne d'Italie, en 1515, Louise de Savoie, mère du roi et régente du royaume, séjourna plus d'une fois au château d'Amboise ; elle y reçut la nouvelle de la victoire de Marignan.

La bonne reine Claude ne quittait guère non plus cette résidence. Elle y mit au jour, les 29 août 1515 et 23 octobre 1516, deux filles : les princesses Louise et Charlotte. Mais son royal époux désirait un fils. Tous les deux firent vœu, si Dieu, par l'intercession du bienheureux François de Paule, le leur accordait, de donner à ce nouveau-né le nom de *François ;* le roi promit, en outre, de poursuivre en cour de Rome la canonisation du pieux ermite. Les vœux du couple auguste furent exaucés : un fils lui naquit à Amboise le 28 février 1518. La cérémonie de son baptême fut célébrée, dans le lieu de sa naissance, par des fêtes et des réjouissances d'une splendeur incomparable.

A l'exemple de ses deux prédécesseurs, François Ier s'éprit en Italie d'une noble passion pour les arts; il amena de cette poétique contrée plusieurs grands maîtres, entre autres Léonard de Vinci. Ce peintre illustre possédait à Amboise même le petit château du Clous (*Closum*), qui subsiste encore, mais cruellement défiguré par les restaurations modernes; il lui venait, probablement, d'une libéralité du roi. On a cru longtemps que Léonard rendit le dernier soupir dans ce manoir : c'est une erreur; mais il est certain qu'il y fit son testament. Cette pièce, écrite en italien, est datée du 23 août 1518 et rédigée en présence de Guillaume Boreau, notaire royal de la cour et du bailliage d'Amboise.

Les fastes du château nous mènent, sans événements bien remarquables, jusqu'à l'arrivée de Charles-Quint. Cet empereur fit son entrée de nuit, par une des deux tours montantes de Charles VIII : *Ycelle tour*, dit Dubellay, *estoit ornée de tous les ornements dont on se pouvoit adviser, et tant garnie de flambeaux et autres luminaires, qu'on y voyoit aussi cler qu'en une campagne en plein midy*. Mais un incident pensa troubler la fête : un foyer allumé dans une pièce voisine remplit tout à coup l'appartement de l'Empereur d'une fumée épaisse. Ce prince, qui, dans tout le cours de son voyage à travers la France, ne put se défendre d'un secret effroi, se crut perdu. Mais le chevaleresque François, aussitôt averti, vint en personne rassurer son hôte impérial, et, pour le moment, les craintes du puissant empereur se dissipèrent aussi promptement que la fumée, leur cause innocente.

Adieu maintenant les tournois et les fêtes! Voici la noble demeure royale qui devient un lieu d'exécutions sanglantes et de détentions politiques!

Nous sommes en pleine guerre civile; le jeune François II, prince débile et maladif, vient d'être transféré par sa mère et les Guise dans le château d'Amboise. Secrètement avertis que la Renaudie, gentilhomme protestant, ourdit un vaste complot dans le but d'enlever le roi, ils espèrent mettre à l'abri d'un coup de main, derrière les fortifications de cette place, le faible monarque et la belle Marie Stuart, son épouse. Cependant, bien que prévenu de la trahison d'un de ses amis, la Renaudie pressait, au château de Noizay, près d'Amboise, l'exécution de ses plans, et les gentilshommes protestants, initiés au complot, se hâtaient de se rendre auprès de lui. Tout était disposé. De nouvelles trahisons, des imprudences, la prise du baron de Castelnau, l'un des principaux complices, la mort de la Renaudie, tué dans une rencontre avec les troupes royales, firent avorter cette conspiration, conduite avec non moins d'habileté que d'audace. La plupart des conspirateurs furent arrêtés dans les environs d'Amboise. Castelnau et quelques-uns des plus hardis meneurs furent publiquement exécutés; les autres, au nombre de plusieurs centaines, furent cousus dans des sacs et jetés dans la

Loire, ou pendus sans formalité aux crénaux des bastions et des tours. On montre encore, au château d'Amboise, les places où restèrent exposés les cadavres des victimes de ces épouvantables exécutions.

Charles IX paraît avoir négligé le château d'Amboise ; le traité de pacification, appelé l'*édit d'Amboise*, de 1563, signale cependant un séjour du roi dans cette résidence.

Sous Henri III, le château devint une sorte de prison d'Etat. Après l'assassinat du Balafré et du Cardinal, son frère, le roi y fit transférer, de Blois, l'archevêque de Lyon, le cardinal de Bourbon, le président de Neuilly, le prince de Joinville, les ducs d'Elbeuf et de Nemours, La Chapelle-Marteau, prévôt des marchands, et l'abbé Cornac. Ne se reposant que sur lui-même de la surveillance de ses prisonniers, le roi s'en constitua le gardien et les accompagna en personne jusqu'à leur destination. Bientôt l'évasion du duc de Nemours, favorisée par du Guast, l'un des meurtriers du Balafré, commis à la garde des prisonniers, contraignit Henri III de faire revenir à Blois l'archevêque et ses compagnons de captivité. (V. plus haut, p. 180.)

Je ne trouve rien à signaler pendant le règne de Henri IV.

On voit, par le journal d'Hérouard, que Louis XIII visita souvent Amboise, de 1615 à 1620. En 1620, le château fut remis aux mains du prince de Condé, comme garantie du traité de Sainte-Menehould, et, peu de temps après, entièrement converti en prison d'Etat. Il reçut, à ce titre, le 10 avril 1624, le surintendant la Vieuville, dans lequel Richelieu croyait apercevoir un rival d'autorité; la Vieuville réussit à s'échapper après treize mois de captivité. Deux fils naturels de Henri IV, César, duc de Vendôme, et Alexandre, grand-prieur de France, complices de l'infortuné Chalais, furent les successeurs du surintendant. Les deux frères ne demeurèrent pas longtemps ensemble : Alexandre fut transféré presque aussitôt à Vincennes, et César ne sortit qu'en 1630. Il paraîtrait, d'après E. Cartier père, que le château d'Amboise aurait été pris en 1631, sur Gaston, duc d'Orléans, après plusieurs jours de siége. A cette époque, en effet, le manoir et son domaine faisaient déjà partie de l'apanage de ce prince. Cette aliénation, néanmoins, n'eut aucune suite heureuse pour Amboise ; Blois fut toujours la résidence favorite du frère de Louis XIV.

A sa mort, le château de Charles VIII redevint une prison d'Etat. Louis XIV y fit enfermer deux hommes célèbres à des titres différents, le surintendant Fouquet et le duc de Lauzun. On prétend que ces deux personnages se visitaient par une ouverture pratiquée au plafond qui séparait leurs chambres. Quoi qu'il en soit, la longue détention de Fouquet valut à la ville d'Amboise l'honneur d'une visite de La Fontaine, lors de son voyage de Paris à Limoges. Les œuvres du célèbre fabuliste contiennent une piquante relation, en prose et en vers, de ce voyage, adressée à sa femme ; il lui écrivait de Châtellerault, le 5 septembre 1663, ses impressions sur Amboise.

Les belles vues du château lui arrachent d'abord

un cri d'admiration; mais bientôt, reportant sa pensée vers le surintendant, son bienfaiteur, qui vit là, privé du plaisir de les contempler, il ajoute, avec un sentiment de profonde et naïve tristesse : « De tout cela, le pauvre M. Fouquet ne put jamais, pendant son séjour, jouir un petit moment ; on avoit bouché toutes les fenêtres de sa chambre, et on n'y avoit laissé qu'un trou par le haut. Je demandai à le voir, triste plaisir, je vous le confesse, mais enfin je le demandai ; le soldat qui nous conduisoit n'avoit pas la clef ; au défaut, je fus longtemps à considérer la porte et me fis conter la manière dont le prisonnier étoit gardé... »

En 1727, le célèbre érudit de Boze résidait au château d'Amboise, avec le titre d'Intendant des inscriptions des bâtiments royaux et publics, inventions, trophées, emblèmes, devises, etc.

Depuis Fouquet et Lauzun, le château d'Amboise cessa d'être une succursale de la Bastille. En 1762, le duc de Choiseul-Stainville, premier ministre de Louis XV, l'obtint de la couronne en échange de diverses seigneuries; en 1764, il le fit ériger en duché-pairie. Cependant, lors de sa disgrâce, en 1770, il ne l'habita pas : il lui préféra le château voisin de Chanteloup, vaste et splendide maison, aujourd'hui détruite.

Un édifice bâti, près de Chanteloup, à l'imitation des pagodes chinoises, subsiste encore; il convient de s'y arrêter, en allant d'Amboise à Chenonceau. M. de Choiseul avait fait placer, le long des parois intérieures du monument, des tables de marbre où étaient inscrits, en lettres dorées, les noms des courtisans qui, après sa disgrâce, venaient le visiter à Chanteloup, confiants dans un retour de faveur, qui pourtant n'arriva pas.

Le duc de Choiseul mourut en 1785, laissant une fortune obérée; ses héritiers, obligés de vendre le domaine d'Amboise, en firent la rétrocession à la couronne; il fut alors compris dans l'indemnité que celle-ci accordait au duc de Penthièvre pour la principauté de Dombes, acquise du comte d'Eu par Louis XVI.

Confisqué en 1793, de même que tous les biens laissés par le duc, le domaine d'Amboise redevint propriété de l'Etat. Sous le Directoire, son administrateur était M. Foussedoire, ancien conventionnel. Après le 18 brumaire, Napoléon Ier y établit le chef-lieu d'une sénatorerie. Roger-Ducos, ex-consul, qu'il en créa titulaire, fit démolir la plus grande partie du château et l'église du chapitre. Ces bâtiments, négligés depuis des siècles, menaçaient ruine de toutes parts. On transporta toutefois, dans la nef de Saint-Florentin, un saint-sépulcre, en terre cuite, trouvé dans les démolitions. Il est décoré de statues, de grandeur naturelle, représentant, d'après une vieille tradition, François Ier et la famille Babou de la Bourdaisière, et semble une œuvre de l'école italienne.

Sous la Restauration, Amboise fut rendu au duc d'Orléans, en sa qualité d'héritier du duc de Penthièvre. Soit comme prince du sang, soit comme roi, le duc d'Orléans, durant le cours d'une propriété plus que trentenaire, fit peu de chose pour l'embellissement du château. Le dégagement des abords, l'aplanissement de l'entrée et l'entretien des jardins, des bâtiments et des tours éveillèrent seuls sa sollicitude. Néanmoins la chapelle lui doit sa restauration complète.

Sur la fin de son règne, Louis-Philippe donna le château pour prison à Abd-el-Kader, vaincu par les savantes combinaisons du maréchal Bugeaud et de ses lieutenants. Ce chef arabe, dont la lutte sur le sol algérien fut loin d'être sans gloire, dut sa délivrance, comme on sait, à la générosité de l'empereur Napoléon III. Aujourd'hui, le château d'Amboise et ses dépendances font, encore une fois, partie du domaine de l'Etat.

Ce qu'il en reste se compose d'un corps de logis appartenant à l'époque de la Renaissance. On y admire, à l'intérieur, une magnifique salle des gardes; mais c'est de l'extérieur que le vénérable monument veut être considéré; ses tours, ses bastions, ses remparts présentent à la vue l'aspect d'une forteresse féodale.

Deux de ses tours, celles de Charles VIII, sont construites de telle sorte qu'on peut y monter, jusqu'au château, à cheval et en voiture. L'architecture en est hardie, sévère, et se recommande par quelques détails pleins d'élégance. Tours et fortifications sont dominées par le château, la chapelle et de vastes jardins, ce qui ajoute à la beauté pittoresque de l'ensemble. La chapelle, chef-d'œuvre de fine et délicate sculpture, est digne particulièrement de l'attention du voyageur.

Tel est le château d'Amboise ; bâti à l'extrémité du haut cap formé par la réunion des vallées de l'Amasse et de la Loire, il possède, sur le cours de ce beau fleuve, un aspect magnifique et grandiose : « Ce qu'il y a de beau, s'écrie La Fontaine, c'est la vue ; elle est grande, majestueuse, d'une étendue immense ; l'œil ne trouve rien qui l'arrête ; point d'objets qui ne l'occupent le plus agréablement du monde. On s'imagine découvrir Tours, bien qu'il soit à quinze ou vingt lieues [il y en a cinq ou six peut-être ; mais le *bonhomme*, tout entier à ses rêveries, ne se préoccupait guère des distances] : du reste, on a en aspect la côte la plus riante et la mieux diversifiée que j'aye encore vue, et au pied d'une prairie qu'arrose la Loire, car cette rivière passe à Amboise. »

Ces perspectives sont aussi merveilleuses de nos jours qu'au temps du fabuliste. La nature n'a pas changé, et les travaux de l'homme ont plus ajouté qu'enlevé à leur beauté élyséenne. N'embrassent-elles pas toujours : au nord, la vallée de la Loire jusqu'aux riantes collines de Nazelles et de vingt autres heureux villages ; à l'ouest, Tours, flottante de loin sur les eaux, comme une autre Venise ; au levant, tous ces paysages accidentés et si divers où Chaumont plane en de pacifiques horizons ; alentour, cette région d'Amboise qu'un naïf traducteur de Thomas Pactius, le frère Hervé de la Queue, décrit ainsi dans son naïf idiome : « Sus les rives du fleuve sont arbres verds en abondance, et ès pertuis d'iceux arbres et ès joncs qui sont pardevant, moult d'oisillons doulcement chantans faisoyent leurs nids..... le dict fleuve est garny de chacun costé de fontaines froides et doulces, et entre les arbres, le rossignol chante au matin, et le cinceins [la cigale] à midy, et les raines [les grenouilles] au point du jour. Et pour ce, les gens y habitent voulentiers. »

BEAUREGARD. — « L'édifice n'est pas grand, dit du Cerceau, mais il est mignard et autant bien accommodé qu'il est possible. Tout ainsi que le bastiment est plaisant et joli, ainsi est pareillement le jardin. »

« Il y a je ne sçay quoy de singulier et de grand dans cette maison, ajoute Bernier, qui a obligé les gens du païs blesois à la surnommer *Beauregard-le-Royal.* »

A l'époque où du Cerceau écrivait son livre des *plus excellens Bastimens de France*, ce château n'était composé que de deux gros pavillons réunis par une galerie, et quand Bernier publiait son *Histoire de Blois*, la construction primitive avait été beaucoup agrandie, comme on le verra plus loin. Situé à huit kilomètres de Blois, sur le bord de la forêt de Russy, presque à la cime des collines qui dominent la jolie vallée du Beuvron, cette heureuse situation lui a valu le nom bien mérité de Beauregard.

Le titre le plus ancien du chartrier du château est un acte qui autorise le sieur Doulcet, propriétaire du lieu de Beauregard, près Cellettes, en 1495, d'y élever un pigeonnier. Un autre acte, daté de 1500, concède au même Doulcet le droit de pêche dans le

Beuvron. La haute justice de Cellettes appartenait alors à la terre de Conon, située de l'autre côté du Beuvron, en face de Beauregard, et dont le nom celtique, signifiant près du *naon*, ou de la rivière, révèle la haute antiquité. Jean de Refuge, conseiller au parlement de Paris, en était seigneur. Les communs de l'ancien manoir servent maintenant à l'exploitation d'une ferme, et l'enceinte, garnie de tours au XVIe siècle, subsiste encore.

En 1521, René, bâtard de Savoie et oncle de François Ier, faisait hommage au roi, pour la baronnie de Précigny, la seigneurie de Ferrières-Larçon, en Touraine et celle de *Beauregard*, en Blésois.

On suppose que Beauregard, acheté du sieur Doulcet, ou de ses héritiers, par François Ier, fut bâti par lui, comme rendez-vous de chasse, vers 1520, et donné ensuite au frère naturel de sa mère. René ne jouit pas longtemps du domaine qu'il devait à la munificence royale. Pris à la bataille de Pavie, il mourut de ses blessures peu de jours après. En 1525, Beauregard appartenait à sa veuve, Anne de Lascaris, comtesse de Tende et de Villars.

En 1543, la comtesse de Tende le vendait à une dame Ragueneau, moyennant 5,000 livres comptant et 200 livres de rente.

En 1545, cette dame le revendit pour 2,000 écus d'or au soleil à Jean du Thier, secrétaire d'Etat sous Henri II. Du Thier encourageait les lettres et les arts, comme tous les gens haut placés de ce temps, qui ne faisaient d'ailleurs en cela que suivre l'impulsion donnée par le souverain. Il reconstruisit le château et y forma une belle bibliothèque. Le poète Ronsard en parle dans une des pièces de vers adressées à du Thier, son protecteur, qui venait d'acheter à deux de ces savants grecs réfugiés en France après la prise de Constantinople deux manuscrits des poésies de Pindare et de Simonide :

> . . . . Tu récompensas avec beaucoup d'escus
> Ces livres qui avoient tant de siècles vaincus,
> Et qui portoient au front de la marge, pour guide,
> Ce grand nom de Pindare et du grand Simonide,
> Desquels tu as orné le somptueux chasteau
> De Beauregard, ton œuvre, et tu l'as fait plus beau.

Du Thier mourut en 1559 ; il avait épousé Marie Pelletan, veuve en premières noces du sieur Le Crocq.

Marie Pelletan vendit, en 1566, la moitié des seigneuries de Beauregard et Vaugelais, pour 12,000 livres, à Florimond Robertet, seigneur d'Alluye ; et en 1568, messire Simon Testu, seigneur de Menars et des Grandes-Maisons, vendit à Robertet l'autre moitié, au nom de sa femme, Rose Maillard, donataire de la veuve de du Thier. Florimond Robertet, qui avait succédé à du Thier, comme secrétaire d'Etat, épousa Jeanne de Pienne, demoiselle d'honneur de la reine Catherine de Médicis. Devenue veuve, elle se remaria à messire Philippe d'Angenne, seigneur du Fargis.

Après la mort de sa femme, Philippe d'Angenne vendit Beauregard, en 1617, pour 24,500 livres, à messire Paul Ardier, mari de Suzanne Phelyppeaux, trésorier de l'épargne et conseiller d'Etat. Ce fut lui qui fit exécuter la décoration intérieure de la galerie, composée de portraits historiques de quinze règnes des rois de France. Il mourut à Beauregard, en 1538, âgé de 95 ans.

Son fils, connu sous le nom du président Ardier, bâtit la façade du château qui regarde le Beuvron, et, pour compléter l'œuvre de son père, fit faire la série des portraits du règne de Louis XIV. Il acheta 42,000 livres la terre-seigneurie de Conon, et ce fut alors que Beauregard fut érigé en vicomté par lettres-patentes du roi le 1er juin 1654. Le président Ardier avait un frère cadet, connu sous le nom de Vineuil qui lui venait de dépendances assez considérables de Beauregard situées dans la paroisse de Vineuil. Il était, suivant une note contemporaine, spirituel, plaisant, satirique et bien fait; mêlé à toutes les intrigues de la Fronde, aimé des duchesses de Châtillon et de Montbazon et de la princesse de Wurtemberg, il fut l'un des confidents du grand Condé. C'était Vineuil que Mademoiselle de Montpensier venait chercher à Beauregard dans la visite qu'elle y fit, pendant un de ses séjours à Blois, visite dont elle parle dans ses Mémoires. Elle nous apprend aussi que le roi Louis XIV, étant venu à Blois, *on voulut lui faire voir le château de Beauregard*.

Le président Ardier mourut en 1672, laissant une fille unique, qui épousa son cousin germain, messire Gaspard de Fieubet, chancelier de la reine.

Son fils, Paul de Fieubet, épousa Angélique de Saint-Ouvray, le 30 mars 1689.

Louis-Gaspard de Fieubet, fils du précédent, en hérita en 1719; devenu veuf, avec un seul fils, il entra dans l'état ecclésiastique et fut connu sous le nom de l'abbé de Fieubet.

Le Fils de l'abbé de Fieubet hérita de son père en 1763 et mourut en 1767.

Sa fille épousa, le 13 juillet de la même année, Raoul de Gaucourt, issu de la famille de Jean de Clermont, seigneur de Gaucourt en 1217, et dont un descendant commandait la place d'Orléans, au siége mémorable de 1429.

Nicolas-Sylvain de Gaucourt, fils de Raoul, en hérita en 1809; ce fut lui qui, dans la déplorable idée de *moderniser* le château, fit abattre l'ancienne chapelle qui gênait ses plans. Ainsi furent perdues les belles fresques de Nicolo del Abbate et d'autres objets d'art qui la décoraient. J'ai vu longtemps, chez le respectable abbé Belin, ancien curé de Cellettes, un magnifique bas-relief de marbre qui provenait de la chapelle détruite et représentait le passage de la mer Rouge. Ce bel ouvrage de la Renaissance, traité dans un tout autre sentiment que l'antique, présentait par le *fouillé* du marbre des effets de perspective extraordinaires.

M. de Gaucourt donna sa terre de Beauregard à sa fille unique, mariée à Joseph-Marie Chapelle, vicomte de Jumilhac, qui la vendit en 1816 au général de Préval 200,000 francs.

Celui-ci s'occupa plus de la terre que du monument; il fit de vastes plantations de betteraves et établit, dans les fermes dépendant du château, des sucreries. Ces entreprises n'ayant pas eu tout le succès qu'il en attendait, le général vendit Beauregard, au prix de 300,000 francs, moins Vineuil et le moulin de la Varenne (vendu 80,000 francs), à madame la comtesse de Sainte-Aldégonde, veuve en premières noces du maréchal Augereau, et dame d'honneur de la reine Marie-Amélie.

Ce fut le tour du château de reprendre sa place dans les préférences du propriétaire. Sous les inspirations de madame de Sainte-Aldégonde et de M. le duc de Dino, son gendre, des travaux de restauration furent entrepris; les armes des différents possesseurs furent sculptées sur les tympans des lucarnes; une chapelle, destinée à remplacer celle qui avait été détruite, fut adossée à la galerie, du côté de l'ouest. Le duc de Dino publia une très-bonne notice historique sur Beauregard.

Il était réservé à M. le comte de Cholet, acquéreur de ce beau château, en 1850, d'en continuer et terminer heureusement la restauration. Par ses soins, des niches, d'un très-bon style Renaissance, ornent les trumeaux extérieurs de la galerie, les sculptures et la décoration intérieure de la chapelle neuve ont été terminées. L'intérieur de cette galerie et la chambre de Paul Ardier, qui avaient beaucoup souffert d'un long abandon, se sont enrichies de meubles précieux de la Renaissance, et ont reparu riches de tout leur ancien éclat. Les travaux d'architecture ont été dirigés par M. de la Morandière, avec un respect religieux pour l'œuvre de ses devanciers.

Il me reste à décrire le monument dont je viens de raconter l'histoire.

Quelques-unes de ses parties ont le caractère du XVIe siècle, notamment la galerie, soutenue par une arcature ouvrant sur la cour et qui servait de communication entre le pavillon du midi et celui du nord, au bout duquel était située, en retour d'aile, l'ancienne chapelle. Mais, en général, le château appartient à la première moitié du XVIIe siècle, ayant été réédifié presque entièrement alors, comme nous l'avons vu plus haut.

La galerie, dans l'ancien corps de logis, est certainement une des choses les plus intéressantes qu'on puisse voir dans notre pays. Elle est décorée intérieurement de 363 portraits historiques, rangés sur trois rangs, en hauteur, par compartiments ou travées, séparés par les fenêtres. Chaque règne des rois de France occupe un compartiment. Tous ces portraits ne sont pas sans mérite, et ils ont, au moins, celui de la ressemblance, autant qu'on peut en juger par ceux qu'il est possible de comparer à d'autres représentations iconographiques des mêmes personnages. Leur arrangement est surtout remarquable, chaque panneau offrant d'abord les portraits du roi de France, de la reine, des princes et princesses, puis ceux de tous les hommes célèbres de l'époque, tant en France qu'à l'étranger; au bas, l'indication du règne et de ses dates chronologiques, et sur les panneaux inférieurs des boiseries, les devises des souverains. C'est un cours complet d'histoire de France, pendant trois siècles, depuis Philippe de Valois jusqu'à Louis XIII. Il y a là beaucoup de figures qu'on ne retrouve nulle part ailleurs et on en a copié un assez grand nombre pour le musée de Versailles, dont cette galerie a donné l'idée première, au moins pour la section des portraits. Plusieurs des devises sont bien connues; d'autres le sont moins; quelques-unes peut-être sont inédites; en voici la série complète:

Philippe VI. Un casque et une lance : VLTOREM VLCISCITVR VLTOR; *A vengeance vengeance*, ou :

« La vengeance sur elle attire la vengeance. »

Jean. Une étoile surmontée d'une couronne : MONSTRANT REGIBVS ASTRA VIAM; *Aux rois les astres pour guides* (allusion à l'étoile des rois mages).

C'était la devise de l'ordre royal de l'Etoile que Louis XI remplaça par l'ordre de Saint-Michel.

Charles V. Une épée droite surmontée d'un soleil : RECTE ET FORTITER; *Et droiture et vaillance*.

Charles VI. Une main sortant d'un nuage et tenant trois serpents (allusion à Hercule enfant) : VTCVNQVE; *Quoi qu'il arrive*.

Charles VII. Une salamandre entourée de flammes : MI NVTRISCO; *Je m'en nourris*.

Cette légende est en vieil italien; on la trouve dans Paul Jove. Il est curieux de voir la devise de la salamandre, que François Ier a rendue si populaire, être déjà employée par Charles VII. Le sens est évidemment : *Je me nourris de flammes*. On croyait alors que la salamandre, non-seulement pouvait vivre dans le feu, mais qu'elle s'en nourrissait.

Louis XI. Le collier de l'ordre de Saint-Michel : IMMENSI TREMOR OCEANI (devise de l'ordre); *Effroi* de *l'immense Océan*. Saint Michel était particulièrement invoqué dans les périls de mer.

Charles VIII. Un cerf courant, ayant au col un collier d'or : HOC ME CESAR DONAVIT; *C'est un présent de César.*

Le roi avait pris à la chasse un cerf avec un collier portant cette légende ; on pensa qu'il avait appartenu à l'empereur d'Allemagne, et était venu, de forêts en forêts, jusqu'en France.

Louis XII. Un porc-épic couronné : COMINVS ET EMINVS; *De près et de loin ;* devise de l'ordre du Porc-Epic, d'après la croyance où l'on était alors que le porc-épic pouvait, non-seulement se défendre *de près*, à l'aide de ses épines, mais encore les lancer *de loin* contre ceux qui l'offensaient. (V. mon *Histoire du château de Blois*, p. 7, de la 6ᵉ édit.)

François Iᵉʳ. Une salamandre entourée de flammes : NVTRISCO ET EXTINGVO; *Je nourris et j'éteins.*

Nous venons de voir que cette légende est italienne; il faudrait donc STINGO, comme sur une médaille de François Iᵉʳ, lorsqu'il n'était que comte d'Angoulême, qui nous donne la véritable explication de la devise de la Salamandre. (V. mon *Histoire de Chambord*, p. 6, de la 11ᵉ édit.)

Henri II. Deux devises : 1º Une lune dans son plein : CVM PLENA EST FIT AEMVLA SOLIS; *Pleine, elle devient la rivale du soleil*, devise adoptée par Catherine de Médicis, peut-être quand elle devint enceinte après une longue stérilité; 2º Quatre croissants entrelacés : DONEC TOTVM IMPLEAT ORBEM; *Jusqu'à ce qu'il remplisse l'orbe tout entier ;*

« Jusqu'à ce qu'il remplisse et son cercle et le monde, »

traduction du P. Bouhours ; c'est-à-dire que la gloire du roi irait en croissant, jusqu'à ce qu'elle remplît le monde.

François II. Deux globes, l'un céleste, l'autre terrestre : VNVS NON SVFFICIT ORBIS; *Un monde ne lui suffit pas*,

« A l'étroit dans un monde, il en désire un autre. »

Charles IX. Deux colonnes : PIETATE ET IVSTITIA; *Par la Piété et par la Justice.*

Henri III. Trois couronnes : MANET VLTIMA COELO, les ligueurs disaient *claustro*, au couvent (V. l'*Histoire du château de Blois*, pp. 285 et 288 de la 6ᵉ éd.); *Au Ciel m'attend la dernière.* Les deux premières sont les couronnes de France et de Pologne.

Henri IV. Une épée droite : DVO PROTEGIT VNVS; *Une seule en défend deux.* Le peintre a oublié de placer les deux couronnes de France et de Navarre à droite et à gauche de l'épée ; elles sont nécessaires pour le sens de la devise.

Louis XIII. Deux devises : 1° Une massue; ERIT HAEC QVOQVE COGNITA MONSTRIS : *Celle-ci sera aussi connue des monstres.* Serait-ce une allusion aux monstres de l'hérésie ?

2° Le port de la Rochelle fermé par une digue: CLAVDO SED VT RESERAM (pour *reserem?*); *Je le ferme, mais pour le rouvrir.* En dehors de la digue, sur la mer, un radeau portant un escargot percé d'une flèche : ESTO DOMI; *Reste chez toi*. Cette devise est, je crois, inédite; elle s'appliquait, sans doute, à la flotte anglaise venue trop tard au secours de la Rochelle dont le port était déjà fermé.

Sur le rebord de la boiserie, au-dessus des devises, on voit plusieurs monogrammes assez compliqués, mais où l'on reconnaît les initiales de la famille Ardier, qui construisit Beauregard : P. A. R. P., Paul Ardier; S. P. S., Suzanne Phelyppeaux, femme de Paul Ardier Ier; deux P adossés, Paul Phelyppeaux, secrétaire d'Etat, beau-frère de Paul Ardier; V. A., Ardier de Vaugelais, second fils de Paul Ardier; A. V. I., Ardier de Vineuil, fils cadet de Paul Ardier.

Les panneaux de la boiserie qui ne portent point de devises sont occupés par des peintures religieuses d'une admirable finesse d'exécution. On y reconnaît la touche de Jean Mosnier de Blois, qui décorait à la même époque le château de Cheverny.

Le portrait équestre de Henri IV est au milieu de la cheminée avec deux de ses ministres autour de lui. Au-dessus du portrait du roi, on lit ce distique :

HIS TENVI MEA REGNA VIRIS QVOS BELLICA CLAROS
GLORIA VEL PRVDENS EREXIT AD AETHERA SENSVS

> Par ces hommes fameux, vaillants dans les combats,
> Prudents dans les conseils, j'ai conduit mes Etats.

Au-dessus du portrait est l'inscription suivante :

TESTANTVR QVAS ASPICIS IMAGINES
ORTA OMNIA NON OCCIDERE;
SED VIRTVTE IMMO ET FORTVNA
MORTALES IMMORTALES FIERI.

« Ces portraits que tu vois témoignent que tout ce qui a pris naissance ne périt pas; mais que, bien plus, par la vertu et par la fortune, des mortels deviennent immortels. »

Un portrait en pied de Louis XIII se voit au-dessus d'une porte qui donne entrée dans une chambre boisée et dorée. Le portrait, aussi en pied, de Gaston d'Orléans, à l'extrémité de la galerie, à gauche, en entrant, termine la série de ces peintures historiques.

Le carrelage de la galerie n'est pas moins curieux : il est en faïence émaillée, bleue, et représente toute une armée en marche, cavalerie, artillerie, infanterie, mousquetaires, picquiers, officiers, porte-drapeaux, avec les costumes du temps de Louis XIII. C'est un morceau unique en France.

Les solives peintes du plafond méritent aussi d'être mentionnées.

Au milieu de la galerie, s'ouvre une large porte vitrée, donnant entrée dans la chapelle neuve.

A côté, est une chambre décorée de boiseries en chêne, sculpté et doré, dans le meilleur style du XVIe siècle. Le plafond est à caissons en bois de chêne avec l'écusson des du Thier au milieu : D'*azur*, à 3 *grillets*, ou grelots d'*or*, *posés* 2 *et* 1, et qui sont répétés nombre de fois dans l'ornementation des boiséries de cette pièce. Sur la cheminée, œuvre des Ardier, on voit, d'un côté, leur écusson : *D'argent, au chevron de gueules accompagné de trois flammes de même* (allusion au nom Ardier, du latin *ardere*, brûler, en vieux français, *ardoir*) ; de l'autre, celui de Suzanne Phelyppeaux : *D'azur, semé de roses d'or, au franc quartier d'hermines*, entouré des cordelières de veuve ; au milieu le monogramme de Louise Olier, femme de Paul Ardier fils, président à la cour des comptes de Paris.

Dans une chambre, de l'autre côté de l'escalier (sud), étaient 74 portraits du règne de Louis XIV, que fit faire le président Ardier, comme nous l'avons vu plus haut.

Un magnifique parc, distribué selon le goût anglais par M. de Gaucourt, et auquel M. de Cholet a joint une pièce d'eau, complète la décoration d'une des résidences les plus belles du Blésois.

BURY. — Dans cette jolie vallée de la Cisse, si fraîche et si verdoyante, presque au sortir de la forêt de Blois, s'élèvent, près d'un hameau, les ruines du vieux château de Bury, qui, dans son état de dégradation, frappe encore par sa grandeur. On sait peu de chose de son histoire.

A la place qu'occupent les ruines, existait, vers le milieu du XIIe siècle, une forteresse féodale. Dévastée à cette époque par Sulpice II, seigneur de Chaumont et d'Amboise, elle paraîtrait avoir été complètement détruite durant les longues guerres qui troublèrent les règnes de Charles VI et de Charles VII. Il n'en reste aucune trace, et l'histoire se tait sur son compte jusqu'en 1515, époque où Florimond Robertet, dit le

Grand, ministre et secrétaire d'Etat de François Ier, ayant acquis la châtellenie de Bury, en fit rebâtir le

château. Du Cerceau le décrit dans le second volume de ses plus *Excellens Bastimens de France* : « Ce bâsti-
« ment, dit-il, est eslevé et de grand monstre. » Notre vignette le représente d'après le dessin de ce célèbre architecte.

La châtellenie de Bury fut érigée en baronnie par lettres-patentes du mois d'avril 1566, en faveur de Claude Robertet, fils de Florimond. François Robertet, dernier descendant du grand Florimond, dissipa, comme tant d'héritiers, la fortune amassée par ses pères. A sa mort, ses collatéraux acceptèrent sous bénéfice d'inventaire la succession, et la baronnie fut vendue, par expropriation, à Nicolas de Neuville de Villeroy, qui appartenait du reste aux Robertet, par le mariage de Charles de Neuville, son aïeul, avec Marguerite de Mandelot, fille de François, gouverneur de Lyon, et d'Eléonore Robertet.

En 1633, Charles de Villeroy d'Halincourt l'échangea pour une rente avec Charles, marquis de Rostaing. Cette réunion devint la cause de la ruine de Bury. Ses possesseurs l'abandonnèrent, attirés à Onzain par sa situation dans le magnifique vallon de la Loire, séduits par la beauté de ses eaux et de ses promenades nombreuses, engagés surtout par l'importance des propriétés qui en dépendaient. Ainsi délaissée par ses maîtres, la superbe résidence des Robertet ne tarda pas à déchoir. Bientôt la main des hommes vint contribuer à sa ruine : on trouva son entretien trop coûteux, et, pour réparer Onzain, on lui enleva ses charpentes, ses planchers, ses meilleures pierres de taille; enfin, du consentement des propriétaires, il devint, pour les habitants du village, une véritable carrière.

Tous ces détails sont tirés d'une excellente notice sur le château de Bury, due à la plume élégante de l'avant-dernier possesseur de l'hôtel des Robertet à Blois, feu M. Naudin.

« L'on voyoit, dit Bernier, tant de raretez dans ce château, du temps de son fondateur, que l'admiration ayant premièrement fait ajouter quelque chose à la vérité, les paysans des environs, et leurs postérité ensuite, en parlèrent d'une manière toute fabuleuse. » Nous verrons, en effet, à l'article de Chambord, que la *Chasse aérienne du comte Thibault* fait sa halte aux ruines de Bury. Une autre légende populaire se rattache à ces ruines : c'est celle d'une *dame blanche* qui les habite et apparaît de temps à autre sur le sommet de leurs tours démantelées.

La dame blanche de Bury nous expliquera-t-elle le *mystère* qui cache la destinée d'une statue du célèbre Michel-Ange, trésor inestimable renfermé autrefois dans les murs du château? Il s'y rapporte une histoire curieuse, et il m'est impossible de n'en pas dire ici quelques mots que j'extrairai du travail si intéressant publié à ce sujet par M. de Reiset, dans le journal l'*Athenæum* de 1853.

En 1501, Pierre de Rohan, maréchal de Gié, l'un des plus grands personnages de la cour de France, avait témoigné à la république de Florence le désir de posséder un David de bronze pareil à celui de Donatello, qui décorait alors la cour du palais et se voit aujourd'hui au musée des *Uffizi*. Il offrait même de payer la dépense; mais nous croyons volontiers, avec M. de Reiset, que c'était pour la forme. La Seigneurie ne demandait pas mieux que de satisfaire un homme aussi puissant à la cour de France, et se rejetait sur la difficulté de trouver un artiste capable, assertion sans doute exagérée et qui prouvait une médiocre confiance dans les offres du maréchal.

Cependant, pressée sans doute par une nouvelle demande, elle se décida et choisit tout simplement Michel-Ange; la délibération du Sénat florentin est du 12 août 1502. Le célèbre artiste s'engagea à exécuter la statue dans l'espace de six mois. De tout temps, les peintres et les sculpteurs ont promis beaucoup et peu tenu; en 1504, la statue n'était pas terminée, malgré toutes les instances faites par les ambassadeurs de la république de Florence près le roi Louis XII, au nom du maréchal. Mais bientôt le maréchal, en perdant son crédit à la cour, perdit aussi sa statue.

Le successeur de Pierre de Rohan dans les faveurs du roi, Florimond Robertet, eut l'idée assez naturelle d'hériter de la statue, comme il avait hérité du crédit du maréchal.

Le 27 septembre 1505, l'ambassadeur Francesco Pandolfini écrivait à la Seigneurie, au sujet de certains payements que la France réclamait de la République de Florence. Il avait essayé, disait-il, de s'adresser directement au roi; mais le roi ne veut pas se mêler d'affaires, et se laisse gouverner par quelques-uns de ceux qui l'entourent; car, après avoir d'abord montré des sentiments très-conciliants, il a fini par déclarer, en présence de beaucoup de monde, qu'il faudrait, de toute façon, que les Florentins payassent l'argent qu'ils devaient. L'ambassadeur, sachant que le trésorier Robertet était un de ceux dont l'influence avait le plus agi sur l'esprit du roi dans cette affaire, se *mit d'accord* avec un homme appartenant audit Robertet et possédant toute sa confiance. Dans la réponse de Robertet, transmise par son affidé, le trésorier s'emportait, menaçait beaucoup la République, l'accusait d'être de mauvaise paye et de peu de reconnaissance. « Elle a fait faire, disait-il, pour le maréchal de Gié, un David, et quand elle l'a vu tomber en disgrâce, elle ne le lui a pas envoyé. » Elle ne soutient ses amis que dans la fortune, ne sait pas donner de l'argent quand cela est nécessaire, et ignore que mille ducats dépensés à propos valent mieux à la cour que toutes les brigues du monde. Le mal qui arrive à la République vient de la lésinerie (*strecteza*) du gonfalonier..... *cum molte altre parole simili*..... Le confident terminait en disant que si l'on donnait 4 ou 500 écus, par an, au trésorier, on en tirerait un fruit merveilleux : *Tanto fructo che maraviglieresti !*

La Seigneurie de Florence donna sans doute l'argent et promit la statue ; car on voit, depuis, les ambassadeurs florentins et Robertet dans les meilleurs termes. Les papiers rapportés de Venise par M. Paul de Musset nous ont appris que Robertet recevait aussi des cadeaux, en argent et en nature, du riche époux de la mer Adriatique.

En 1508, le bronze était coulé, mais non réparé. Malheureusement le grand artiste florentin était entre les mains de Jules II, qui ne voulait pas s'en dessaisir; force fut donc, pour répondre aux instances de Robertet, de faire faire la *réparure* par un autre. La correspondance des ambassadeurs et de Robertet devint alors pleine de sentiments de reconnaissance *réciproques*. On y voit que, pour la forme, comme le maréchal de Gié, Robertet avait offert de payer la statue, « mais, dans un moment d'expansion et de satisfaction commune, il crut pouvoir la demander aux Florentins en pur don. Robertet la destinait à orner la cour de son hôtel de Blois, qu'il venait de reconstruire à neuf (V. p. 77). Elle serait posée, disait-il, sur une colonne de marbre aux armes de la République florentine. »

La Seigneurie, qui ne comprenait pas ou ne voulait pas comprendre, ne pensait nullement à fournir la colonne avec la statue. Quand la colonne lui fut réclamée par son ambassadeur, qui touchait peut-être de Robertet quelque remise sur un marché aussi avantageux, le gonfalonier Soderini se fâcha, en offrant néanmoins, si Robertet pouvait obtenir du marquis de Massa deux ou trois blocs de marbre, de les faire conduire à Livourne, d'où ils iraient facilement à Marseille et, de là, à Blois, par Lyon. Il s'étonne, à bon droit, que Robertet ne soit pas satisfait de posséder une statue que l'on peut regarder comme un cadeau vraiment royal, *che è una cosa regia*. La statue du pape, à Bologne, dit-il, lui a coûté 31,000 ducats, et elle ne vaut pas le David. Robertet n'insista pas.

Enfin, le 16 novembre, la statue était en route pour Livourne : *Il David, nel nome di Dio, in questa mattina, è incassato e andato al porto*, écrivait le gonfalonier. Elle pesait 7 à 800 livres et avait un peu plus de 4 pieds de haut.

« Le Trésorier, par suite du refus de Soderini, renonça-t-il, dit M. de Reiset, à la placer au milieu de cette cour de l'hôtel d'Alluye, sur une colonne armoriée à l'écusson de la République florentine, comme c'était son intention? Nous n'en savons rien; mais il n'est pas douteux que ce bronze ne soit venu entre ses mains. Malheureusement c'est un bronze, et, si nous ne pouvons comprendre qu'un marbre plus grand que nature, envoyé en France vers la même époque, ait disparu sans laisser aucune trace, nous savons trop bien qu'avec du bronze on fait des cloches ou des canons, et nous craignons que le David n'existe plus depuis longtemps.

« Si nos tristes pressentiments venaient à être démentis par quelque heureuse trouvaille, si ces lignes, écrites avec tant de plaisir sur un sujet si attrayant, contribuaient un jour à faire retrouver, dans quelque château des environs de Blois, ce bronze ignoré et méconnu, mais toujours palpitant de la vie qu'a dû lui donner Michel-Ange, ce serait pour nous une joie véritable. »

C'est en effet dans un château des environs de Blois qu'a été porté le David; si je ne l'y ai pas trouvé, j'en connais du moins la place, et c'est dans le château même qui fait le sujet de ce chapitre.

Au second volume *des plus excellens Bastimens de France*, publié en 1579, du Cerceau n'a rien dit de ce David, dans sa courte description de Bury, mais on voit dans son dessin, au milieu du parterre qui décore la cour d'honneur, une statue élevée sur une colonne. Malgré l'exiguité de la figure, il y a dans le mouvement de l'une des jambes une indication très-claire de l'attitude donnée par Michel-Ange à sa statue, qui représentait David appuyant un pied sur la tête de Goliath, comme on le sait par un dessin de la collection du Louvre, acquis en 1850. Ce dessin est une étude de la statue même, et Mariette l'avait pris pour la première pensée de David qui décore le Palais Vieux, à Florence, malgré la différence énorme de style et d'attitude entre les deux figures.

En 1616, un de mes prédécesseurs, J. Zinzerling, qui, sous le nom de Jodocus Sincerus, publiait en latin un Guide du voyageur en France, *Itinerarium Galliæ*, dit en parlant de Bury : *In medio areæ, columnæ imposita est imago regis Davidis ænea, magni pretii æstimata, quæ Roma jam ferè ante seculum eò translata traditur.* L'auteur a dit Rome pour Florence, ce qui prouve que les Guides de ce temps-là n'étaient pas plus véridiques que la plupart de ceux publiés de nos jours, (j'en excepte le mien, bien entendu), même quand ils s'appelaient *Jodocus Sincerus*.

Les éditions successives de ce Guide, jusqu'en 1649, la dernière qui me soit connue, continuent de parler du David de Bury, comme s'il était toujours en place.

En 1655, le sieur du Verdier, historiographe du roi, faisait paraître à Paris, chez Michel Robin, *pour la commodité des François et estrangers*, un autre Guide, copié simplement sur ceux qui l'avaient précédé, sans en prévenir le lecteur, procédé encore fort en usage aujourd'hui. Il écrivait de Bury : « Chasteau magnifique et spacieux, qui fait voir au milieu de sa court, sur une colomne, l'image du roy David, en bronze, laquelle est de grand prix, et a esté apportée là de Rome, depuis six vingts ans. »

En 1728, un troisième guide, *les Délices de la France*, fidèle à la tradition, et copiant toujours les autres, signalait dans la cour de Bury « une colonne fort haute, avec la figure de cuivre du roi David, qu'on estime être d'un grand prix. »

Observons que, dans ces descriptions, le David est placé sur une colonne, comme dans le dessin de du Cerceau. La République de Florence avait-elle cédé à de nouvelles obsessions de Robertet, ou le trésorier avait-il fait les frais de cette colonne?

Sur une vieille vue du château de Bury, par J. Boisseau (1641), qui paraît être une réduction de celle de du Cerceau, on voit encore le David sur sa colonne; mais la vue de Bury par Israël Silvestre (1654), et une autre de P. Costal, offrent, au lieu du David, une fontaine jaillissante.

En effet, Charles de Villeroy d'Halincourt, avant d'échanger, en 1633, avec les Rostaing (V. p. 267), la terre de Bury, contre une rente, avait emporté à son château de Villeroy le David, qui valait à lui seul plus que la rente servie par le marquis de Rostaing. Voici ce qu'en disait, en 1650, Henri Chesneau, *avocat et domestique de la maison de Rostaing* :

> Autrefois, dans cet endroict mesme, [le bassin de la fontaine]
> Il y avoit un beau David ;

> Mais tout d'un coup l'on le remit,
> A cause de son prix extresme,
> Et emporta-t-on ce grand roy
> Dans le chasteau de Villeroy,
> Où l'on en fait un si grand compte
> Que chaque sculpteur va disant :
> Qu'il vaut sa grosseur d'or pesant
> Tant il est d'une heureuse fonte.

L'Histoire de Blois de Bernier, publiée en 1682, parle de la statue de David, comme d'un souvenir. « Il n'y a pas longtemps qu'il y avoit encore [à Bury] de fort beaux bustes, et particulièrement celuy du prévost Tristan, et un autre, de marbre blanc, qui (si l'on en croit l'inscription) est la figure de Jean Tillery, Alleman, inventeur de la poudre à canon. Mais il y avoit, de plus, un David de bronze au milieu du donjon, que les connoisseurs estimoient infiniment et qui avoit esté apporté de Rome. »

Judocus Sincerus et ses copistes parlent aussi de ces bustes et de ceux d'empereurs et de rois qui décoraient le château.

Dans les premières éditions de mon Guide, j'ai pu indiquer à M. de Reiset le château où avait été apporté de Blois le David de Florimond Robertet ; mais, malheureusement, elle ne s'y trouvait plus. Dans cette présente édition, j'en ai suivi la trace jusqu'à une seconde étape, le château de Villeroy. Serai-je assez heureux, dans les futures réimpressions de mon petit livre, pour conduire ainsi d'étape en étape, jusqu'à sa résidence actuelle, l'un des chefs-d'œuvre du grand sculpteur florentin ?

Nous avons vu plus haut les causes de l'abandon de Bury. A l'époque où Bernier écrivait, la magnifique galerie, où se voyaient les raretés accumulées par Robertet, était déjà en ruine. Les Rostaing, possesseurs à la fois de Bury et d'Onzain, avaient enrichi ce dernier château aux dépens de l'autre. C'est là où durent être portés tous les objets d'art restant au château de Bury, où ils se trouvaient encore du temps de Henri Chesneau, qui en a donné l'inventaire.

Quant à Onzain, magnifique construction placée sur les bords de la Loire, à quatre lieues de Blois, sur la route de Tours, en face de Chaumont, il n'en reste pas une pierre, si ce n'est celle de fondation que j'ai achetée et donnée au musée de Blois, tant la *bande noire* mit de soin dans cette démolition, exécutée en 1823.

CHAMBORD. — Le château de Chambord est situé à quatre lieues de Blois, dans une de ces plaines sablonneuses et humides, coupées de bois et de bruyères, qui composent la plus grande partie du territoire de la Sologne. Il se trouve à peu près au milieu d'un parc de cinq mille cinq cents hectares, dont l'étendue forme à elle seule une commune de quatre cents âmes de population. Ce parc, entouré d'une muraille de plus de huit lieues de circuit, traversé de l'est à l'ouest par la rivière du Cosson, renferme un village, cinq fermes et quatre mille cinq cents hectares de bois.

L'aspect général de Chambord, lorsqu'on l'aper-

çoit de loin, a quelque chose de véritablement fantastique ; cet amas de flèches, de tourelles, de cheminées, qui dominent le monument et se mêlent sans se confondre, est ce qui frappe d'abord. La simplicité des lignes, les saillies des tours, la symétrie et la noblesse de l'ordonnance générale se développent à mesure que l'on s'approche, et l'immensité de l'édifice, que l'harmonie des proportions empêche l'œil d'apprécier exactement, étonne au dernier point lorsqu'on s'avance à travers cet assemblage prodigieux de salles, de galeries et d'escaliers qui se multiplient a chaque pas.

Le donjon, le morceau le plus important de Chambord, est divisé en quatre corps de logis par quatre grandes *Salles des Gardes*, ayant plus de treize mètres (40 pieds) de long, sur neuf trois quarts (30 pieds) de large, et formant une croix grecque. « Au milieu et centre, dit du Cerceau, en son curieux livre *des plus excellens Bastimens de France*, est un escalier à deux montées, percé à jour, et entour iceluy quatre salles, desquelles l'on va de l'une à l'autre en le circuissant. » Ce grand escalier, à double vis, est le morceau capital du château de Chambord ; c'est un chef d'œuvre de l'art pour la hardiesse, les belles proportions et la variété des détails. Il faut surtout l'examiner des salles du deuxième étage, qui s'harmonient mieux avec lui par la richesse de la décoration de leurs voûtes, partagées en caissons sur lesquels sont sculptés alternativement des salamandres et des F couronnés, encadrés dans le cordon de saint François.

C'est au-dessus de ces voûtes, et au niveau des

terrasses qui les recouvrent, que s'arrête la double rampe et commence le couronnement, en forme pyramidale, ayant trente-deux mètres (environ 100 pieds) de hauteur et du plus grand effet. Ce couronnement

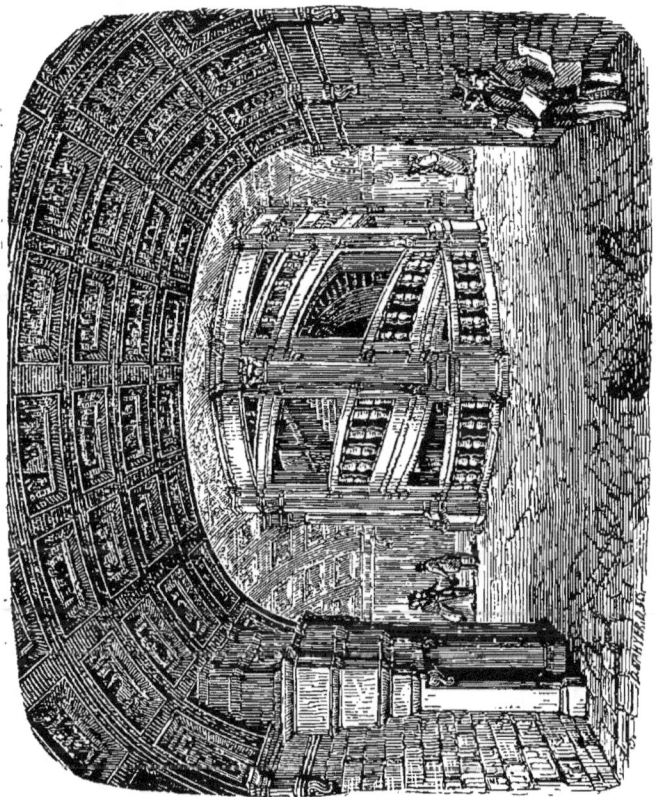

consiste en huit arcades, accompagnées de colonnes et pilastres d'environ huit mètres de haut, formant une colonnade qui supporte une autre ordonnance plus élevée, décorée d'une balustrade et se compo-

sant de huit contre-forts dont les amortissements sont ornés de F et de salamandres gigantesques. Ces arcs-boutans soutiennent la continuation du noyau à jour du grand escalier, dans lequel en circule un autre, plus petit, à une seule rampe depuis le niveau des terrasses, et qui conduit à un belvédère surmonté d'un campanile, l'un et l'autre d'une extrême légèreté et d'une grande richesse de détails. Le tout est couronné par une fleur-de-lys colossale de pierre, qui n'a pas moins de deux mètres de haut.

Rien ne devait être d'un aspect plus original, et plus grandiose en même temps, que l'escalier à double vis et les quatre salles qui l'entourent, si, comme on le croit, les planchers qui séparent ces salles et coupent d'une manière désagréable l'escalier n'existaient pas dans l'origine.

Dans les angles formés aux points de jonction de la façade et des ailes, du côté de la cour, et aux extrémités d'une galerie supportée par des arcades, communiquant du donjon aux ailes, s'élèvent deux beaux escaliers à jour. Ces escaliers sont décorés de trois ordonnances de colonnes, surmontées de trois cariatides soutenant une coupole ceinte d'une couronne royale colossale, et au-dessus de laquelle s'élevait jadis une lanterne de pierre terminée par une fleur-de-lys. Les trois colonnes en faisceau qui soutiennent les voûtes des coupoles sont d'un effet très-gracieux.

Dans la tour de l'ouest est pratiquée la chapelle ; sa voûte à plein-ceintre est soutenue par des arcs-doubleaux dont les retombées portent sur des colonnes accouplées, appuyées aux murailles. Cette chapelle, d'une noble simplicité, est dans un état de conservation admirable. Elle a été achevée par Henri II.

A l'angle formé par la tour du nord et par la façade est appuyé, en hors-d'œuvre, un avant corps de logis qui renferme, au premier étage, une petite chapelle ou oratoire dont la voûte est ornée de caissons semblables à ceux des salles des gardes du second étage, mais dans une plus petite proportion. Cet oratoire est une des parties les plus remarquables de l'édifice : il a malheureusement souffert beaucoup de la double injure de l'humidité et du badigeon.

Une portion des bâtiments qui ferment les cours de toutes parts ne s'élève que jusqu'au premier étage, qui fut couvert en mansardes par Louis XIV; ce qui avait le grand inconvénient de masquer l'une des façades du château, façade bien plus pittoresque que celle qui donne sur la rivière. Mais, dans le plan primitif, les constructions étaient terminées en terrasses et masquaient moins la façade du nord. Du Cerceau dit : « Autour de ce corps de logis que j'appelle dongeon, est la court régnante en trois costez qui sont fermez de bastimens, dont les bas estages servent d'offices ; et le dessus, *ce sont terraces, qui ont esté ainsi ordonnées pour garder les veuës dudit dongeon.* » (La vignette placée en tête de cette notice la représente ainsi d'après une ancienne gravure.)

Treize grands escaliers règnent de fond en comble sur divers points de l'édifice, et il y en a une quantité d'autres, plus petits, prenant à différentes hauteurs ou circulant dans l'épaisseur des murailles. Le nombre des pièces que le château contient s'élève à quatre cent quarante, toutes à cheminées, selon le luxe du temps.

Tout l'édifice est construit en pierres de taille tendres, tirées presque toutes des coteaux du Cher, près de Bourré, dont elles portent le nom. Elles ont conservé leur blancheur, sur laquelle tranche le bleu des médaillons et losanges d'ardoises employés dans l'ornementation des combles du monument. Plusieurs chapiteaux, corniches et marches d'escalier sont en pierre de liais, d'Apremont et d'autres lieux.

Les chapiteaux, au nombre de plus de huit cents, dit-on, de dessins différents, et les autres sculptures répandues dans le château sont, depuis que la Révolution l'a dévasté, les seuls détails à remarquer à l'intérieur, si somptueusement décoré jadis de tapisseries, de meubles et de peintures, parmi lesquelles on admirait surtout de belles fresques de la main de Jean Cousin, et une collection de portraits des savants grecs réfugiés en Italie après la prise de Constantinople. Les sculptures, encore très-bien conservées, pour la plupart, sont variées de forme et de dessin; mais dans toutes se retrouve trop souvent un fond commun composé de salamandres et de F surmontés de la couronne royale.

Dans les portions du château achevées par Henri II, on remarque l'H et le croissant couronnés. Nulle part, et c'est un fait digne de remarque, on ne voit le chiffre du roi enlacé à celui de la belle Diane de Poitiers, quoiqu'il ait été dit le contraire dans beaucoup de notices sur Chambord. Je ne dis pas pour cela que le croissant ne fût point une devise à double entente ; mais si, *mystérieusement*, cette devise rappelait le prénom de la duchesse de Valentinois, *officiellement*, du moins, c'était celle du roi. On sait que la légende était : *Donec totum impleat orbem*, jusqu'à ce qu'il remplisse son orbe tout entier, c'est-à-dire jusqu'à ce que la gloire du roi remplisse le monde.

Le soleil de Louis XIV se voyait naguères dans quelques endroits terminés ou modifiés par ce prince, et différents emblèmes royaux subsistent encore sur plusieurs portes épaisses échappées au vandalisme de 93.

La décoration extérieure du château est composée en entier de pilastres espacés, formant trois rangs d'étages qui soutiennent un entablement d'un travail recherché, mais un peu lourd.

Au reste, ce qu'il y a de plus remarquable dans l'architecture du château de Chambord, c'est la grandeur dans l'ensemble des masses et la fantaisie dans leur distribution, plutôt que l'exécution, en général assez peu délicate, des objets de détail. On n'y trouve point de ces fines et gracieuses arabesques qui grimpent le long du fût des pilastres, encadrent les caissons des voûtes, courent le long des frises des édifices élevés par les maîtres italiens et imités ensuite par les architectes français. Le style de la Renaissance, emprunté à l'Italie, domine dans le château de Chambord ; mais il a conservé une partie des formes de celui qui l'avait précédé, et de ce mélange il est sorti une composition heureuse, originale, qu'on peut regarder comme un des types de la Renaissance française.

Il faut observer que le luxe de la décoration augmente à mesure que l'édifice s'élève, et que sa partie la plus remarquable, celle où l'architecte a épuisé tous les prestiges de son art, est la partie des combles. C'est sur les terrasses qui entourent le couronnement du grand escalier que doivent s'arrêter les curieux, et que doit étudier l'artiste. Là, il faut apprécier l'homme dont le génie a dirigé la construction de ce fantastique édifice. C'est sur le point le plus difficile à traiter qu'il s'est plu à répandre les ressources les plus riches de son imagination, et qu'il a imprimé un caractère d'originalité et de grandeur qui n'avoit pas eu de modèle et qui n'a pas été imité. Les cheminées, dont la distribution désespère tous les architectes, maintenant que l'art dégénéré en a fait de longs tuyaux désagréables à la vue, sont ici de véritables monuments, groupés avec un bonheur infini, et qui concourent merveilleusement au pittoresque de l'effet pyramidal de l'édifice. Si celui-ci, dans ses parties inférieures, se rapproche du plan ordinaire des constructions du moyen-âge, il s'en éloigne totalement et acquiert le plus haut degré de nouveauté dans ce qui compose le couronnement du donjon et la coupole du grand escalier, qui nous paraît une des pièces capitales de l'architecture civile de la Renaissance.

On comprend facilement que Charles Quint, visitant Chambord à une époque (1539) où il n'y avait encore que le donjon de terminé, ait pu le regarder comme *un abrégé de ce que peut effectuer l'industrie humaine.*

« Tout l'édifice est admirable, dit le bonhomme du Cerceau, et rend un regard merveilleusement superbe. »

En 1577, l'ambassadeur des Vénitiens, Jérôme Lippomano, dont les yeux étaient habitués à contempler les merveilleux palais de *Venise-la-Belle*, ne savait cependant par quelles expressions rendre compte de son admiration pour Chambord. « J'ai vu, dans ma vie, disait-il, plusieurs constructions magnifiques, jamais aucune plus belle ni plus riche... L'intérieur du parc, dans lequel le château est situé, est rempli de forêts, de lacs, de ruisseaux, de pâturages et de lieux de chasse, et au milieu s'élève ce bel édifice, avec ses crénaux dorés, ses ailes couvertes de plomb, ses pavillons, ses terrasses et ses galeries, ainsi que nos poètes romanciers décrivent le séjour de Morgane ou d'Alcine... Nous partîmes de là émerveillés, ébahis, ou plutôt confondus. *Partiti di questo luogo, ognuno pieno di meraviglia e di stupore, anzi di confusione.* »

Le célèbre architecte Blondel s'exprime ainsi en parlant du grand escalier : « On ne peut trop admirer la légèreté de son ordonnance, la hardiesse de son exécution et la délicatesse de ses ornements; perfection qui, aperçue de la plate-forme de ce château, frappe, étonne et laisse à peine concevoir comment on a pu parvenir à imaginer un dessin aussi pittoresque, et comment on a pu le mettre en œuvre. »

On trouvera encore plusieurs témoignages de l'admiration, peut-être un peu exagérée, qu'a excitée de tout temps la vue de Chambord, dans le travail spécial que j'ai publié sur Chambord, pp. 20 à 27 de la 11e édition.

Nous transcrivons les lignes suivantes du *Journal de Voyage* d'un spirituel étranger, le prince de Pückler-Muskau :

« Je ne connais rien à quoi je puisse comparer cette fantaisie en pierre : symétrie dans les traits principaux, peut-être heureusement interrompue parce que l'édifice n'a pas été complètement achevé ; irrégularité dans la bizarrerie des ornements, toujours ravissants et du genre le plus varié ; une incroyable quantité de petits dômes, de campaniles, de cheminées de toutes les formes, dont partie sont revêtues de mosaïques en pierres de couleurs variées ; fleurs-de-lys colossales.....; enfin la salamandre royale vomissant des flammes et serpentant au travers de tout cela, avec le gothique F qu'entoure de nœuds mystiques le cordon de saint François.... On ne se lasse point de parcourir ce palais enchanté, qui vous surprend à chaque instant par un aspect nouveau ; mais il devient plus fantastique encore lorsque la lune s'élève à l'horizon : à ses lueurs tremblantes toutes les proportions s'augmentent, les masques semblent grimacer, les statues se mouvoir, les aiguilles dentelées se changer en blancs spectres. Je rêvais presque les yeux ouverts, et les scènes du passé reparaissaient vivantes et animées devant mes yeux. »

La postérité a pensé que ce n'était pas trop du patronage de l'illustre nom du Primatice pour un édifice aussi magnifique; et ce fait, qui n'est rien moins que prouvé, a passé pour constant parmi la plupart des auteurs modernes qui ont parlé avant moi de Chambord, sauf MM. Gilbert et Vergnaud-Romagnési. Le premier se fonde sur ce que le style du monument indique *le passage du goût gothique à celui de la Renaissance*, forme que le Primatice aurait repoussée pour s'en tenir à l'imitation plus sévère de l'art antique. Les motifs de M. Vergnaud sont encore plus concluants et résultent de la date bien positive du premier voyage du Primatice en France, qui eut lieu en 1531, cinq ans après le commencement du château de Chambord, ou même huit, si l'on accepte la date de 1523, que plusieurs écrivains lui ont assignée. M. Vergnaud pense qu'il pourrait bien être l'œuvre du *Rosso*, ou de *maître Roux*, comme on l'appelait en France, intendant-général des bâtiments. Quand au sentiment de quelques anciens auteurs, qui attribuaient Chambord à Vignole, il ne saurait supporter l'examen, car ce célèbre architecte ne vint en France qu'en 1540, époque à laquelle le donjon était terminé; le chapiteau d'un pilastre de la coupole porte sur deux de ses faces la date 1533.

Aucun des anciens historiens qui ont parlé de Chambord n'a cité le Primatice ; ni du Cerceau, architecte orléanais, qui vivait du temps du Primatice; ni du Chesne, dans ses *Villes et Chasteaux de France ;* ni Bernier, historien du Blésois. C'est probablement le Rouge qui le cite pour la première fois, avec l'accent du doute, et le savant architecte Blondel aura continué ensuite, par la puissante autorité de son nom, a établir la croyance reçue depuis. Au surplus, aucun de ces auteurs n'apporte de preuves en faveur de son sentiment; M. Vergnaud conjecture seulement que le Rosso, qui dirigeait toutes les constructions royales, et d'autres artistes italiens dont il était entouré conçurent et exécutèrent le plan de Chambord; mais le Rosso, lui-même, n'avait précédé le Primatice en France que d'une année.

Il faut plutôt croire avec Félibien, dans ses *Mémoires sur les Maisons royalles de France*, et Bernier, dans son *Histoire de Blois*, que ce fut l'ouvrage d'un architecte blésois dont le nom a été longtemps oublié. J'ai donné, dans les différentes éditions de ma *Notice sur le Château de Chambord*, les preuves les plus convaincantes de cette assertion. L'obscurité dans laquelle est resté le véritable auteur du monument sert encore à établir que ce fut un homme de la province qui conçut ce bel ouvrage; la jalousie des architectes de la cour devait empêcher longtemps le nom de cet artiste modeste de venir jusqu'à nous.

Je suis heureux de m'appuyer ici de l'autorité du meilleur livre qui ait été publié sur l'architecture française. « On prétend, dit M. Viollet-le-Duc, que le Primatice fut chargé de la construction de Chambord; le Primatice serait-il là pour nous l'assurer, nous ne pourrions le croire; car Chambord n'a aucun des caractères de l'architecture italienne du commencement du XVIe siècle; c'est, comme plan, comme aspect et comme construction, une œuvre non-seulement française, mais des bords de la Loire... C'est quelque maître des œuvres français, quelque

Claude ou Blaise, de Tours ou de Blois, qui aura bâti Chambord, et si le Primatice y a mis quelque chose, il n'y paraît guère. Mais avoir à la cour un artiste étranger, en faire une façon de surintendant des bâtiments, le combler de pensions, cela avait meilleur air que d'employer Claude ou Blaise, natif de Tours ou de Blois, bonhomme qui était sur son chantier, pendant que le peintre et architecte italien expliquait les plans du bonhomme aux seigneurs de la cour émerveillés. »

Un de nos architectes nationaux, un de ces praticiens modestes, dont les noms furent éclipsés par ceux des grands artistes italiens, et que j'ai eu le bonheur de faire sortir de son obscurité, était *Pierre Nepveu dit Trinqueau, maistre de l'œuvre de maçonnerie du baptiment du chastel de Chambord*. Son nom et sa qualité sont cités ainsi plusieurs fois dans différents actes dont je dois la communication à mon si regrettable ami & collègue, E. Cartier, d'Amboise, et dans les Mémoires manuscrits d'André Félibien, sur les maisons royales. Il ne faut pas croire que ce titre de *maître de l'œuvre de maçonnerie* ne comportât pas la valeur que je lui assigne ; les célèbres architectes du moyen-âge sont souvent désignés comme des *maistres massons* (V. plus bas, p. 301).

Le nombre considérable de châteaux et d'hôtels construits dans le Blésois et la Touraine, sous l'inspiration des magnifiques princes de la maison d'Orléans, avaient formé beaucoup d'architectes habiles, dont le seul tort était, comme le dit M. Viollet-le-Duc, *d'être nés dans notre pays et de s'appeler Jean ou Pierre*.

Il me reste à raconter les principaux faits de la légende & de l'histoire qui se rattachent à Chambord.

Avant la construction du château, par François Ier, il y avait déjà dans le même lieu un vieil édifice qui

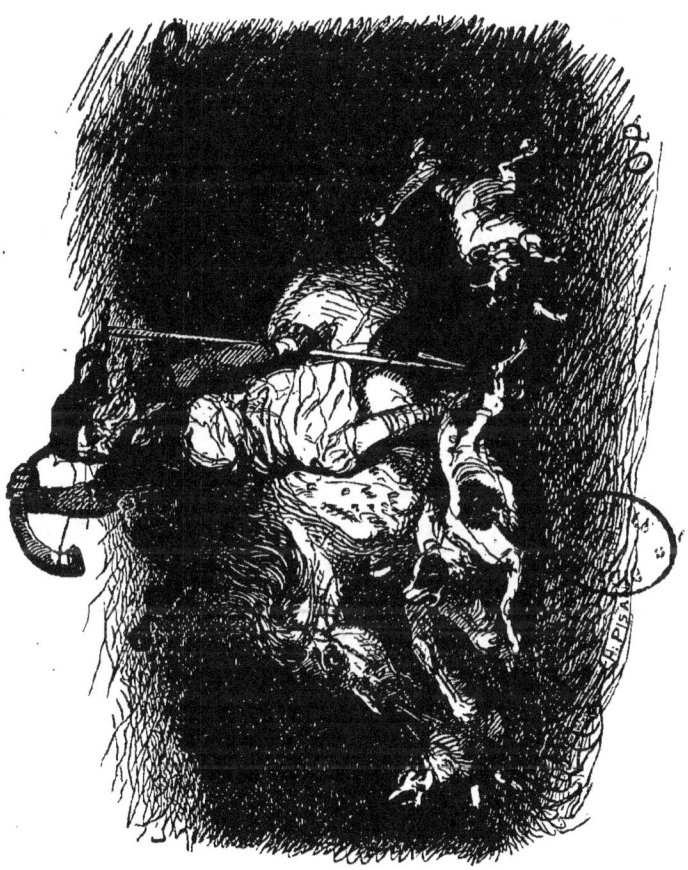

était, dès le XIIe siècle, une maison de plaisance et de chasse, habitée souvent par les anciens comtes de Blois de la maison de Champagne. Plusieurs chartes de cette époque en font foi.

Une autre résidence, moins ancienne sans doute que Chambord, Montfrault, se voyait vers l'enceinte du parc de Chambord, à l'endroit où se trouve aujourd'hui le *Pavillon de Montfrault*. A ce lieu se rattache une tradition d'origine germanique, semblable à celle du *Chasseur Noir*, si répandue dans le nord de l'Europe, et empruntant dans chaque pays le nom de quelque personnage redoutable qui l'habitait à une époque reculée et dont la mémoire subsiste encore. Lorsque le craintif Solognot, dont le pied a foulé *l'herbe qui égare*, se trouve vers minuit près du pavillon de Montfrault, il est exposé à rencontrer la figure effrayante d'un chasseur nocturne, habillé de noir et accompagné de chiens noirs, qui n'est autre que Thibault de Champagne, dit *le Vieux* et *le Tricheur*, premier comte héréditaire de Blois, et l'un des types les plus complets de ces barons de fer des premiers temps de la féodalité. C'est encore lui que, pendant les belles nuits d'automne, on entend partir, à grand bruit d'hommes, de chevaux, de chiens et de cors, pour chasser à travers les airs jusqu'aux ruines du château de Bury, où se fait la halte, et d'où il revient ensuite à Montfrault. Les mêmes bruits qui se sont fait entendre au départ continuent pendant tout le temps de la chasse aérienne, sans que l'on puisse apercevoir ni chevaux, ni chiens, ni chasseurs.

Plusieurs chartes des XIIe et XIIIe siècles témoignent du séjour à Chambord des comtes de Blois de la maison de Champagne.

Le comté de Blois passa de la maison de Champagne à celle de Châtillon, en 1230, par le mariage de

Marie d'Avesnes, petite-fille de Thibault-le-Bon, avec Hugues de Châtillon, comte de Saint-Pol.

Jean de Châtillon, fils de Hugues, mourut à Chambord, le 5 mai 1280; son corps fut porté processionnellement jusqu'à l'abbaye de la Guiche, qu'il avait fondée, à trois lieues de Blois, sur la rive droite de la Loire. Le convoi dura deux jours; il était suivi par Pierre de France, gendre du comte de Blois, par le comte d'Alençon, par plusieurs autres puissants seigneurs, et par les abbés des principaux monastères des environs (V. plus haut, p. 221).

Les souvenirs historiques relatifs à Chambord sont rares avant l'époque de François Ier. Je ne trouve rien à recueillir depuis 1280 jusqu'à 1356. Une lettre datée du 26 juillet de cette année, et conservée à la bibliothèque de Blois (fonds Joursanvault), nous fait connaître, pour la première fois, le nom et le titre de la personne chargée de la garde de Chambord. Dans cette lettre, le sieur de Bécond, gouverneur du comté de Blois, annonce à Hugues de Barbançon, *châtelain* de Chambord, l'envoi de plusieurs soldats pour la garde du château, et le prie de lui en renvoyer d'autres en échange. Le royaume était alors ravagé par les armées anglaises et les *grandes compagnies;* le château de Chambord, comme celui de Blois, avait dû être mis en état de défendre les approches de la Loire.

Des prisonniers anglais y furent enfermés en 1359, ainsi que nous l'apprend une autre pièce de la même collection.

Le fonds Joursanvault de la bibliothèque de Blois

nous fournit les noms de plusieurs châtelains successifs de Chambord, depuis 1356 jusqu'à 1400. Ce furent, après Hugues de Barbançon, Regnault de Plainvilliers (1359-1361), Guillaume de Mosne (1362-1363), Jehan Vigreux (1366-1383) et Gilleton Vigreux (1392-1400). Les trois premiers recevaient trente écus d'or de *gages* par année, et le quatrième, quarante livres (500 francs environ de notre monnaie); mais à la condition de payer toute la dépense nécessaire pour la garde du château.

En 1397, le château de Chambord entre, avec le comté de Blois, dans la possession de la maison d'Orléans, par la mort de Guy de Châtillon, qui avait vendu son comté à Louis d'Orléans, frère du roi Charles VI.

Sous les ducs d'Orléans, nous n'entendons plus parler de châtelains de Chambord, mais seulement de *capitaines*, et nous trouvons successivement les noms de Macé de Villebresme (1416-1419), Loys de Villars (1420), Philippe du Mesnil-Regnard (1420-1428), Guillaume Gueret (1434-1440), Hemery (1448), Jehan Davy (1448-1450), Gilles des Ourmes (1457), Loys de Villars (1480) et Macé de Villebresme (1492-1496). Les gages de ces capitaines n'étaient que de dix livres par an (60 francs).

En 1424, Gacian de Saint André, maître de l'artillerie du duc Charles d'Orléans, alors prisonnier en Angleterre, envoyait à Philippe du Mesnil-Regnard *ung canon portant pierre de quatre livres pesant, quatre lances ferrées et afustées, et une casse de viretons de trait* (flèches) *communs pour la seureté et défense du chastel de Chambort.* Les Anglais avaient alors envahi presque tout le territoire français ; les derniers moyens de résistance étaient concentrés dans Orléans et les provinces situées sur la rive gauche de la Loire. Chambord fut une de ces forteresses qui maintinrent libre cette rive du fleuve, et permirent à l'armée de Jeanne d'Arc d'arriver sous les murs d'Orléans.

En 1498, Chambord fut réuni au domaine de la couronne, lorsque Louis d'Orléans, vingt-troisième comte héréditaire de Blois, monta sur le trône de France, sous le nom de Louis XII. Chambord était alors abandonné et ne servait plus que de rendez-vous de chasse. La maison de plaisance des anciens comtes de Blois n'était, comme on l'a vu, qu'un château fort, selon l'usage et la nécessité des temps où elle avait été construite. Les murailles épaisses et les galeries obscures de la vieille construction féodale ne pouvaient offrir rien d'agréable aux brillants princes de la maison d'Orléans : leur goût, éclairé par des rapports fréquents avec l'Italie depuis le mariage de Louis, aïeul de Louis XII, avec Valentine de Milan, leur faisaient rechercher des habitations plus élégantes, et telles que les bâtissaient les artistes italiens, dans le style pittoresque de la Renaissance.

Les historiens varient sur la date de la reconstruction du château de Chambord par François 1er ; quelques-uns pensent qu'il la fit commencer en 1523, et d'autres que ce fut en 1526, après son retour de captivité. Cette date est fixée incontestablement par les lettres-patentes données à Chambord, le 1er octobre de cette même année, pour la nomination de messire

Bastard de Chauvigny, comme intendant général des travaux, aux appointements de 1,000 livres, et de messire Raymond Forget, comme trésorier et payeur général, avec les mêmes appointements.

Si l'on s'étonne de voir François Ier choisir pour la belle construction qu'il projetait un lieu aussi triste et aussi sauvage, tandis qu'à peu de distance les riches coteaux de la Loire offraient une multitude de positions admirables, il faut se rappeler la passion de ce prince pour la chasse, et aussi une autre circonstance d'un grand pouvoir sur l'esprit du roi-chevalier : le souvenir des visites qu'il faisait, n'étant encore que comte d'Angoulême, au manoir de la belle comtesse de Thoury, situé dans le voisinage, souvenir de premières amours. Il fit ainsi bâtir le château de Challuau, *à cause qu'aux bois prochains il y avoit une grande quantité de cerfs*, et le pavillon de Folembray dut son origine au souvenir d'une conquête amoureuse du roi.

François Ier poussa avec une grande activité les travaux de Chambord, et dix-huit cents ouvriers y furent employés, dit-on, pendant plus de douze ans. Les Mémoires manuscrits d'André Félibien, sur les maisons royales de France, renferment des détails curieux sur les dépenses faites pour la construction de l'édifice. On y voit que les sommes employées depuis 1526 jusqu'en 1547, année de la mort de François Ier, s'élevèrent à 444,570 livres 6 sous 4 deniers tournois. Les maçons gagnaient 3 sous 2 deniers par jour ; les charpentiers, 4 sous 2 deniers ; les charrois à trois chevaux étaient payés 15 sous ; ces chapiteaux dont la variété des ornements est si admirée, coûtaient 27 sous à faire sculpter; les losanges des vitraux étaient payés 10 deniers la pièce (plus cher qu'aujourd'hui). Combien donneraient les curieux de celui sur lequel était gravé le distique si connu : *Souvent femme varie*......? « Pierre Trinqueau, qui estoit le *maître maçon* (c'est-à-dire l'architecte; voir plus haut, p. 290), et qui avoit la charge et la conduite des bastimens, estoit payé à raison de 27 sols 6 deniers par jour. »

Au surplus, ces divers salaires, qui nous paraissent si faibles aujourd'hui, étant convertis en monnaie de nos jours, eu égard à la différence de la valeur du marc d'argent et à celle du prix des denrées (le setier de blé peut être évalué à 2 fr. 50 c. de notre monnaie, sous François Ier), représenteraient des sommes se rapprochant de celles qu'il faudrait dépenser de notre temps pour élever un édifice semblable à celui de Chambord.

Les appartements de François Ier étaient dans l'aile d'Orléans, ainsi appelée du nom de la famille d'Orléans qui l'habita depuis. Les ornements de sculpture sont plus nombreux dans l'aile d'Orléans que dans les autres parties de l'édifice, et le roi affectionnait surtout la tour qui la termine. Là se trouve cet avant corps de logis dont j'ai parlé plus haut (p. 282), et qui semble avoir été ajouté après coup; on y remarque un escalier à deux montées, dans une galerie souterraine au-dessous de l'oratoire, et communiquant, par une issue secrète, avec les fossés du château. La terrasse qui surmonte ce petit édifice, et tenait à la chambre à coucher du roi, était un des lieux du château qui lui plaisait le plus ; il aimait à y venir, pendant les belles nuits d'été, passer quelques heures à deviser avec quelques dames et seigneurs de sa suite, que l'on appelait *la petite bande de la cour*. Les escaliers secrets, les galeries obscures ont été sans doute multipliés à dessein, de ce côté du château, afin de protéger les intrigues amoureuses et les rendez-vous mystérieux de la cour galante de François Ier.

Quand Charles-Quint traversa la France, en 1539, il vit Chambord dans toute sa splendeur, et j'ai déjà cité les expressions de son admiration. « Il y passa quelques jours, dit d'Avity, pour la délectation de la chasse aux daims qui estoient là dans un des plus beaux parcs de France, et à très grande foison. »

François Ier, dans les dernières années de sa vie, visitait souvent Chambord, accompagné de sa sœur, la reine de Navarre, *la Marguerite des Marguerites*, pour laquelle il eut toujours la plus grande tendresse. Elle le quittait rarement alors ; son esprit délicat et enjoué était une source de distraction pour le roi, vieilli avant l'âge, et sujet à de fréquents accès de mélancolie. Elle se trouvait avec lui lorsque, dans un de ces moments d'humeur sombre, se rappelant le temps où ses succès auprès des femmes étaient plus sûrs et plus durables, il écrivit sur le vitrail d'un cabinet, près de la chapelle, avec la pointe d'un diamant qu'il portait à son doigt, ces deux vers, tant de fois cités depuis :

> Souvent femme varie,
> Mal habil qui s'y fie.

On dit que Louis XIV, dans une disposition d'esprit différente, parce qu'il était alors jeune et heureux, sacrifia à mademoiselle de La Vallière les vers satiriques du roi vieux et désabusé.

M. Loiseleur, dans ses *Résidences royales de la Loire*, nie l'authenticité du distique de François Ier. Je crois l'avoir démontrée, pages 63 et 64 de ma Notice sur Chambord, 11e édition.

A la fin de l'année 1545, François Ier visita pour la dernière fois Chambord, qu'il légua inachevé à son successeur.

Chambord, de forteresse devenu palais, ne devait plus être commandé par un *châtelain* ni par un *capitaine*. On vit, sous François Ier, paraître la charge nouvelle de *gouverneur*, dont fut pourvu Jean Breton, seigneur de Villandry; et, chose particulière, en 1543, la survivance de cette charge est donnée à une femme, Anne Gedoyn, veuve de ce Breton de Villandry, et ensuite à sa fille, Léonor, qui la porta, par son mariage, au sieur du Gangnier.

Il ne faut pas croire que ce gouvernement était pour ces femmes un titre purement honorifique; elles ont bien réellement dirigé les travaux de Chambord, comme le témoignent plusieurs documents venus jusqu'à nous. Ainsi, en 1544, Anne Gedoyn passait, en présence de Jacques Coqueau, un marché pour la construction d'une cheminée, d'une grande lucarne et d'une *petite vis* surmontée d'une coupole soutenue par des *termes*, qui paraît être l'escalier à cariatides de la cour de François Ier.

Henri II, héritier de tous les goûts de son père,

eut la même prédilection que lui pour le château de Chambord et fit continuer ses travaux sur les mêmes plans. On reconnaît facilement, à son chiffre et au croissant qui était à la fois sa devise et celle de Diane de Poitiers, les portions de l'édifice auxquelles il a travaillé. Jacques Coqueau, ou Coquereau, avait succédé, comme architecte, à Pierre Trinqueau, mort en 1538, et recevait le même salaire; il touchait, en outre, 400 livres de gages, en qualité de *maître maçon du roi*.

Le 16 janvier 1552, Henri était à Chambord quand il ratifia, avec les princes allemands détachés du parti de Charles-Quint, un traité secret, conclu l'année précédente, et qui valut plus tard à la France les villes de Metz, Toul et Verdun.

La mort funeste et prématurée de Henri II empêcha que Chambord ne fût terminé, comme il l'eût été sans doute par ce prince.

Plusieurs ordonnances furent rendues à Chambord pendant les divers séjours de François II dans cette demeure, en 1559; mais elles sont sans grande importance historique. L'une d'elles renouvelle la défense, sous les peines les plus sévères, de porter des pistolets et arquebuses.

Pendant sa régence, Catherine de Médicis, qui aimait beaucoup l'exercice du cheval et celui de la chasse, venait souvent à Chambord. Le soir, la reine, accompagnée d'astrologues, montait à la *Fleur-de-Lys* (le campanile du grand escalier) *pour consulter nuictamment les cieulx et les estoiles*.

Charles IX, si passionné pour la chasse, devait

visiter souvent le lieu de France le plus favorablement disposé pour cet exercice. Ce fut là, dit-on, qu'il fit l'exploit de vénérie célébré par Baïf, de forcer un cerf à course de cheval sans le secours de chiens. Voici quelques-uns des vers rocailleux de ce poète, qui, après avoir comparé le prince à Hercule et souhaité de pouvoir le placer au ciel pour prix de sa victoire, sous la forme d'une constellation favorable aux veneurs, termine ainsi :

> Moy donc (ce que je puis), vous, mon grand roy, je chante,
> Avecque le cheval la beste tresbuschante
> Au coup de vostre main. Sur un chesne branchu,
> Vouant du chef du cerf le branchage fourchu,
> Le roi Charles neufviesme, et premier qui à-vuë,
> Sans meute, sans relais, à la beste recruë
> Piquant et parcourant fait rendre les abbois,
> En consacre la teste à la dame des bois.

Après la mort de du Gangnier, Charles IX conserva le gouvernement de Chambord à Léonor Breton, sa veuve. Dès lors, ce gouvernement devint héréditaire, comme la plupart des charges de l'ancienne monarchie.

Les lettres-patentes de Charles IX, pour la survivance de Léonor Breton, viennent à l'appui de ce que je disais tout-à-l'heure de la part sérieuse que prirent la veuve de du Gangnier et sa mère aux travaux de Chambord. On y lit : « Nous... vous avons... commise et commectons avec plain pouvoir d'ordonner pour les bastimens et réparations qui seront à faire en icelluy [château], suivant les desseings qui en seront *par nous* faictz. » Cette phrase pourrait suggérer encore une autre observation digne d'intérêt : Charles IX était poète, et des meilleurs de son temps; aurait-il été aussi dessinateur? Cela ne serait pas invraisemblable chez un prince de cette race artistique et intelligente des Valois.

Charles IX avait continué les travaux de Chambord, mais ils étaient conduits bien plus lentement que du temps de Henri II, qui lui-même ne les pressait pas avec la même activité que son père. Les troubles toujours croissants et les embarras financiers qui en résultaient les firent cesser entièrement en 1571. On voit, par les Mémoires d'André Félibien, que la dépense faite depuis 1547, année de la mort de François Ier, jusqu'à l'année 1571, ne s'éleva qu'à la somme de 91,008 liv. 6 s. 5 d. tournois. Cette somme, réunie à celle que dépensa François Ier, forme un total de 335,578 liv. 12 s. 9 d. tournois (2 millions 57,530 fr. de notre monnaie), qui servit à mettre le château à peu près dans l'état où il resta jusqu'à Louis XIV; car les travaux faits depuis Henri III jusqu'à Louis XIII ne furent appliqués, en général, qu'aux décorations et aux réparations les plus nécessaires.

En 1575 eurent lieu, à Chambord, les premières négociations qui amenèrent l'édit de la paix, dite *paix de Monsieur*, ratifiée au mois de mai 1576, entre Henri III et son frère le duc d'Alençon, chef de ce parti des catholiques modérés dont l'alliance avec les protestants suscita de si grands embarras à la politique royale. On sait que, par cet édit, le roi s'engageait à convoquer les Etats de Blois six mois après sa publication.

Le site agreste, les souvenirs de tournois et de vénerie du château de Chambord ne pouvaient s'associer aux plaisirs efféminés et mystiques de la cour de Henri III, qui le visita rarement.

Henri IV le négligea pour Fontainebleau et Saint-Germain ; des motifs politiques puissants l'engageaient d'ailleurs à ne pas quitter le voisinage de la capitale pour les châteaux des rives de la Loire.

Louis XIII vint quelquefois à Chambord et y commanda même plusieurs embellissements. Ce fut pendant un de ses séjours que s'y passa un fait qui peint bien la pruderie habituelle de ce prince. Il désirait lire une lettre qu'avait cachée sous son mouchoir de cou mademoiselle de Hautefort, qu'il aimait de cet amour chaste et platonique qu'il témoigna plus tard pour mademoiselle de la Fayette. N'osant saisir la lettre avec sa main, il prit des pincettes afin de l'enlever sans scandale. Le roi Henri IV, son père, y eût mis plus de délicatesse, ou plus de brusquerie.

Malgré l'autorité des Mémoires de Montglat, malgré la *Vie imprimée* de mademoiselle de Hautefort, où il est question de pincettes d'argent, version adoptée par M. Cousin, M. Loiseleur veut retrancher cette anecdote de l'histoire de Chambord ; elle devrait être, selon cet écrivain, comme le distique de François Ier, « restituée aux recueils d'*Ana* d'où des écrivains sérieux n'auraient pas dû l'exhumer. »

Mais il existe d'autres témoignages contemporains qui n'ont pas encore été invoqués, celui-ci, par exemple : « Un jour, madame d'Hautefort tenoit un billet; il [le roi] le voulut voir; elle ne le voulut pas.

Enfin, il fit effort pour l'avoir; elle qui le connoissoit bien se le mit dans le sein et lui dit: Si vous le voulez, vous le prendrez donc là? Savez-vous bien ce qu'il fit? Il prit les pincettes de la cheminée.......... » La vignette que me reproche M. Loiseleur n'est-elle pas la représentation fidèle de cette petite scène, dans laquelle l'action du roi ne fut qu'une menace, une plaisanterie à sa manière, et non une grossièreté? Je suis, d'ailleurs, je le confesse, de l'avis de M. Viennet : « Les réalistes, dit le spirituel académicien, sont vraiment insupportables avec leur passion de la vérité vraie ; ces jolies perles étaient si bien enchâssées dans nos chroniques ! » Je proteste avec lui contre ceux que, dans sa colère, il appelle les *écumeurs de l'histoire*.

Louis XIII avait donné, en 1626, le comté de Blois en augmentation d'apanage à Gaston d'Orléans, son frère ; le domaine de Chambord en faisait nécessairement partie, et il fut souvent habité par ce prince, surtout pendant les huit dernières années de sa vie, qu'il passa en exil dans son comté. Mademoiselle de Montpensier, sa fille, y vint dès son enfance ; elle a consigné ainsi, dans ses Mémoires, le souvenir naïf de sa première arrivée : « Une des plus curieuses et des plus remarquables choses de la maison, c'est le degré, fait d'une manière qu'une personne peut monter et l'autre descendre sans qu'elles se rencontrent, bien qu'elles se voient ; à quoi Monsieur prit plaisir à se jouer d'abord avec moi. Il étoit au haut de l'escalier lorsque j'arrivai ; il descendit quand je montai, et rioit bien fort de me voir courir, dans la pensée que j'avois de l'attraper : j'étois bien aise du plaisir qu'il prenoit, et je le fus encore davantage quand je l'eus joint. » Elle était loin de se douter que ce château serait, trente ans plus tard, le témoin des commencements d'une passion qui devait remplir d'amertume les dernières années de sa vie.

Sous Louis XIII, parut le titre de *capitaine-gouverneur* de Chambord, que portèrent Jacques Bodin, seigneur de Boisregnard, et son fils Jehan qui la vendit à François de Johanne, seigneur de Saumery, dans la famille duquel il resta pendant près de deux siècles. Les émoluments attachés à la charge s'élevaient à 610 livres (environ 1,200 fr.) sous le premier des Saumery qui en fut revêtu. Le gouverneur jouissait, en outre, du revenu des fermes, maisons et prés du parc, et d'une redevance considérable en bois.

Après la mort de Gaston, le 4 février 1660, Chambord avait fait retour à la couronne, et, au commencement du mois de juillet, Louis XIV, revenant des Pyrénées, après son mariage, le visita pour la première fois; il s'y arrêta un jour, le 9 juillet, et ordonna des réparations.

Chambord fut plusieurs fois le théâtre des fêtes somptueuses qui accompagnaient la brillante cour de Louis XIV pendant son séjour dans les châteaux royaux. Une lettre en prose et en vers, adressée par Pélisson à mademoiselle de Scudéry, contient une relation de celle qui eut lieu en 1668. Cette relation, peu intéressante, nous montre seulement que le style *précieux* n'était pas encore tombé devant les sarcasmes de Molière; elle témoigne aussi de l'admiration ridicule des courtisans pour les moindres actions du roi. Voici les premières lignes de la lettre de Pélisson :

« Je suis persuadé, Mademoiselle, qu'on vous a écrit qu'il n'y a point de maison royale qui soit d'un dessin plus noble et plus magnifique que Chambord. Le parc et la forêt qui l'environnent sont remplis de vieux chênes, droits et touffus, qui ont été consultés autrefois. Si les anciens arbres n'avoient été condamnés par un jugement équitable à un éternel silence; si l'obscurité de leurs oracles et l'indiscrétion avec laquelle ils trahissoient les secrets des amants, n'avoient obligé les dieux à les réduire à servir seulement pour l'ombrage et la fraîcheur, il y a sans doute beaucoup d'apparence que ceux de Chambord parleroient plus clairement que de coutume, et qu'ils décideroient en faveur de ce qu'ils voient aujourd'hui, quoiqu'ils ayent eu l'honneur d'aider aux plaisirs de François Ier, dont la grandeur et la magnificence n'ont pu être surpassées que depuis quelques années. Le temps a été admirable, contre l'ordre des saisons (14 octobre), depuis que le roi est parti de Saint-Germain, etc. »

Ce fut pendant le séjour de la cour, en 1669, que la troupe de Molière représenta, pour la première fois, la comédie de *Pourceaugnac*.

Le *Bourgeois-Gentilhomme* fut également joué, pour la première fois à Chambord, le 14 d'octobre 1670. Le chevalier d'Arvieux, qui avait été envoyé extraordinaire dans le Levant, fut chargé de diriger la partie des costumes et se regardait presque comme un des auteurs de la pièce : « le roi, dit-il, ayant voulu faire un voyage à Chambord pour y prendre le divertissement de la chasse, voulut donner à sa cour celui d'un ballet, et comme l'idée des Turcs qu'on venoit de voir à Paris étoit encore toute récente, il crut qu'il seroit bon de les faire paroître sur la scène. Sa Majesté m'ordonna de me joindre à MM. de Molière et de Lulli, pour composer une pièce de théâtre où l'on pût faire entrer quelque chose des habillements et des manières des Turcs. Je me rendis, pour cet effet, au village d'Auteuil, où M. de Molière avoit une maison fort jolie. Ce fut là que *nous travaillâmes* à cette pièce que l'on voit dans les OEuvres de Molière, sous le titre du *Bourgeois-Gentilhomme*, qui se fit Turc pour épouser la fille du Grand-Seigneur. Je fus chargé de tout ce qui regardoit les habillements et les manières des Turcs. La pièce achevée, on la présenta au Roi, qui l'agréa, et je demeurai huit jours chez Baraillon, maître tailleur, pour faire les habits et les turbans à la turque. »

On raconta alors une anecdote assez piquante au sujet de la première représentation. Le roi, qui craignait de se laisser séduire par le jeu des acteurs, parut écouter la pièce avec beaucoup de froideur, et attendit une seconde épreuve pour dire son sentiment. Molière était désolé, les courtisans répétaient à l'envi qu'il baissait et que sa veine était épuisée; mais, en sortant de la seconde représentation, qui eut lieu cinq ou six jours après, le roi, expliquant la cause de son apparente froideur, fit publiquement ses compliments à Molière, qui ne savait comment se dérober aux félicitations dont il était accablé par toute la cour.

Dans un voyage de Chambord, en 1684, madame de Maintenon commençait à être en grande faveur;

elle avait une place dans la voiture du roi, tandis que madame de Montespan était dans une voiture de suite avec ses enfants. Ce voyage n'eut de remarquable que la mauvaise humeur des deux rivales.

Louis XIV visita Chambord, pour la dernière fois, en 1685; madame de Maintenon y était alors seule avec lui et dans toute la puissance de sa faveur.

Lorsqu'en 1712, après le succès du prince Eugène, la cour délibéra si elle quitterait Versailles pour se retirer derrière le rempart de la Loire, Chambord fut choisi comme le lieu le plus sûr et le plus central. Villars et la victoire de Denain rendirent ce projet inutile.

Louis XIV fit exécuter à Chambord, sous la direction de Mansard, divers travaux qui ne furent pas achevés. De deux vastes ailes, qui devaient être placées en avant-corps de la façade de la place d'armes, pour les écuries et les communs, et qui auraient formé une première enceinte, une seule fut mise en construction; sur ses fondations ont été plus tard construites les casernes du maréchal de Saxe. La principale porte de la cour du château, ornée de pilastres corinthiens, est aussi l'œuvre de Mansard. Le changement de style n'était pas de bon goût. Ce fut lui qui couvrit les terrasses par des toits, pour lesquels il fit, dit-on, le premier essai de la forme qu'on a appelée depuis, *en mansarde*. On voit dans les comptes de l'administration de Colbert que les dépenses pour les travaux exécutés à Chambord, depuis 1661 jusqu'à 1710, s'élevèrent à un million 225,710 livres.

Le château était abandonné depuis longtemps,

quand il devint, en 1725, l'asile du malheureux roi de Pologne, Stanislas Leczinski. Le roi et la reine de Pologne y passèrent huit années dans la pratique de toutes les vertus. La paroisse de Chambord conserve dans ses archives des souvenirs touchants de la bonhomie de Stanislas. Dans un grand nombre d'actes de naissance, on le voit figurer comme parrain, et les gens du village perpétuent la tradition des visites paternelles que le bon roi faisait dans les chaumières de leurs aïeux, de l'intérêt qu'il prenait à leur travaux et à leurs fêtes, et du plaisir qu'il avait à juger leurs différends.

La reine affectionnait beaucoup la petite chapelle située près des appartements de François Ier, et qui en a retenu le nom d'*Oratoire de la reine de Pologne*.

Stanislas planta le parterre dont on aperçoit à peine les traces. Il fit aussi combler les fossés, et cette mesure, prise par un motif de salubrité, a fait perdre beaucoup de son effet à la façade du château, et détruit la légéreté des bâtiments en les enterrant de plusieurs mètres.

Chambord, après le départ du roi de Pologne, en 1733, fut encore abandonné jusqu'au moment où il devint l'apanage du vainqueur de Fontenoy, qui ne vint l'habiter qu'en 1748. Le séjour de Chambord fut très brillant pendant les deux années que le maréchal jouit de sa dotation. Il y menait une vie toute militaire, faisant manœuvrer tous les jours ses deux régiments de hulans que le roi, par une galanterie particulière, y avait envoyés tenir garnison. Il avait établi dans le parc un haras dont les chevaux vivaient en pleine liberté.

Le maréchal avait fait arranger en salle de spectacle celle des grandes salles du donjon qui, au deuxième étage, regarde le côté de l'ouest. C'est là que Favart et sa troupe, qui avaient déjà suivi le maréchal pendant la guerre, donnaient des représentations auxquelles on arrivait de tous les lieux environnants, de Blois, de Baugency et même d'Orléans.

Les excès de tout genre que fit à Chambord le maréchal, déjà malade lorsqu'il arriva, le conduisirent promptement au tombeau. Louis XV lui fit rendre des honneurs sans exemple jusqu'alors, et son corps, après avoir été embaumé, fut transporté à Strasbourg, où le roi lui fit élever le magnifique monument qui passe pour le chef-d'œuvre de Pigalle.

Une tradition locale veut que le maréchal ait été victime d'un duel avec le prince de Conti, duel qui aurait eu lieu dans les fossés du château.

On raconte encore dans le pays un grand nombre d'anecdotes, plus ou moins authentiques, sur le séjour du maréchal de Saxe; on peut en lire plusieurs dans le *Chambord* de Merle, page 71 et suivantes. En voici une, négligée par cet auteur :

Le maréchal, qui tenait à Chambord un état tout à fait royal, désirait beaucoup user d'une prérogative réservée ordinairement à la couronne; c'était d'avoir une sentinelle dans l'intérieur de ses appartements. Il imagina de faire écrire sur la porte placée entre la salle à manger et le salon : *Caisse militaire*, et, sous prétexte de garder la prétendue caisse, il fit poser la sentinelle tant désirée.

Après la mort du maréchal, Chambord resta encore

quelque temps la propriété du comte de Friesen, son neveu, après quoi il fit retour à la couronne.

Aucun fait important n'est relatif à Chambord jusqu'à notre grande révolution.

En 1793, le District de Blois ordonna la vente du riche mobilier de Chambord, qui fut livré aux fripiers accourus de tous les coins de la province. Les merveilles des arts, que dix règnes avaient accumulées, furent dispersées en peu de jours; on arrachait jusqu'aux lambris qui garnissaient les murailles, jusqu'aux parquets des appartements, jusqu'aux volets des fenêtres, jusqu'aux chambranles des cheminées..... Les portes de l'intérieur, si riches d'ornements, étaient jetées dans le brasier allumé dans la salle d'adjudication, avec les cadres des tableaux, et ceux-ci étaient souvent déchirés avant d'être vendus. Les chambranles des cheminées, aujourd'hui réparés, avaient été fendus par la violence du feu qui éclaira cette scène de vandales. Le *seul* meuble qui soit resté est un souvenir de mort : c'est la table de pierre de liais sur laquelle fut embaumé le corps du maréchal de Saxe.

Plusieurs mois après cette dévastation, il vint un membre du directoire du département pour faire disparaître *toutes les fleurs-de-lys et les insignes de la royauté qui se trouvaient dans les ornements du château*. C'était presque ordonner une démolition. Aussi ne fut-il pas difficile à M. Marie, architecte de Chambord, de présenter un devis de plus de cent mille francs pour cette opération. Cet heureuse idée évita un nouvel acte de vandalisme.

En 1797, au retour de Bonaparte à Paris, après les

conférences de Radstadt, les corps législatifs voulurent donner au vainqueur de l'Italie, au négociateur du traité de Campo-Formio, une récompense nationale. Il fut question d'un hôtel à Paris avec la terre de Chambord ; mais le Directoire, que les succès de Bonaparte avaient rendu très-ombrageux, s'y opposa, sous prétexte que les services du général en chef n'étaient pas de ceux que l'on peut payer avec des richesses, et il les remplaça par des honneurs, dans la fameuse cérémonie de la ratification du traité de Campo-Formio qui eut lieu dans la galerie du Luxembourg.

Chambord resta en vente ; heureusement il ne trouva pas d'acheteurs.

Napoléon, dont le génie se sentait la force de continuer toutes les gloires de la nation française, le sauva en le mettant sous la protection de la Légion-d'Honneur ; c'est ainsi qu'il arracha alors à la ruine, par ce glorieux patronage, un grand nombre d'édifices remarquables de la vieille France. Chambord fut désigné comme chef-lieu de la 15e cohorte de la légion commandée par le général Augereau. Le général y vint peu de temps après, ordonna quelques réparations urgentes et fit assainir le lit du Cosson. Plus tard, on conçut le projet d'établir à Chambord la maison d'éducation, décrétée après la bataille d'Austerlitz, pour les orphelines de la Légion-d'Honneur ; mais ce projet fut abandonné à cause des grandes dépenses qu'il eût entraînées.

Le même motif empêcha l'empereur d'y fixer la résidence des princes d'Espagne ; mais il ne vint point visiter lui-même le château, comme le dit M. Merle ; il y envoya son architecte, Fontaine, qui porta le devis d'ameublement et de réparations à neuf millions. Enfin Chambord fut détaché de la dotation de la Légion-d'Honneur, le 28 février 1809, et réuni au domaine de la couronne.

Peu de temps après, Napoléon, voulant récompenser d'une manière éclatante les services de son chef d'état-major, fit don au maréchal Berthier du domaine de Chambord. Il l'érigeait en principauté sous le titre de principauté de Wagram.

Le 19 décembre, l'empereur joignit à ce don 500 mille francs de rente sur le produit de la navigation du Rhin. Une des conditions de la dotation, l'emploi de tous les revenus à la restauration du château, ne fut pas exécutée.

Le prince de Wagram n'y passa que deux jours, en 1810, et Chambord, malgré les nobles intentions de Napoléon, resta abandonné jusqu'en 1814. A l'époque de la retraite du gouvernement impérial à Blois, la cour avait le projet de se réfugier de l'autre côté de la Loire, et de faire couper les ponts d'Orléans, de Baugency et de Blois. On envoya à l'avance une partie des équipages à Chambord; la voiture du sacre était dans la cour du donjon. La princesse de Wagram vint s'établir, pendant quelques jours, au château.

Après la Restauration, et lorsque la princesse eut perdu la dotation sur la navigation du Rhin, elle trouva que la possession de Chambord était trop onéreuse, et obtint l'autorisation de vendre le domaine, non sans de grandes difficultés, car la condition la plus expresse de la dotation : *de rendre au château son ancienne splendeur*, n'avait pas été remplie, et le cas de retour à la couronne avait été prévu par le décret. L'autorisation avait été cependant accordée, malgré des avis qui conciliaient tout : c'était que l'Etat reprît Chambord, à la charge de créer une inscription produisant un revenu égal à celui du domaine.

Le 11 août 1819, Louis XVIII, craignant de fournir des armes aux partis, en permit l'aliénation. Il fut mis en vente en 1820, et déjà la *bande noire*, qui avait flairé le monument, commençait à s'abattre sur les plombs, quand une inspiration vraiment française le sauva. Le comte Adrien de Calonne proposa une souscription à toutes les communes de France pour le racheter et l'offrir au duc de Bordeaux. Une commission, promptement organisée, se chargea de réunir les offrandes, et, le 5 mars 1821, le domaine fut adjugé, au prix de 1 million 542,000 fr., à l'auteur du projet, représentant cette commission, *pour en être fait hommage*, porte l'acte de vente, *au nom de la France, à S. A. R. Mgr le duc de Bordeaux, au profit duquel le domaine est en conséquence acheté dès à présent.*

Cette souscription a été jugée diversement : le gouvernement d'alors fut accusé de l'avoir fait ouvrir par un ordre ministériel, et de l'avoir imposée à tous les fonctionnaires publics. Cependant le ministère, loin d'être favorable à la souscription, s'exprimait ainsi, en annonçant l'intention formelle de ne laisser exercer aucune intervention de la part du gouvernement : « Des dons, qui ne sont acceptables que parce qu'ils sont spontanés, paraîtraient peut-être commandés par des considérations qui doivent être étrangères à des sentiments dont l'expression n'aura plus de mérite si elle n'est entièrement libre. » (Rapport au roi, par le comte Siméon, ministre de l'intérieur, Paris, 20 décembre 1820.)

Mettant de côté les sentiments politiques, je demanderai si tout homme, ami de l'art et de l'histoire, ne doit pas rendre grâce à l'heureuse idée qui nous a valu la conservation de l'un des édifices les plus remarquables de la Renaissance? Il n'est personne qui ne s'apitoie sur la ruine des monuments de la Grèce et de Rome; il n'est si mince voyageur qui n'ait trouvé des paroles éloquentes contre les dégradations de lord Elgin et les boulets des Turcs empreints aux murs du Parthénon; mais l'on voit sans sourciller, que dis-je? avec une secrète joie, peut-être, tomber nos monuments, à nous, non sous le canon de nos ennemis, mais par la main des révolutionnaires, ou sous le marteau d'un obscur spéculateur. *Assassins !* disait un Anglais à qui l'on reprochait d'emporter les bas-reliefs de Jumièges, *vous vous plaignez des voleurs !*..... Ne faut-il pas déplorer l'aveuglement causé par les passions politiques, quand un homme, dont l'esprit et le style sont justement vantés, laisse tomber de sa plume cette phrase de Vandale : « Je fais des vœux pour la bande noire, qui, selon moi, vaut bien la bande blanche, servant mieux l'Etat et le roi. Je prie Dieu qu'elle achète Chambord. » (Courrier.)

La commission de Chambord avait eu le projet de restaurer le château avant de le remettre au duc de

Bordeaux; mais l'insuffisance des revenus la força d'y renoncer. Le conseil général de Loir-et-Cher s'était associé à l'idée de la commission en demandant, en 1821, que les deux forêts de Boulogne et de Russy, dépendant jadis de l'apanage de Blois, fussent réunies à Chambord, pour que le revenu du domaine répondît à l'importance du château et permît de le rétablir entièrement; mais la Chambre de 1825 passa à l'ordre du jour sur cette demande.

Charles X, craignant de paraître intervenir dans la question de Chambord, eut beaucoup de peine, en 1828, à permettre à madame la duchesse de Berry de s'arrêter au château pendant le voyage qu'elle allait faire dans la Vendée. Elle y fut reçue, le 18 juin, par sept ou huit mille personnes, venues de tous les côtés du Blésois, qui voyaient avec joie, dans cette visite, l'assurance que le château ne serait pas détruit et que le domaine serait accepté par le roi au nom de son petit-fils. La princesse apprécia parfaitement tous les genres d'intérêt qui se rattachent au monument, et prit plaisir à consigner le souvenir de sa venue de la même façon que les nombreux visiteurs qui l'avaient précédée, en inscrivant son nom, avec la pointe d'un couteau, sous la coupole du grand escalier. Elle posa ensuite la première pierre de la restauration de Chambord sur la terrasse de l'oratoire.

Le 7 février 1830, la commission de Chambord fit solennellement la remise du domaine à Charles X, qui l'accepta au nom de son petit-fils. Ce fut chez le duc de Bordeaux que, le 12 mai de la même année, furent reçus les princes de Sicile et la duchesse de Berry, revenue avec eux visiter Chambord.

Les travaux de consolidation du château sont maintenant très-avancés, et on donne suite au projet de restauration soumis en 1830 à madame la duchesse de Berry ; on ne peut qu'applaudir à tout ce qui a déjà été exécuté. En présence du progrès immense qui s'est fait dans les travaux de restauration de nos anciens monuments nationaux, et dont le château de Blois nous offre un des plus brillants modèles, nous devons compter sur la restitution la plus complète et la plus intelligente des portions détruites ou altérées du château de Chambord. Nous verrons reparaître les fossés d'eau vive et leurs doubles rangs de balustres ; nous retrouvons déjà les terrasses de la cour sous les mansardes abattues ; le magnifique aspect du donjon, de sa coupole, de ses galeries et de leurs escaliers à jour se présentera de nouveau à la vue, et sans obstacle, dans toute sa splendeur.

La révolution de juillet a laissé à Chambord quelques traces de son passage. La panique de février 1831 ayant fait entreprendre une croisade contre les fleurs-de-lys, on fut obligé de démolir celle du grand escalier (assez malheureusement restaurée depuis), et, comme il était permis de se méfier des connaissances historiques des briseurs d'insignes royaux, on fut obligé également de faire disparaître les H couronnés de Henri II, dans la crainte qu'ils ne fussent attribués à Henri V.

Mais il y eut une attaque plus sérieuse contre le domaine de Chambord. Le gouvernement de juillet, s'autorisant du titre d'*apanage* donné à ce domaine dans divers documents, quoiqu'il ne fût énoncé ni dans le procès-verbal de remise, ni dans l'acte d'acceptation de Charles X, le fit mettre sous le séquestre et en prit possession, au nom de l'Etat, le 5 décembre 1832.

Après un mémorable procès qui ne dura pas moins de 20 ans, et dont toutes les phases sont racontées dans mon *Histoire de Chambord*, la possession du domaine semble aujourd'hui définitivement acquise au duc de Bordeaux. Mais les menaces de l'avenir ne sont pas toutes épuisées. Sur cette terre, si longuement contestée, planent encore les redoutables éventualités que recèle la loi de 1832, toujours en vigueur, malgré la chute du gouvernement sous lequel elle a pris naissance. Une chose, toutefois, rassure : c'est la haute sagesse qui préside aux actes du gouvernement actuel. L'Empereur, on n'en saurait douter, se rappellera tout ce qu'a fait son oncle pour arracher Chambord aux mains des Vandales de son temps.

CHAUMONT. — Antérieurement au Xe siècle, le lieu qu'occupe aujourd'hui le château de Chaumont s'appelait la Garenne de la Comtesse. Quelle comtesse? on l'ignore. Ce qu'il y a de certain, c'est que, sur la fin du Xe siècle, Eudes Ier, comte de Blois, l'un des successeurs de Thibault-le-Tricheur, fit élever en cet endroit une forteresse, dont il confia la garde à Névole, renommé capitaine. Cette construction avait pour but de mettre un terme aux déprédations de Lysois de Bazougiers, seigneur d'Amboise. Vers 1026, Eudes, IIe du nom, la donna à titre de fief à Gelduin, seigneur de Saumur et de Pontlevoy, qui la lui demanda comme indemnité de la perte de Saumur, tombé au pouvoir de Foulque-Nerra, leur ennemi commun. A Gelduin succéda Geoffroy, son fils, surnommé la Fille (*puella*), à cause de la beauté de ses traits. Ce Geoffroy mourut, âgé de plus de 100 ans, laissant Chaumont à Sulpice d'Amboise, premier du nom, fils de Lysois et devenu son neveu, comme mari de Denyse, fille de Chaana, sa sœur, et de Frangal, sire de Fougères. En raison de cette alliance, les successeurs de Sulpice à la seigneurie d'Amboise le devinrent également à celle de Chaumont.

Sulpice IIe du nom, qui avait eu la témérité de refuser l'acte de foi et hommage à Thibault V, comte de Blois, son suzerain, fut pris avec ses deux fils, Hugues et Hervé, à la suite d'une bataille livrée par Thibault. Jetés tous les trois dans les cachots de Châteaudun, Sulpice y mourut dans les tortures, sans avoir consenti à céder son château dont n'avaient pu s'emparer les troupes du vainqueur. Chaumont était vigoureusement défendu par un guerrier intrépide, nommé Oudin, vassal de Sulpice.

Mais l'année suivante, en 1154, le comte de Blois, alors en guerre contre Henri Plantagenet, comte d'Anjou, aidé de son beau-frère Geoffroy, comte de Touraine, fit celui-ci prisonnier dans un combat livré près de Fréteval, dans le Vendômois. Cette fois, Chaumont fut livré et rasé pour obtenir la délivrance de Geoffroy et des fils de Sulpice ; mais le domaine resta à Hugues.

Quatre ans après, le comte d'Anjou, roi d'Angleterre, sous le nom de Henri II, devint un ennemi bien plus redoutable pour Thibault qui reconnut la nécessité de rebâtir la forteresse de Chaumont, poste avancé de ses possessions sur les frontières de la Touraine. Mais elle était à peine relevée de ses ruines que Henri II la prit d'assaut et fit prisonnière toute la garnison, composée de 35 chevaliers et de 80 sergents d'armes. Il ne garda pas, du reste, longtemps sa conquête, et la rendit à Hugues à la fin de l'année 1160, pour le récompenser de son dévouement.

Vers la fin de l'année 1170, Henri II vint au château de Chaumont pour y avoir une entrevue avec Thomas Becket, la troisième depuis le mois de juillet de la même année. Dans celle-ci, le roi employa des moyens de conciliation et de persuasion ; il chercha à rétablir, près du cardinal, les anciennes relations d'amitié qui les avaient unis autrefois. Il alla jusqu'à lui dire que s'il voulait se soumettre, il lui confierait l'administration de son royaume. Mais Thomas, défenseur fidèle des libertés de l'Eglise, demeura inflexible, s'appliquant orgueilleusement les paroles que l'Evangile met dans la bouche du Tentateur : « Je te donnerai tout cela si, tombant à mes pieds, tu m'adores. » Six semaines plus tard, la mémorable querelle des deux adversaires se terminait par la catastrophe qui ensanglanta la cathédrale de Cantorbéry.

En 1189, lors de l'alliance de Richard-Cœur-de-Lion avec Philippe-Auguste contre Henri II, Richard s'empara de Chaumont; mais la mort du roi d'Angleterre, survenue peu de temps après, mit fin à cette guerre impie, et le pauvre Hugues fut encore une fois réintégré dans la possession de son château, où il mourut en 1195.

Sulpice III, successeur de Hugues, ne laissa qu'une fille qui mourut sans enfants, en 1256, et ses domaines passèrent à Jean de Berrie, fils de Renaud de Berrie et de Marguerite d'Amboise, sœur de Sulpice III. Ce Jean de Berrie prit le nom et les armes d'Amboise : *pallé d'or et de gueules de 6 pièces*.

En 1258, d'après une ancienne coutume féodale, le nouveau possesseur de Chaumont consentait à le livrer à son suzerain, le comte de Blois, alors Jean de Châtillon, *pour s'en servir l'espace de 40 jours*, à la condition de le rendre ensuite dans l'état où il l'avait reçu.

Pierre d'Amboise, un arrière-petit-fils de Jean de Berrie, après être entré dans la *Praguerie*, dont le Dauphin, qui fut Louis XI, était le chef, se tourna ensuite contre lui, devenu roi, et se jeta dans la *Ligue du bien public*. Cet acte d'inconséquence valut à Chaumont d'être rasé encore une fois, de fond en comble, l'année 1465. Puis, dans un moment de mansuétude, et d'oubli des injures qui ne lui était pas familier, le roi permit de le rebâtir à ses frais, *pour soulager sa conscience*, dit Comynes.

Pierre d'Amboise avait eu, de son mariage avec Anne du Beuil, neuf fils et huit filles qui parvinrent, la plupart, à des positions considérables. Dans la glorieuse lignée issue de cette féconde union, la postérité distinguera toujours l'illustre cardinal d'Amboise, né en 1460, dans l'ancien château de Chaumont.

Le nouveau fut bâti par le frère du cardinal, Charles, Grand-Maître de France sous Louis XII. Ses armes et celles du cardinal sont sculptées au-dessus du porche du château, dans des cartouches d'une admirable exécution, accostés des lettres L et A, en l'honneur de Louis XII et de la reine Anne.

L'arrière-petite-nièce de Charles d'Amboise, Antoinette d'Amboise, veuve d'un Larochefoucault-Barbézieux, fut le dernier des membres de cette race fameuse qui possédait héréditairement Chaumont, depuis Gelduin, son fondateur. La reine Catherine de Médicis l'acheta à l'un des héritiers de cette dame, au prix de 120,000 livres, le 31 mars 1559; mais elle le donna peu de temps après à la duchesse de Valentinois, en échange de Chenonceau. La belle favorite de Henri II, quoique bannie de la cour, n'habita point les bords de la Loire; elle leur préféra toujours les splendides solitudes du château d'Anet, qu'elle s'était fait bâtir. La duchesse de Bouillon, sa fille, hérita de Chaumont.

A la suite de cette dame, le vieux manoir des Gelduin et des Sulpice voit passer dans ses murs, comme de fugitifs météores, une foule de nobles propriétaires. Toutefois, quelque gloire rejaillit sur lui du nom de l'un d'eux, Henri de la Tour, père du grand Turenne. En 1600, un gentilhomme lucquois, Scipion Sardini, qui avait servi Catherine de Médicis et possédait aussi un hôtel à Blois (V. p. 109), l'occupe en vertu du droit de retrait lignager qu'il exerce, comme mari d'Isabelle de la Tour, sur Nicolas Largentier, sieur de Vaussemain et fermier-général des gabelles. Cet étranger est suivi des Rouffignac, qui revendent la propriété, en 1699, à Paul de Beauvillier, duc de Saint-Aignan. Changeant toujours de maîtres, ce domaine, en 1739, va des seigneurs de la maison de Mortemart à M. Bertin de Vaugien, conseiller au parlement de Paris, et de ce magistrat à M. Le Ray, grand-maître des eaux et forêts, intendant des Invalides.

Sous ce propriétaire, l'industrie est appelée à Chaumont; des fabriques s'élèvent; une poterie estimée utilise le sol; la plastique, sous la direction de l'Italien Nini, produit ces admirables médaillons, en *terre de Chaumont*, que les curieux recherchent et sur lesquels mon collègue et ami de l'Académie de Blois, M. Villers, a publié un excellent travail.

En 1803, M. Le Ray fils entre en possession du domaine paternel, mais il ne l'habite guère, entraîné bientôt dans le Nouveau-Monde par des spéculations hasardeuses. Pendant sa longue absence, un ordre de l'Empereur relègue en son château l'auteur de *Corinne*. La présence de Madame de Staël amène à Chaumont plus d'un hôte célèbre, courtisan de son exil; entre autres, les comtes de Sabran et de Salaberry, le duc de Montmorency, et l'auteur d'*Adolphe*, Benjamin Constant.

D'autres mutations, cependant, attendent la féodale demeure; elle compte un instant parmi ses possesseurs M. d'Etchegoyen, alors propriétaire du joli chateau de Madon, ancienne maison de plaisance des évêques de Blois, située dans le voisinage; puis celui-ci, en 1833, transmet la propriété à Madame la comtesse d'Aramon, qui l'habite aujourd'hui avec M. le vicomte Walsh, qu'elle a épousé en secondes noces.

Grâce à ces derniers possesseurs, le château de Chaumont, très-habilement réparé, a pu reprendre de nos jours la physionomie des anciens temps. Dans cette restauration, M. de la Morandière s'est montré le digne élève de M. Duban, sous la direction duquel il avait travaillé à la restauration du château de Blois.

Tandis que le savant architecte restituait au château toute sa poésie de pierre, le père de M. Walsh, le bon, spirituel et habile conteur, que les lettres ont perdu, il y a quelques années, restituait au vieux manoir toute la poésie de ses souvenirs. (V. sa *Notice sur Chaumont.*)

En 1681, dans des Mémoires inédits sur les Maisons royales de France, Félibien donne une description du château de Chaumont qui prouve que, depuis cette époque, cette noble résidence a subi peu de changements. Seulement, il signale, du côté de la Loire, une façade, du temps de Charles d'Amboise, qui n'existe plus, M. Bertin de Vaugien l'ayant fait abattre. Il admire l'escalier à noyau, bâti en pierre de Lie; il parle des tours, des vieux bâtiments des d'Amboise, plus faits, dit-il, pour servir de place forte que de maisons de plaisir, et offrant en plusieurs endroits cette espèce de volcan en éruption, devise fort ancienne, mais très-peu véridique, qui fait allusion au prétendu sens étymologique de Chaumont (*chaud mont*) que les chartes appellent *calvus mons*, mont chauve. Il passe sous silence les C, bien visibles cependant dans l'encadrement sculpté qui embrasse presque tout le château, initiales du nom du constructeur de Chaumont, Charles d'Amboise; les doubles C de Catherine, enlacés à l'H de Henri II; les sphères, les compas, les triangles et les cercles cabalistiques de la reine-mère; les cors de chasse, les carquois et les croissants, symboles de la belle Diane, gravés sur les créneaux, et indiquant les portions du château terminées par Catherine ou par son orgueilleuse rivale.

Le fil d'une tradition vivante à la main, il reconnaît la « grande salle fort spacieuse, ayant veue du costé de l'eau, où la reyne Catherine tenoit ses assemblées d'astrologues et de desvineurs, auxquels elle avoit beaucoup foy. »

En effet, Nicole Pasquier, fils du célèbre Estienne Pasquier, raconte, en ces Lettres, que « la Royne mère, désireuse de sçavoir si tous ses enfants monteroient à l'Estat, un magicien, dans le chasteau de Chaulmont, qui est assis sur le bord de la rivière de Loire, entre Blois et Amboise, luy monstra dans une sale, autour d'un cercle qu'il avoit dressé, tous les Roys de France qui avoient esté et qui seroient, lesquels firent autant de tours autour du cercle qu'ils avoient régné et devoient régner d'années; et comme Henry troisiesme eut fait quinze tours, voilà le feu roi [Henry IV] qui entre sur la carrière, gaillard et dispost, qui fit vingt tours entiers, et voulant achever le vingt et uniesme, il disparut. A la suite, vint un petit prince de l'aage de huict à neuf ans, qui fit trente-sept ou trente-huit tours; et après cela toutes choses se rendirent invisibles, parce que la feüe Royne Mère n'en voulut voir davantage. »

Maintenant, si nous examinons ce château dans son état actuel, nous verrons qu'à l'extérieur, du côté de la plaine, il se compose de deux corps de logis irréguliers, flanqués d'une tour à chaque angle et réunis au pavillon de la voûte d'entrée par deux autres tours, bastions formidables chargés de mâchicoulis. Cet ensemble d'édifices du XVe siècle se présente sous un aspect vraiment belliqueux. A quelque distance, on aime à voir jaillir ses toits aigus, ses clochetons, ses hautes cheminées, du milieu des bosquets et des masses de verdure qui le pressent. Le porche ouvre sur une cour, formant terrasse du côté de la Loire, depuis la démolition exécutée par M. de Vaugien. Dans les bâtiments qui la ceignent, on distingue, à droite, la chapelle appuyée en retrait, à l'extérieur, sur l'entablement d'un rempart probablement élevé pour la soutenir. Elle reçoit le jour par plusieurs fenêtres, ornées dans le style ogival dit flamboyant. Cette chapelle, à l'intérieur, forme une sorte de croix grecque et présente des dimensions assez vastes pour mériter la qualification d'église. Elle possède un retable de bois sculpté qui mérite l'attention, et de beaux vitraux d'où s'échappe cette lumière affaiblie, douce au regard et si favorable au recueillement.

La grande galerie, les salons, les appartements, décorés et meublés dans le meilleur style de la

Renaissance, attestent le bon goût des propriétaires du château. Seulement, leurs concierges ne devraient pas laisser croire que le mobilier est celui-là même qui s'y voyait au XVIe siècle. Les touristes ne seraient pas exposés à écrire, dans leurs impressions de voyage : « Le curieux bahut qu'on admire dans cette chambre [supposée celle de Catherine] a dû recéler, dans ses innombrables tiroirs, bien des secrets d'Etat, bien des piéges tendus ou préparés, bien des projets redoutables ! »

Des landiers, en fer ciselé, aux armes des Ribier : *D'azur, à une fasce ondée, d'argent, accompagnée en pointe d'une tête de licorne de même*, proviennent du château de Crotteaux, dont il sera parlé plus loin. La *chaire* gothique de la chapelle, où s'asseyait, dit-on, le cardinal d'Amboise, m'a appartenu ; elle avait été achetée à la Fabrique de l'église de Mur, en Sologne. Les pièces très-peu nombreuses de l'ancien mobilier de Chaumont furent vendues aux enchères à l'époque où M. d'Etchegoyen devint propriétaire du domaine. Feu le docteur Bailly, de Blois, acheta alors des objets de toilette et d'habillement que la tradition attribuait à la reine-mère et à la duchesse d'Etampes. Je rapportai, moi-même, de cette vente, une petite crédence, style renaissance, sans doute « un de ces meubles de bois de la reine Catherine qui ont quelque chose de singulier » a dit Bernier, le vieil historien du Blésois.

Il ne reste aujourd'hui, authentiquement, du mobilier contemporain du château de Chaumont, que les tapisseries, XVe siècle, extrêmement remarquables, qui décoraient autrefois la chambre à coucher principale de l'aile occidentale. Chaque sujet est accompagné d'une inscription morale, en assez mauvais vers. Je citerai deux de ces inscriptions. La première a été tronquée par une coupure malheureuse, exécutée pour ajuster la tapisserie à la largeur du panneau qui la porte. Le sujet est le dieu Cupidon, avec les attributs consacrés par la mythologie.

    Je frappe tout à tort et à [travers]
    De ars et de ders les chastes [cuers];
    Mais à la fin, quelque jouste [reuers],
    La mort suruient qui tout m[et à l'enuers].

    On voit le temps, atourné de uerdure,
    Aucuneffois aussi plaisant que ung ange;
    Puis tout soudein se change et, sort estrange,
    Jamais le temps en ung estat ne dure.

Les voyageurs voudront visiter tous ces appartements, et surtout cette terrasse d'où, penchés sur l'immense panorama du bassin de la Loire, ils verront se développer ce que Fénelon appelle si pittoresquement : « un horizon à souhait pour le plaisir des yeux. »

CHENONCEAU. — La commune de Chenonceau, désignée en 1290 sous le nom de *Parochia de Chenoncello*, et située presque à la limite de l'arrondissement de Blois, fait partie du département d'Indre-et-Loire. Son château, l'une des merveilles du XVIe siècle, n'était d'abord qu'une habitation féodale d'assez peu d'importance, possédée depuis trois siècles par une famille du nom de Marques, originaire d'Auvergne et alliée des rois de France. Thomas Bohyer, originaire de la même province, baron de Saint-Ciergue et général des finances de Normandie, acheta, pour 7,374 livres, le 3 janvier 1496, de Pierre Marques, son débiteur, ce modeste castel, qui s'élevait non loin du Cher. Mais Pierre, désolé de quitter ce beau lieu et comptant sur le rétablissement de ses affaires pour y revenir, avait stipulé la faculté de réméré pendant deux ans. Cet espoir ayant été déçu, Catherine Marques, sa nièce, demanda alors à exercer le droit de retrait lignager, et ce ne fut qu'après dix ans de procédures que Thomas Bohyer put, en rachetant Chenonceau le double du prix qu'il l'avait payé en 1496, en devenir enfin le paisible possesseur. Sachant que la position financière de la nièce n'était pas meilleure que celle de l'oncle, il avait, en attendant, acheté plusieurs terres seigneuriales situées dans le voisinage. Continuant toujours ses acquisitions, il arriva à former un domaine de 1,134 arpents (756 hectares), lui revenant à 26,862 livres (environ 300,000 fr. de notre monnaie). Cette étendue était assez considérable pour former une châtellenie, et, en 1514, des lettres patentes du roi Louis XII accordaient ce titre à Chenonceau, en faveur de Thomas Bohyer.

Ce fut cet opulent seigneur qui jeta les fondements du château de nos jours. Il fit choix, pour ses constructions, de l'emplacement d'un moulin bâti dans la rivière par son prédécesseur. Même, il eut la première idée du pont qui joint les deux rives du Cher. Mais sa mort, arrivée en 1524, au camp de Vigelli, dans le Milanais, où il avait suivi François Ier, et celle de son habile épouse, Catherine Briçonnet, survenue deux ans après, empêchèrent la réalisation de ce projet, autorisée, dès 1515, par le roi. A cette époque, le principal corps de logis se trouvait terminé. On peut y voir les armes des deux époux, sculptées ou peintes en plusieurs endroits, avec cette inscription où se laisse pressentir, quant à l'achèvement de leurs plans gigantesques, la double insuffisance de la vie et de la fortune :

SIL VIENT A POINT ME SOWIENDRA.

Antoine Bohyer, l'aîné des fils de Thomas, hérita de la seigneurie de Chenonceau, sans pouvoir la garder longtemps. La succession de son père ayant été reconnue débitrice envers le trésor de 190,000 livres, somme considérable à cette époque, il se vit bientôt dans la nécessité, pous se libérer, de faire l'abandon de ses biens à François Ier. Ce prince, heureux de profiter d'une occasion qui mettait au nombre des maisons royales un château déjà renommé par la beauté de son architecture et le charme d'une situation incomparable, l'acheta 90,000 livres, à valoir sur la dette de Thomas Bohyer, par transaction du 28 mai 1535, et en fit prendre possession en son nom par le connétable de Montmorency et par Philibert Babou, trésorier de France à Tours. Il y vint plusieurs fois avec la cour, et le garda jusqu'à sa mort.

Henri II, son fils, peu de temps après son avénement, en fit don à la belle Diane de Poitiers, et celle-ci, vers 1555, fit construire le pont médité par Thomas Bohyer. La mort du roi mit fin à tous les projets d'embellissement conçus par la favorite. Avec Henri finissait sa puissance. D'ailleurs, l'épouse si longtemps éclipsée, Catherine de Médicis, était régente; bien résolue de tirer vengeance d'une rivalité d'autant plus odieuse qu'elle l'avait blessée à la fois et comme épouse, et comme femme, et comme reine, les témoignages de sa haine ne se firent pas attendre. Pour en arrêter les effets, la duchesse de Valentinois dut remettre à l'implacable florentine, avec les pierreries données par son royal amant, le plus magnifique joyau de son écrin, Chenonceau! Elle reçut, en échange, le château de Chaumont, que Catherine avait acheté de Ch. de la Rochefoucaud, en 1550, pour 120,000 livres.

Ceci se passait en 1560. Catherine fit de cette résidence une de ses habitations de prédilection; les écrits du temps sont remplis du détail des fêtes qu'elle y donna pendant ses fréquents séjours. De cette ère de plaisirs et de splendeurs datent les terrasses, les douves, la galerie du pont et le grand bâtiment faisant face à l'avant-cour. Dès lors on pouvait dire de Chenonceau, avec Loret :

> Basti si magnifiquement,
> Il est debout, comme un géant,
> Dedans le lit de la rivière,
> C'est-à-dire dessus un pont
> Qui porte cent toises de long.
>
> (*Licence poétique; il n'en a que* 50).

Une pièce des plus rares, dont on doit au prince Augustin Galitzin la réimpression, donne de curieux détails sur la réception faite par la reine-mère, en 1559, à François II et à Marie Stuart :

Le parc était décoré d'arcs de triomphe, d'obélisques, de trophées, de naïades, dont les urnes versaient du *vin clairet*, et de divinités de l'Olympe, selon le goût mythologique, si en faveur alors. Mais ce qui, à cette fête, causa le plus grand ravissement furent les feux d'artifice, spectacle nouveau en France. Au moment où les souverains, pour arriver à la terrasse du château, traversaient un pont sous lequel *murmuroient, argentines, deux cleres fontaines*, on mit le feu « à ung millier de fuzées, lesquelles, comme bazilicqs volans, singlans l'air à perte de veuë, allerent finablement fondre dans les courans du Cher, où avant que perdre l'alaine elles petillerent et ronflerent de sorte qu'on les vit escarteler de telle furie qu'il sembloit que les eaux mesmes bruslassent. »

Aussi les inscriptions qui accompagnaient les différentes pièces décoratives pouvaient-elles dire, en italien,

FIN AL CIELO N'ANDARA LA FIAMMA,

jusqu'au ciel s'en ira la flamme, et en grec,

ΠΥΡ ΑΣΒΕΣΤΟΝ,

feu inextinguible.

Ce que nous appelons aujourd'hui le *bouquet* ne surpasserait guères celui des artificiers de la reine Catherine :

« Mais ce qui fut de plus excellent, estoit qu'en la terrace mesme il fut mis le feu à deux petites colonnes qui despartirent et s'esclatterent en si grans, estranges et si druz tourbillons et esclairs de flambes separées et brillantes de tant de couleurs que les yeux ouvers et les bouches beantes toute la trouppe demeura ung long temps attendant la fin d'un si grand passe-temps, tant qu'elles, apres avoir lancé leur foudre et par terre et en l'air de part en l'autre, finalement commencèrent à se deppecer en mille et millions de petards, grenades, lances et pots flamboyans, d'ond tout le monde, non seulement fut esbay, mais estonné de joye et grande admiration pour n'avoir esté au-paravant ce jour jamais veu chose semblable. »

Le seigneur de Saint-Martin, *personnage en son art très-singulier*, ordonnateur de la fête, avait non-seulement emprunté aux langues grecque, latine, italienne et française les inscriptions et devises; il avait, en outre, attaché aux plus beaux arbres de l'avenue et du parc des quatrains et des sonnets en français.

Parmi ces poésies, en général plus que médiocres, un sonnet, seul, me semblerait digne d'être cité :

> Où vas-tu si grand pas, princesse, arreste toy
> Et voy de ce grand parc la mélange naifve,
> Les fleurs et les berseaux qui du long de la rive
> De mon voisin le Cher sont à l'entour de moy.
>
> Avant que ma Pallas, mère de vostre roy,
> (Veillent les puïssans dieux que son amour poursuyve)
> Eust pris plaisir icy il n'y avoit fleur vive ;
> Mais desers et buyssons estoient ce que je voy.
>
> Les nymphes et les dieux qui gardoient ces rivages,
> Malcontens de l'horreur de mes ronces sauvages,
> S'estoient allé cacher, dépits, en quelque coing :
>
> Mais si tost qu'ils ont sceu que cette grand deesse
> Avoit délibéré d'y passer sa tristesse ;
> Ils ont repris, contens, de Chenonceau le soing.

Ce fut à Chenonceau, en 1577, que le roi Henri III apprit le succès de ses armées et la prise de la Charité et d'Issoire par son frère le duc d'Anjou. Dans sa joie, il s'écria que le château devait changer son nom contre celui de *Bonne-Nouvelle*.

Peu de temps après, le duc vint au Plessis-les-Tours où le roi lui offrit un festin superbe, dont les convives se montrèrent, si l'on s'en rapporte à L'Estoile, bien dignes de la cour dissolue à laquelle ils appartenaient.

La reine-mère voulut aussi fêter son fils, et lui donna un banquet qui ne le céda point, en magnificence, à celui du roi. Mais ce ne fut pas, comme l'ont dit plusieurs historiens de Chenonceau, à ce banquet, mais à celui du Plessis-les-Tours, que les filles de la reine parurent à demi nues. Il y a lieu de croire que la présence de la pieuse et vertueuse Louise de Vaudemont obligea la cour à plus de décence. Laissons d'ailleurs parler Pierre de l'Estoile, le chroniqueur des deux banquets. « La royne-mère fit après son banquet à Chenonceau, qui luy revenoit, à ce qu'on disoit, à plus de cent mil francs [à-peu-près un million] qu'on leva par forme d'emprunt sur les plus aysez serviteurs du roy et mesme de quelques Italiens ; » mais ceux-ci, selon le malicieux chroniqueur, *sceurent bien s'en rembourser au double*. « Les filles des roynes estoient vestuës de damas de deux couleurs ; madame la marquise de Guercheville en estoit une et s'appeloit la jeune. Le festin se fit à l'entrée de la porte du jardin, au commencement de la grande allée, au bord d'une fontaine qui sortoit d'un rocher par divers tuyaux. Madame la mareschale de Retz estoit grande-maistresse ; madame de Sauve, qui depuis fust la marquise de Nermoustier, estoit l'une des maistresses d'hostel, et tout y estoit en bel ordre. »

A Catherine succéda, dans la possession de Chenonceau, la veuve de Henri III. Cette princesse y passa, dans le deuil, les dernières années de sa vie. Un témoignage de son inconsolable tristesse s'est maintenu jusqu'à nos jours sur la cheminée de la chambre qu'elle occupait ; ce sont ces trois mots de Virgile :

SÆVI MONVMENTA DOLORIS.

Monuments d'une cruelle douleur, qui accompagnaient un portrait de Henri III ; ce portrait a disparu pendant la révolution.

En 1598, Henri IV vint à Chenonceau, accompagné de la belle Gabrielle d'Estrées, et, pendant ce séjour, il eut différents pourparlers avec les principaux personnages de la Ligue. Alors aussi eurent lieu les fiançailles de César, duc de Vendôme, fils naturel du roi, avec Françoise de Lorraine, duchesse de Mercœur, nièce de Louise de Vaudemont qui lui assura en dot la terre de Chenonceau.

La reine mourut en 1601, et son frère, le duc de Mercœur, la même année. La veuve du duc, Marie de Luxembourg, vint habiter Chenonceau et y resta jusqu'à la fin de sa vie.

A la mort du dernier des ducs de Vendôme, le vainqueur de Villa-Viciosa, Chenonceau échut successivement à sa veuve, Marie-Anne de Bourbon, petite-fille du grand Condé, puis à la princesse douairière de Condé, puis enfin à M. Le Duc, premier ministre sous Louis XV, qui l'acheta en 1720, pour le revendre en 1733 à M. du Pin, fermier-général, issu d'une ancienne famille du Berry, mentionnée par La Thaumassière.

Cette acquisition fut heureuse pour Chenonceau, négligé depuis près de cent ans par ses puissants possesseurs. M. du Pin y reçut les plus hautes illustrations du dernier siècle. Jean-Jacques Rousseau y fut chargé de l'éducation du fils unique de madame du Pin, qu'on appelait M. de Chenonceau. Il y composa plusieurs pièces de théâtre et on y joua, dit-on, pour la première fois, *Le Devin de village*. La jolie pièce de vers, l'*Allée de Sylvie*, fut inspirée par l'allée du parc qui portait ce nom et suivait le cours du Cher. M. du Pin consacrait sa fortune à l'embellissement du manoir, exemple que suivirent ses petits-neveux, M. le comte et madame la comtesse de Villeneuve. Protégé par les vertus de madame du Pin, qui y mourut, en 1799, à l'âge de 93 ans, le château ne reçut aucune sérieuse atteinte dans les temps les plus orageux de la première révolution, à l'exception, toutefois, de la vente et de la destruction des tableaux historiques.

A la mort de madame de Villeneuve, ses enfants, après s'être partagé une partie du mobilier de Chenonceau, vendirent le domaine, composé alors de mille hectares qui devinrent la proie des marchands de biens en détail. Le château et le parc, contenant environ 300 hectares furent acquis, au mois d'avril 1864, par M. Pelouze, au prix de 800,000 francs ; ce qui restait du mobilier lui fut vendu 50,000.

Noblement préoccupé de la conservation du précieux monument dont il est possesseur, M. Pelouze a déjà consacré des sommes considérables à sa restauration. Tout annonce que Thomas Bohyer et Catherine Briçonnet ont trouvé un digne successeur.

Il existe un grand nombre de publications sur Chenonceau. Une des plus remarquables est le très-beau et très-bon livre qu'ont mis au jour, en 1834, M. Chabouillet, aujourd'hui conservateur du Cabinet des médailles à la Bibliothèque impériale, et M. Massé, architecte du département de Loir-et-Cher. En 1856, le prince Augustin Galitzin, gendre du comte de Villeneuve, a fait paraître, à la suite d'un curieux inventaire des meubles de Chenonceau, daté du 8 janvier 1603, une Notice qui contient beaucoup de renseignements inédits; en 1857, il a fait réimprimer les *Triomphes faictz à l'entrée de Françoys II et de Marye Stuart au chasteau de Chenonceau*, dont nous avons donné plus haut quelques extraits, et publié, en 1858, le *Discours historique sur la chatellenie et le château de Chenonceau*, écrit en 1745, par M. de la Chauvignière, receveur de l'antique domaine de François Ier. M. Vergnaud-Romagnési a fait connaître des vitraux provenant de cette belle demeure, et qui sont en sa possession. M. Loiseleur, dans son livre sur les *résidences royales de la Loire*, a donné un travail étendu sur Chenonceau. Enfin, un recueil, renfermant un nombre considérable de documents inédits, véritable révélation pour l'Histoire, ce sont les cinq volumes publiés par M. l'abbé Chevalier sous le titre : *Archives du château de Chenonceau*.

J'accueille avec empressement, on le conçoit, l'opinion de mon collègue, le savant Secrétaire de la Société archéologique de Touraine, à l'égard du *maistre de l'œuvre* construit pour Thomas Bohyer. On ne saurait, en effet, y méconnaître le style de Pierre Nepveu, style de la Renaissance purement française, dont la plus haute expression se trouve à Chambord.

(Voir p. 288, et la onzième édition de ma Notice sur Chambord, pp. 28-40.)

Il me reste à donner une description du merveilleux édifice qui fait le sujet de ce chapitre.

Le principal corps de logis est composé de plusieurs pavillons, élevés sur des piles dont les fondations reposent dans le lit même de la rivière du Cher. Une grande arche supporte la masse centrale et ses piles sont d'une telle dimension qu'on a pu en laisser le noyau vide et y placer les cuisines, offices et salles de bains. Une seconde arche, munie d'un pont-levis, joint le château à la rive gauche du Cher. Cinq autres arcatures soutiennent la galerie qui conduit à la rive droite, galerie projetée par Thomas Bohyer, commencée par Diane de Poitiers et terminée par Catherine de Médicis. Du Cerceau, architeete de la reine, a donné, dans son livre des *plus excellens bastimens de France*, le plan et les dessins d'édifices considérables qui devaient être construits en avant de la façade du château. Heureusement, ils n'ont pas été exécutés, car ils auraient entraîné la destruction d'une grosse tour qui doit avoir appartenu au castel de Pierre Marques. Une charmante porte, ornée de pilastres et d'arabesques, y fut ajoutée par Thomas Bohyer, dont elle porte la devise. Tout l'édifice est construit en pierres de taille tendres des côteaux du Cher, à l'exception des piles, qui sont en pierres dures.

« La façade, dit M. Chabouillet, est d'une régularité parfaite, et les deux tourelles dont elle est flanquée lui donnent l'aspect le plus pittoresque. De

gracieux ornements sont prodigués sur la grande porte; sur les deux battants on lit ces quatre mots, sculptés sur un fond d'azur :

DEVS SPES MEA SALVS.

Dieu, mon espérance et mon salut.

« Deux trompes circulaires reposant sur des pilastres, dont les chapitaux sont merveilleusement sculptés, se continuent en entablement au-dessus de la porte. L'entablement principal, orné de balustres en relief, est couronné par des lucarnes en pierre, auxquelles de légères pyramides, en forme de candélabres, se lient par de petits arceaux à jour. Les cheminées, bâties en pierre blanche, ornées de niches et de dentelures, produisent avec les tons variés des toits des oppositions de couleur du meilleur effet. »

Entre les fenêtres de chaque étage sont appliqués quatre termes ou cariatides, en bas-relief, d'une assez lourde exécution et qui sont postérieurs à la construction de Bohyer, car ils ne figurent pas sur les dessins de du Cerceau.

La grande porte ouvre sur un vestibule voûté en pierre, dont les clefs, à l'intersection des arcatures, sont disposées dans une sorte d'irrégularité qui se régularise en se répétant. A droite et à gauche de ce vestibule sont deux corps de logis. L'escalier, voûté en pierres, est dans celui de droite, et les principaux appartements sont dans celui de gauche. Ceux-ci sont remarquables par leurs poutrelles, sculptées et peintes, et par de magnifiques cheminées ornées des chiffres de Charles IX et de Catherine de Médicis, rehaussés d'or. Sur la cheminée de la chambre dite de Catherine, contiguë à la salle des gardes, des arcs et des cornes d'abondance montrent qu'elle a été faite quand le château appartenait à Diane. « En comparant, dit M. Chabouillet, les cariatides de cette cheminée à quelques ouvrages de Germain Pilon, nous avons cru reconnaître le style de cet habile artiste. »

La chapelle et la Bibliothèque sont placées dans des pavillons en saillie sur les angles du corps de logis de gauche. Thomas Bohyer a dû terminer entièrement la chapelle, comme l'indiquent la date 1521, sculptée sur la jolie tribune qui la décore, et ses armes : *d'or, au lion d'azur, au chef de gueules*, peintes dans les clefs pendantes de la voûte. On y voit aussi la devise et les armes de sa femme : *d'azur, à la bande componée d'or et de gueules, de cinq pièces, chargée, sur le premier compon, de gueules, d'une étoile d'or, accompagnée d'une autre de même, mise en chef*. Bohyer fit peindre encore dans la chapelle les armes de son frère le cardinal qui, étant abbé de Saint-Ouen de Rouen, contribua beaucoup à la construction de l'admirable église de cette abbaye et dut aider Thomas de ses conseils. « La famille des Bohyer, dit Félibien, estoit naturellement magnifique et aymoit les bastimens. » On remarque encore, dans cette chapelle, un charmant édicule en bois sculpté auquel on donne le nom de *confessionnal de François Ier*, et qui me semble une sorte de cabinet, ou tribune, d'où le roi pouvait, à travers un panneau à jour, assister à l'office et voir le prêtre à l'autel, sans être vu.

Dans la Bibliothèque qui fait pendant à la chapelle est un plafond sculpté, d'une ravissante finesse d'exécution. Sur les frises sont alternées les lettres T B et T K, initiales de Thomas Bohyer et Katherine. L'*Inventaire*, publié par le prince Galitzin, contient un curieux catalogue des livres qu'avait réunis la reine Louise dans sa *librairie*.

La galerie est percée, de chaque côté, par cinq fenêtres, répondant au milieu des cinq arches du pont qui la supporte. Sur les éperons des piles s'élèvent de petites tourelles, éclairées par des fenêtres cintrées et terminées en terrasses avec balcons de pierre, à la hauteur du premier étage. On y entre par des ouvertures carrées, servant à la fois de fenêtres pour les galeries et de portes pour les terrasses. De là se développe une perspective admirable, offrant cela de particulier, que le spectateur voit le cours de la rivière fuir en face de lui, tandis que d'ordinaire il se développe à droite et à gauche de sa vue.

Cette galerie n'est pas terminée. La reine Catherine ne put réaliser le projet de construire à son extrémité un édifice qui aurait fait pendant à celui de Thomas Bohyer.

Chenonceau est un des rares palais célébrés par notre histoire, le seul, peut-être, qui puisse se présenter à l'avide curiosité de notre âge dans toute l'intégrité de sa forme et de sa décoration primitives. Les siècles n'y ont rien changé, rien déplacé : meubles (à quelques anachronismes près), jardins, ombrages, tout s'y est perpétué en son lieu, en son état, comme oublié par le temps. Si revenaient à la vie tant d'illustres possesseurs, tant de nobles hôtes qui l'habitèrent; tous, rois, reines, princes, chevaliers, grands artistes, esprits sublimes, y reconnaîtraient ce qu'ils ont élevé, placé, occupé, aimé! Le vieux Thomas Bohyer y retrouverait, pyramidant sur le Cher, au bruit du feuillage et des eaux, son château de fées, chargé de ses magiques sculptures, et sa chapelle, gardant, malgré le passage des siècles, ses armes, toujours brillantes, aux légers pendentifs des voûtes. François Ier y reverrait les préaux témoins des exploits de ses paladins, derniers successeurs de Tancrède et de Brandimart, disparus avec son règne; Diane de Poitiers, les attributs de la reine des nuits que sa beauté se plaisait à revêtir; Catherine de Médicis, son large foyer, aux divines sculptures, où sans doute elle médita plus d'une fois, durant ses veillées, les profondes leçons de Machiavel, son maître; et la bonne Louise de Vaudemont, cet oratoire en deuil qui vit couler ses larmes, entendit ses prières. Entre ces tentures, étincelantes d'arabesques d'or et d'azur, à ces hautes fenêtres, ouvertes sur l'horizon de la vallée, Marie d'Ecosse pourrait, comme aux heures de sa jeunesse, s'asseoir et rêver, dans le parfum des brises fraîches, dans le calme des soirées printanières, du *tant doux pays de France;* et, par ces allées et ces pelouses immobilisées, pourrait reprendre ses nobles entretiens tout ce peuple de héros et de génies: les Condé, les Vendôme, les Voltaire, les Montesquieu, les Buffon, les Jean-Jacques!

CHEVERNY. — La seigneurie de Cheverny était déjà possédée, dès le XIVe siècle, par la famille Hurault. Au XVe, Jacques Hurault figure dans plusieurs actes du temps comme seigneur de la Grange, Cheverny, Vibraye et Huriel. Au commencement du XVIe siècle, le général Raoul Hurault fit bâtir, dans la terre de Cheverny, un château au lieu qu'occupent aujourd'hui les communs. L'illustre chancelier de Cheverny, qui reçut le jour dans cette maison, l'an 1528, en accrut les possessions et fit ériger la terre en vicomté, de la mouvance immédiate de Blois. En 1634, le fils aîné du chancelier, créé comte de Cheverny, fit démolir une partie des bâtiments élevés par son aïeul, et construire le château qui existe aujourd'hui. Félibien l'attribue à Boyer, architecte de Blois. Les lettres F L, gravées avec la date 1634, dans un des cartouches de l'escalier, indiqueraient donc l'artiste qui en exécuta les sculptures.

Après la mort du comte de Cheverny, qui ne laissait que deux filles, le domaine échut à la cadette, Elisabeth, épouse du marquis de Montglas, grand-maître de la garde-robe. Au commencement du XVIIIe siècle, ses descendants le vendirent à une dame d'Harcourt, qui le revendit au comte Dufort de Saint-Leu, introducteur des ambassadeurs, lieutenant-général du Roi en Blésois, créé depuis comte de Cheverny. La magnifique hospitalité qu'il y exerçait diminua beaucoup sa fortune, et, à sa mort, son fils, héritier du titre et de la terre, dut renoncer à celle-ci. Achetée par le sénateur comte Germain, elle fut revendue par lui à M. Guillot et à sa femme, née de

Carvalho, dont la mémoire est restée vénérée dans le pays. M. et Mme Guillot n'avaient point d'enfants. Justement préoccupés de l'avenir du beau manoir

historique qu'ils possédaient, ce fut par leurs soins qu'il rentra dans la famille qui l'avait fondé. En 1825, ils l'offrirent à madame la marquise Hurault de Vibraye, née de la Luzerne, qui le racheta de ses deniers, pour le conserver à son fils unique. La fortune de la famille de Vibraye et sa pairie héréditaire étaient alors une double garantie contre les démolisseurs.

Le château de Cheverny est une noble, régulière et magnifique habitation. Son architecture tient, par plusieurs détails, au temps de la Renaissance et, par l'ordonnance générale, au style qui atteignit son apogée sous Louis XIV. La façade se compose d'une suite de corps de logis et de pavillons. Sur l'entablement du pavillon central s'ouvre une niche oblongue qui renferme un buste antique, en marbre. Les pavillons qui s'élèvent à chaque extrémité de l'édifice ont leurs couvertures *à l'impériale*, avec des dômes à jour ou lanternes. Les fenêtres de tout le premier étage de la façade, séparées par des niches semblables à celle du pavillon central, portent des frontons chargés d'ornements délicatement sculptés et renferment des bustes antiques de marbre, et d'autres modernes, en pierre, copiés sur l'antique.

Le château fait face à une large et superbe avenue d'une lieue de long, dans laquelle se déroule, à son aise, un chemin cantonal venant de Contres. Le parc, dessiné à l'anglaise et traversé par une rivière, est tout à fait digne du château qu'il enveloppe de ses ombrages.

Les connaisseurs admirent au premier étage un appartement, autrefois réservé pour le roi; il est formé d'une salle des gardes, d'une chambre à coucher et de plusieurs cabinets.

Dans la salle des gardes, les lambris, les poutres,

les solives et les panneaux des fenêtres sont décorés d'arabesques, de fleurs et de devises. Les légendes des devises sont écrites en lettres capitales sur des phylactères. A l'énumération qu'en donne M. de Montaiglon, dans les curieuses recherches de M. de Chennevières-Pointel sur *la Vie et les ouvrages de quelques peintres provinciaux*, je suis heureux de joindre plusieurs ingénieuses explications que je dois à l'obligeance de M. Franchet, conservateur des collections paléontologiques et minéralogiques de M. de Vibraye.

Côté de l'escalier. Sur la porte d'entrée et faisant face à la porte placée à la droite de la cheminée, une grande figure, celle de l'Etude.

Sur les lambris inférieurs, Terpsichore; une tulipe (de Gessner) : NIL NISI FLORE PLACET; *Rien ne me plaît que dans sa fleur*. La culture des tulipes, mise à la mode par les Hollandais, vers le commencement du XVIIe siècle, était fort répandue à l'époque où peignait Mosnier, auteur de la plupart des peintures qui ornaient Cheverny.

Clio avec une lyre; des œillets (superbes) : PERII NON MARTE SED ARTE; *L'art, et non Mars, m'a fait périr*. Par la culture, les pétales des œillets superbes se multiplient au point que le calice, ne pouvant les contenir, se rompt de chaque côté. La peinture de Mosnier en représente trois doubles dont l'un, corps de la devise, a son calice ouvert et laisse échapper la fleur.

Une figure avec une mandoline et une couronne de laurier; un narcisse des prés : MEI ME PERDIDIT

ARDOR; *L'amour de moi-même m'a perdu.* On sait que le fils de Céphise et de Liriope devint si épris de lui-même, en se voyant dans une fontaine, qu'il sécha de langueur et fut métamorphosé en une fleur qui porte son nom.

Côté du jardin. Sur le mur, femme avec un caducée : des soucis (de jardin) ; QUAE NON MORTALIA COGIS? *Quels courages humains ne domptes-tu pas ?* allusion au vers de Virgile.

Dans la première fenêtre, un iris (de marais) : CALIDISSIMA NASCOR IN VNDIS ; *Je nais brûlante dans les ondes,* ou :

Je brûle, et cependant je nais au sein des eaux.

La racine de l'iris produit un suc caustique.

Sur le mur, la Peinture ; sur le lambris, une rose (à cent feuilles) : LATE DIFFVNDIT ODORES ; *Au loin elle exhale ses parfums.*

Dans la deuxième fenêtre, un soleil, ou tournesol (*helianthus annuus*) : ARMA GERO COMITIS ; *Je porte les armes d'un comte.* Allusion aux armes du comte de Cheverny : *D'or, à la croix d'azur, cantonnée de quatre ombres de soleil de gueules.*

Sur le mur, la Musique; une gentiane bleue (pneunomanthe) : PARVA LICET COELORVM GESTO COLORES; *Quoique petite, je porte les couleurs du ciel,* ou :

Le sort m'a mise au rang des plus petites fleurs,
Et cependant du ciel je porte les couleurs.

La gentiane bleue, pneunomanthe des botanistes, est une petite fleur des prés, des bruyères et des montagnes, remarquable par ses corolles d'un beau bleu d'azur.

Dans la troisième fenêtre, un bignonia grimpant : ADVENA CHARVS HOSPITIO; *Etranger, mais digne de l'hospitalité.* En peignant cette plante, récemment importée d'Amérique, Mosnier prévoyait qu'elle serait l'ornement des jardins.

Sur le mur, deux ancolies, une rouge et l'autre rose : NIL METVAS ARMATA CVCVLLIS; *Ne crains rien armée de capuchons.* L'ancolie, formée de pétales en capuchon, est le symbole de l'hypocrisie, que l'on trouve quelquefois figurée avec un capuchon sur des vélins et des figures satiriques du moyen-âge.

L'Arithmétique ; des crocus ou safrans cultivés : CALCATVS LAETIOR EXIT; *Foulé, il s'élève plus radieux.* Les Anciens croyaient que le safran ne fleurissait et n'acquérait ses propriétés que s'il était foulé aux pieds, idée exprimée par Mathiole (*in Dioscor., lib.* 1) : *gaudet calcari et meliùs ità evadit.*

Côté de la chambre du roi. Au-delà de la cheminée, sur le lambris inférieur, une campanule bleue (grande espèce) : ET SIGNVM CAMPANA DABIT; *Et la cloche donnera le signal.* Allusion à la cloche qui, dans les châteaux, annonce, de temps immémorial, l'heure de chaque repas.

Côté de la cour. Sur le mur, une amarante rouge (spiciforme) : FORMAM POST FVNERA SERVO; *Ma forme après la mort subsiste.* Les fleurs de l'amarante conservent leur forme et leur couleur longtemps après avoir été détachées.

Jupiter; quelques pensées (*viola bicolor* cultivée) : QVAE NON SE JACTAT IN AVLA; *Celle-ci ne se plaît pas à la cour*, ou :

> Celle-ci, loin des cours, aime à cacher sa vie.

La pensée est le symbole de la méditation. L'homme méditatif, le philosophe sincère, n'ambitionne qu'une modeste existence. L'illustre maréchal Catinat, véritable philosophe pratique, avait été surnommé par ses sodats le *Père la Pensée*.

Dans la première fenêtre, des lis jaunes et blancs : AMAS LILIA GALLVS ERIS; *Tu aimes les lis, tu es Français*. Est-ce une allusion à l'origine des Hurault, qui venaient de la Bretagne, autrefois royaume, puis duché séparé de la France?

Sur le mur, Mercure; une anémone (des jardins) : CAESVS ADONIS APRO; *Adonis, victime d'un sanglier*. Adonis, tué à la chasse par le dieu Mars, qui l'attaqua sous la forme d'un sanglier, fut changé en anémone par Vénus.

Dans la deuxième fenêtre, des pivoines doubles (*pæonia officinalis*) : ALCIDAE VINCO LABORES; *Je triomphe des exploits d'Hercule*. Péon, médecin des dieux, guérit Pluton, blessé par Hercule, avec la plante nommée depuis *pæonia*. La plupart des étymologistes modernes font dériver le mot *pæonia* du nom de la *Pæonie*, province de Macédoine où, disent-ils, la pivoine croît plus abondamment qu'ailleurs; Mosnier, d'accord en cela avec les anciens auteurs, tire plus rationnellement le nom de cette plante de celui du médecin *Péon*.

Sur le mur, le dieu Mars ; une fritillaire (*fritillaria imperialis*, vulgair. *couronne impériale*) : PARIT ILLA CORONAS; *Celle-ci produit des couronnes*. Les périanthes de la fritillaire sont disposés en couronne autour de la tige.

Dans la troisième fenêtre, lis jaune ou martagon : VOCAT IN CERTAMINA MARTIS ; *Il est un gage de bataille*, ou :

Aux jeux sanglants de Mars celui-ci nous appelle.

Jeu de mots relatif au nom du lis *martagon* qui, traduit en latin, pour donner une âme à la devise, offre ce sens : champ de Mars, champ clos, lice (*Martis agon*).

Sur le mur, une giroflée des jardins (*cheiranthus cheiri*) : SENSVM FLECTIT VTRVMQVE ; *Elle flatte l'un et l'autre sens*. La giroflée est agréable à la vue et à l'odorat.

La cheminée de la Salle des Gardes est ornée de cariatides et de statues en bois doré, d'un dessin hardi, mais d'une exécution assez grossière. Sur le manteau de la cheminée, Mosnier a peint différents traits de la fable d'Adonis. Les murs de la salle ont malheureusement perdu leurs tapisseries ; M. le marquis de Vibraye a recouvert leur nudité par des trophées d'armes.

A la suite de la Salle des Gardes se trouve la *Cham-*

bre du Roi. Celle-ci n'a perdu de sa décoration qu'une imposte de porte, où le tableau original qui la décorait a été remplacé par un médiocre paysage du XVIIIe siècle. Cette pièce, extrêmement curieuse, peut donner, dit M. de Chennevières, en son excellent livre des Peintres provinciaux de l'ancienne France, « une vraie et grande idée de ce qu'était, au XVIIe siècle, la magnificence décorative de quelques-uns de nos châteaux. »

Les peintures du plafond, de la cheminée et des dessus de porte offrent l'histoire de Persée ; les lambris inférieurs, celle de Théagène et Chariclée, à laquelle l'artiste n'a pas consacré moins de 30 tableaux ; deux parties d'une même histoire, puisque Chariclée était fille des rois d'Ethiopie, qui descendaient de Persée et d'Andromède. Le sujet le mieux traité de la première partie est assurément un groupe de petits enfants peints sur un fond d'or, et jouant avec la tête de Méduse.

En somme, toutes ces compositions sont faciles, un peu lâchées, mais d'un effet très-agréable, et font le plus grand honneur à Jean Mosnier, peintre blésois, bien supérieur à sa réputation, que M. de Chennevières a heureusement sauvée d'un injuste oubli.

Les cabinets attenant à la chambre royale offrent encore quelques panneaux où sont peints des fleurs, fruits, feuillages et arabesques.

D'autre salles présentaient des scènes tirées du célèbre roman de l'Astrée, si à la mode alors, et de l'immortelle *histoire* de don Quichotte. Les lambris, les plafonds, les volets du château tout entier étaient ainsi ornés de peintures que le goût malheureux du dernier siècle a fait successivement disparaître.

Une portion des tableaux qui représentaient les aventures de don Quichotte avait été placée par M. Guillot dans une salle basse du pavillon de l'Est. Depuis, dans son intelligente restauration de Cheverny, M. de Vibraye en a décoré le large corridor qui, au rez-de-chaussée, conduit de l'escalier central aux appartements de l'aile droite. Mais, depuis, en continuant les travaux de restauration de cette partie du château, on a retrouvé la place qu'ils occupaient primitivement. La démolition des plafonds et des lambris modernes d'une grande salle ont fait apparaître ses vieilles poutrelles, avec leurs peintures, et une très-belle cheminée de pierre, chargée des monogrammes des Hurault et décorée de pilastres, trophées et arabesques rehaussés d'or. Deux inscriptions rimées, en lettres d'or, dans des cartouches peints sur les côtés de cette cheminée, se rapportaient sans aucun doute à un tableau dont le cadre vide occupe le milieu du manteau. C'était l'épilogue de toute l'odyssée du héros de Cervantès : les tombes de don Quichotte, de Sancho et de Dulcinée. Il est probable que les autres tableaux, avec des inscriptions semblables, formaient les lambris des murailles dont la décoration était complétée par des tapisseries. Il suffira de citer une de ces inscriptions, dont la poésie ne valait pas la peinture qu'elles accompagnaient.

> ICY REPOSE DVLCINEE
> QVI FVT BON GRÉ MALGRÉ LE SORT
> DE GROSSE GARCE POTELÉE
> REDVITTE EN CENDRE PAR LA MORT
> COMME ELLE ESTOIT DE GRAND LIGNAGE
> GRAND DAME ELLE PARVT AVSSI
> ET FVT LHONNEVR DE SON VILLAGE
> ET DE QVIXOTE LE SOVCY.

L'autre inscription, d'une poésie encore plus pauvre, forme l'épitaphe de l'*ingenioso hidalgo* et de son fidèle écuyer.

On voit, dans la chambre du roi, un lit d'une époque plus ancienne, qui est peut-être celui où mourut, dans le vieux château, le 15 août 1599, le chancelier de Cheverny, et dont il est question dans les Mémoires de son fils, l'abbé de Pont-Levoy. « Arrivant audit Cheverny, et trouvant qu'on lui avoit fait changer un vieil lict, pour en remettre un plus beau en sa place, il se fasche contre ma belle-sœur, la comtesse de Cheverny [Isabelle d'Escoubleau de Sourdis], qui avoit pensé bien faire, et voulut que l'on remist son vieil lict, avec la vieille tapisserie, en ladite chambre.... »

Dans la chapelle du château, M. le marquis Paul de

Vibraye a fait placer une table de marbre noir que l'on voyait autrefois dans la chapelle sépulcrale des Hurault, à l'église paroissiale de Cheverny, et où se lit cette belle épitaphe du chancelier :

D. M.

FVNCTVS HONORATO SENIO PLENVSQVE DIERVM
    EVOCOR AD SVPEROS : PIGNORA QVID GEMITIS?
REDDERE DEPOSITVM LEX EST, IDEOQVE PETENTI
    CORPVS HVMO, MANES RESTITVOQVE POLO.
TOLLITE QVOD VESTRVM EST, INSIGNIA, JVRA PARENTIS,
    SCILICET ET TITVLOS, PLVS SATIS VRNA MIHI.

> Honoré, plein de jours, à lui Dieu me rappelle ;
> Enfants, pourquoi gémir ? Elle n'est pas nouvelle
> La loi qui nous défend de garder un dépôt.
> Je rends mon âme au ciel et mon corps à la terre ;
> Prenez pour vous les droits et les titres d'un père ;
> C'est votre bien : une urne est plus qu'il ne me faut.

(Traduction de M. Gunet.)

M. le marquis de Vibraye a aussi placé dans la chapelle du château une inscription en vers, provenant de l'église de Saint-Calais. Doit-on faire les honneurs de cette pièce remarquable au talent poétique du chancelier de Cheverny ? Elle réunit à l'énergie de Ronsard la correction de Malherbe :

CESTVY LA NE SCAIT POINCT COMBIEN D'AMERES PEYNES
SVIVENT LA LONGVE VYE ET LES POMPES HVMAINES,
QVI FLORISSANT EN BIENS SOVHAITTE IMPRVDEMMENT
LE MALHEVREVX BONHEVR DE VIVRE LONGVEMENT.

Car regnant en ce monde vne inconstance extresme,
Souvant vivre long temps c'est survivre a soymesme,
Despovillé des plaisirs qui ravis par le sort
Font qu'vne longue vie est vne longue mort.

Maints genereux esprits l'ont congneu par espreuve,
Trainans dessus la terre vne vieillesse veuve
Des biens et des honneurs, dont leurs ans s'estoient veuz
En la vigueur de l'aage heureusement pourveuz :
Oultre l'ennuy mortel quy s'esclot dedans l'ame
Quand on voit enserrer soubz la funebre lame
Ses parens mieux aymez, et ses plus chers amys,
Au giron de la mort pour iamais endormis.
Douleur qu'a ressentye et que soupire encore
Celuy qui ce tombeau de ces marbres decore :
Touché des poignants traits d'vn saint et juste deüil,
D'avoir veu le trespas emporter au cercueil,
Et cacher soubz la terre en ce lieu solitaire
Vne sœur, qui vivant luy tenoit lieu de mere :
Vn filz, (la douce attante et l'espoir de ses vœux) :
Vne cousine, vn frere, et trois de ses neveux :
Tous rameaux dont la fleur avant l'aage ravye,
Au tige des Hurauts print et naissance et vye
Et tous, ce luy sembloit, destinez par les cieux,
Pour survivre a sa mort, et luy clorre les yeux
Au lieu que le malheur les tuant en ieune age,
Ilz l'ont laissé tout seul au millieu de l'orage,
Qui tormente la France et parmy les doulleurs,
Qu'engendrent les privez et publiques malheurs :
Pour voir mourir encor et sa femme et son prince,
Et la rage du fer desoller sa province :
Lamentables doulleurs a qvoi le triste cours
De sa vye allongee a condempné ses iours.

Mais qvoy ! si vivre en peyne est vn mal necessaire,
Ce qui plaist au Seigneur ne nous doibt point deplaire.

PHILIPPE HVRAVLT, COMTE DE
CHEVERNY, A FAICT METTRE CESTE
EPITAPHE, A LA MEMOYRE DES SIENS,
AV MOYS DE MARS MIL CINQ CENS
QVATRE VINGTZ ET QVINZE.

ANTE OBITVM NEMO FOELIX

Avant la mort, personne d'heureux.

Cheverny possédait autrefois une loge, célèbre par une Bacchanale de la main de Poussin. Les parterres avaient été ornés de figures de pierre, dues au ciseau du fécond sculpteur parisien, Gilles Guérin.

Le propriétaire actuel de Cheverny, au rebours de ses devanciers, s'occupe constamment à restituer au château son ancienne physionomie. Il a cependant cédé une fois au goût pour le jardin anglais, en détruisant la symétrie de l'avenue du parc et comblant les fossés secs qni environnaient le château, et où se voyaient des parterres avec des grottes de rocailles.

Habitant sa terre une grande partie de l'année, M. de Vibraye s'y est occupé avec le plus grand succès de travaux d'économie rurale. Il y a fondé un établissement de pisciculture, rendu à l'agriculture de nombreux étangs, et couvert une grande étendue de terrains improductifs par des bois magnifiques. On remarque surtout ses plantations d'arbres résineux, où se trouvent toutes les espèces susceptibles d'être cultivées sous nos latitudes.

En quittant le château, les touristes feront bien d'aller visiter l'église du bourg de Cheverny, dont le porche remonte au XIIe siècle. La chapelle seigneuriale offre les marbres funéraires des Hurault, dont les corps reposaient dans un caveau qui fut violé en 93.

Je transcrirai ici l'épitaphe des trois cousins : Messire Guy de Laval, époux de Marguerite Hurault, qui mourut à la bataille d'Ivry ; Anne Hurault, baron d'Huriel, tué au siége de Savagnac, le 22 novembre 1586, et Louis Hurault de Villeluisant, tué au château de Lassé, dans le Maine, en 1589. Il est question d'eux dans la mélancolique inscription de la chapelle du château (p. 360) :

PASSANT, CE PEV DE MARBRE AVAREMENT ENSERRE
LES COEVRS ENSEVELIZ DE TROIS PROCHES PARENS,
TOVS TROIS MORTS EN TROIS ANS, EN TROIS ACTES DE GVERRE,
TOVS TROIS PAREILS EN SORT ET TOVS TROIS DIFFERENTS ;
CAR LVN PERDIT LA VIE AV CHOC DVNE BATAILLE,
NOIE DEDĀS SON SANG, COVLANT DE TOVTTES PARTS ;
LAVTRE FINIT SES JOVRS, FORCANT VNE MVRAILLE,
ET LAVTRE EN GARDANT VNE ET SAVVANT SES REMPARS.
ILZ BRVSLERENT TOVS TROIS DVNE COMMVNE FLAME,
DONT LA SAINCTE VERTV FVT LVNIQVE FLAMBEAV :
LEVRS TROIS CORPS, EN VIVANT, NEVRENT QVVNE MESME AME ;
LEVRS TROIS COEVRS ESTĀT MORTS NONT QVVN MEME TOMBEAV.

CROTTEAUX (Les grottes). — J'allais consacrer un article à ce joli manoir, construit dans le commencement du XVIIe siècle, lorsque je me suis rappelé les pages suivantes, dues à la plume élégante et facile de feu M. le comte de Salaberry. Je n'hésite pas à les détacher des Mémoires de la Société académique de Blois, dans l'assurance qu'elles donneront à mes lecteurs tout le plaisir qu'elles m'ont procuré :

« Le petit château des Crotteaux fut le séjour du

sage, du bon, du vertueux Guillaume Ribier, conseiller d'Etat en retraite, témoin et acteur aux Etats-Généraux de 1614. Guillaume Ribier se fit admirer dans cette assemblée par la vigueur de son esprit, et obtint du roi Louis XIII et de la reine-mère tout ce qu'il demanda pour son pays. Le brevet de conseiller d'Etat, qu'il ne demandait pas, lui fut donné par honneur. Marie de Médicis, dans son séjour ou exil à Blois, prenait ses conseils et lui fit offrir la charge de secrétaire de ses commandements, qu'il refusa par modestie. Enfin, le cardinal de Richelieu, après la prise de la Rochelle, à son passage à Blois, lui proposa de suivre la cour et de servir le roi, dans ses conseils, lui promettant une sûre et haute élévation. Ribier refusa encore. Cette courte digression était nécessaire pour montrer que le caractère, les mœurs, les études, la piété, la fidélité, la vie entière de Guillaume Ribier sont historiquement dans un accord parfait avec les devises dont il s'est plu à s'entourer dans son habitation.

« Dès la porte d'entrée on reconnaît l'homme des champs ; on y voit cette inscription :

RVRA MIHI ET RIGVI PLACEANT IN VALLIBVS AMNES.

» L'avant-dernier propriétaire, M. Bagieu, a ajouté ces vers imitateurs de Delille :

> Verdoyantes forêts, prés fleuris, clairs ruisseaux,
> J'irai, je goûterai votre douceur secrète.

» Sur la porte intérieure du manoir on lit :

ARBITRII HIC TIBI IVRA TVI.

» Ce qui veut dire : *Ici tu es libre de faire ce que tu veux.*

» ..... Les solives légères du grand salon de Guillaume Ribier offraient aux yeux et à l'esprit de ses visiteurs d'ingénieuses devises, entourées des arabesques les plus gracieuses et les plus variées..... Ici, c'est une main qui tient les balances de la Justice avec cette inscription : NEC SPE NEC METV; *Ni par l'espérance ni par la crainte;* est-ce autre chose que le témoignage que lui rendait sa conscience de magistrat? Là, des roses et des lis au milieu d'un buisson d'épines, et au bas les mots : E TRA LE SPINE SPVNTANO; *Ils poussent au milieu des épines*; n'était-ce pas un souvenir mélancolique de l'affection du conseiller d'Etat Ribier pour la reine-mère, placée au faîte des grandeurs et au milieu des chagrins qu'elle avait toujours éprouvés ou qu'elle s'était faits à elle-même? Ailleurs, c'est l'image d'un vaisseau au port, avec cette pensée : SECVRE RIDET VENTOS; *En sûreté il se rit des vents*; heureuse expression du bonheur dont jouit Ribier de vivre tranquille à l'abri des orages des cours.

» De là, les goûts paisibles d'un philosophe désabusé; de là, cet olivier qui représente si bien la paix de son âme, avec cette devise : PACI ET SACRATAE MINERVAE; *A la paix et à la divine Minerve*.

» Mais la vertu de Caton, la sagesse de Salomon n'excluent pas une douce gaîté, d'innocents plaisirs de table, et l'hôte bienveillant avait aussi peint un cep de vigne avec cette invocation : ADSIT LAETITIAE BACCHVS DATOR; *Préside ici, Bacchus, dieu de la joie*.

» Enfin, le dernier vœu du vieillard philosophe, de cet homme heureux, est adressé à l'œuvre de sa création, à sa paisible retraite, à sa jolie maison. Il lui souhaite d'être debout tant que la rivière du Cosson coulera à ses pieds. Au-dessus de la porte qui donne sur le Cosson on lit :

PERENNET VT AMNIS

Qu'il dure autant que la rivière!

» Après le conseiller d'Etat Guillaume Ribier, le

château des Crotteaux fut possédé par une famille, longtemps blésoise, dont le nom était Lenfernat, et qui prit pour devise ce jeu de mots : *Qui bien fait l'enfer n'a.* »

Depuis la mort de M. Bagieu, en 1851, la terre, restée deux ans en vente sans trouver d'acheteur, a été morcelée ; mais heureusement le manoir, le parc, une ferme et le moulin sont entre les mains d'un propriétaire, M. le comte de Lamarre, qui aidera, au moins sa vie durant, à justifier le PERENNET VT AMNIS; souhait d'antiquaire, par lequel je terminerai ce chapitre.

FOUGERES. — Le château de Fougères est très-ancien. Au XIe siècle, déjà, Frangal, d'origine danoise, en était seigneur. Ce feudataire, qui ne laissait pas d'être puissant et redouté dans le pays, épousa la blanche Chaâna (*schwan*, cygne), fille du fameux Gelduin, seigneur de Saumur et de Pontlevoy, et sœur de ce Geoffroy, surnommé *Puella*, (la jeune fille) à cause de son extrême beauté, heureux don de sa race qu'elle partageait avec son frère. Cet hymen fut fécond : car, dit le naïf traducteur de la Chronique d'Amboise, *il engendra plusieurs enfants, que fils que filles.*

J'ai le regret d'avoir, dans la première édition de ce livre, donné asile à une légende relative à l'un des successeurs de Frangal. Cette légende, due à l'imagination de l'*Ermite en province*, est fondée sur l'interprétation fautive d'une charte curieuse du XIIe siècle qui existe à Fougères ; J. de Pétigny l'a démontré dans un Mémoire lu à la Société académique de Blois.

Je n'ai pu, jusqu'à présent, établir la suite des châtelains de Fougères.

Le château actuel a été bâti par Pierre de Refuge, trésorier du roi Louis XI et chevalier de son ordre de Saint-Michel, ce qu'il a eu soin de rappeler dans l'ornementation de la tour de l'escalier. La cour, décorée d'arcades, la porte d'entrée, flanquée de deux longues tourelles, les tours d'angle, la grosse tour carrée et tout l'ensemble de l'édifice offrent bien le caractère des châteaux du XVe siècle, plus habitables que ceux du siècle précédent, mais conservant encore tous les caractères de la forteresse.

Les propriétaires actuels du château de Fougères habitent, près de là, un beau château moderne, du nom de Boissay, dont je ne dirai rien, car il annonce déjà la venue de l'architecture *utilitaire* de notre temps, mieux appropriée à nos mœurs, j'en conviens, mais dont le type générateur est une boîte à compartiments. Ils ont établi une filature dans le vieux manoir, en ne détruisant rien de ce qui pouvait lui conserver son caractère original.

MENARS. — Ce château ne paraît pas remonter à une époque bien reculée. En 1506, Jean de Taillemant, à cause de damoiselle Pierrette de Faillard, sa femme, fait hommage de la seigneurie de Menars au comte de Blois. Ensuite, il passe à messire Jean du Thier, secrétaire d'Etat et seigneur de Beauregard, qui en fait également hommage, en 1547. Sa veuve, Marguerite Pelletan, en 1560, renouvelle cet hommage, tant pour Menars que pour ses autres seigneuries du Blésois. En 1577, un sieur Simon Testu en était propriétaire; en 1608, il appartenait à Hercule de Bédour, capitaine garde-clefs de la ville de Blois.

Le 8 septembre 1633, les héritiers de la veuve de M. de Bédour vendaient la terre de Menars à Guillaume Charron, trésorier général de l'extraordinaire des guerres, petit-fils d'un écuyer d'écurie du roi, c'est-à-dire d'un maître de poste, à la résidence de Saint-Dyé-sur-Loire. Presque en même temps, un autre Charron, oncle de Guillaume, acquérait la terre de Nozieux, située de l'autre côté de la Loire, en face de Menars. Mort sans alliance, vers 1656, sa fortune échut à Guillaume et à un frère de celui-ci, nommé Jacques, qui eut Nozieux en partage.

Ce Jacques s'éleva rapidement à une position considérable, en fortune et en honneurs; il est vrai que sa fille avait contracté une brillante alliance en épousant un simple intendant de Mazarin, qui était devenu le grand Colbert. Au nombre des dignités de Jacques était celle de bailli d'épée et gouverneur de Blois.

Guillaume avait acquis, en 1647, de Henri Hurault, fils du chancelier Hurault de Cheverny, la terre de Cour-sur-Loire et d'autres domaines, situés dans le voisinage, qui lui permirent de faire ériger Menars en vicomté, en 1659. Etant mort, sans alliance, en 1669, la même année que son frère, le fils de celui-ci, Jean-Jacques Charron, devint possesseur de tous les biens de la famille. Jean-Jacques agrandit encore de la terre et seigneurie de Mer le domaine de Menars qui devenait, en 1676, par lettres-patentes de Louis XIV, un marquisat relevant immédiatement de la couronne. C'était alors une des terres les plus considérables du Blésois; son ressort comprenait 20 paroisses et le droit de chasse s'étendait à 20 lieues à la ronde. Jean-Jacques, connu sous le nom du président de Menars, dut aussi à son beau-frère Colbert une foule d'emplois, parmi lesquels celui d'intendant de la généralité d'Orléans, de capitaine des chasses et gouverneur du château de Blois et président au Parlement de Paris. Le duc de Saint-Simon, peu louangeur, comme on sait, a tracé un portrait assez favorable de Jean-Jacques, en y mêlant, toutefois, quelques traits malins, pour n'en pas perdre l'habitude. « Menars étoit, dit-il, une très-belle figure d'homme et un fort bon homme aussi, peu capable, mais plein d'honneur, de probité, d'équité, et modeste, prodige dans un président à mortier ! Le cardinal de Rohan acheta sa précieuse bibliothèque, qui fut pour tous les deux un meuble de fort grande montre, mais de très-peu d'usage. » Le principal fonds de cette bibliothèque était la célèbre collection de livres formée par le président de Thou, qu'il avait achetée en bloc, en 1679, au moment où elle allait être vendue en détail.

Jean-Jacques Charron ajouta deux pavillons au château de Menars, qui ne se composait alors que d'un modeste corps de logis ; mais Jean Mosnier avait passé les dernières années de sa vie à le décorer de peintures. De cette époque date la grande terrasse, où l'on admirait un espalier de 700 toises de long. Jean-Jacques mourut subitement à Menars, le 16 mars 1718 ; il fut inhumé, auprès de son oncle Guillaume, dans la chapelle seigneuriale de l'église, où sa tombe se voit encore aujourd'hui. Il était né à Blois, le 13 novembre 1643.

Michel-Jean-Baptiste Charron, son héritier, fut aussi capitaine des chasses, gouverneur du château de Blois. Le roi de Pologne, Stanislas, trouva un asile chez lui, en attendant que Chambord fût mis en état de le recevoir. Sa mère, Anne Jablownoska, continua de résider à Menars jusqu'à sa mort, arrivée en 1727. Michel-Jean-Baptiste y mourut aussi, le 12 septembre 1739, et fut inhumé dans la chapelle seigneuriale, près de son grand-oncle et de son père.

Il ne laissait que deux filles, dont l'une, héritière de Menars, y fut mariée, le 18 novembre 1750, au marquis de Castellane, plus tard maréchal des camps et armées du roi Louis XV. En 1760, ils vendaient leur terre à madame de Pompadour. Le revenu des diffé-

rents domaines composant la seigneurie de Menars était estimé à 40,000 livres.

Bien que la belle marquise n'ait possédé Menars que quatre années, étant morte à Paris en 1764, elle y fit de grands embellissements et elle avait commencé une reconstruction générale du château qui fut terminée, au prix de 500,000 livres, par le marquis de Marigny, son frère et son héritier. Elle avait fait changer la direction de la route de poste d'Orléans qui suivait auparavant la rive gauche de la Loire, afin de n'être pas obligée d'aller passer le fleuve au pont de Blois pour venir à Menars.

M. de Marigny eut aussi la charge de gouverneur du château de Blois, qui semblait attachée à la possession de Menars. Il justifiait son titre de surintendant des bâtiments du Roi par le goût du luxe et des arts; il avait réuni à Menars une collection d'objets précieux, parmi lesquels figuraient le cabinet d'antiquités et la Bibliothèque qu'avait formés sa sœur à Paris. Tombé en disgrâce après la chute du duc de Choiseul, créature de la marquise, M. de Marigny se retira à Menars, en 1773, où il tenait un grand état de maison, entouré d'artistes, d'hommes de lettres et de gens du monde. Marmontel, secrétaire intime du surintendant, vint souvent à Menars et en parle dans ses Mémoires.

M. de Marigny mourut sans laisser de postérité. M. Poisson de Malvoisin, son héritier collatéral, en 1781, habita peu Menars; il fut tué en Vendée, dans les rangs de l'armée royale, et sa terre fut mise sous le séquestre comme propriété d'émigré. Le 27 novembre 1792, une bande de révolutionnaires, venue de Blois, envahissait les jardins de Menars et y détruisait plusieurs objets de prix, notamment une statue de Louis XV, de la main de Guillaume Coustou. Un buste de l'empereur Gratien, pris pour saint Gatien, premier évêque de Tours, fut, à ce titre, mis aussi en morceaux. Beaucoup de curiosités qui ornaient le château furent alors pillées et dispersées. Le conseil général de Loir-et-Cher avait essayé de les sauver, comme le témoigne un inventaire curieux dressé par son ordre, et qui lui avait été présenté dans sa séance du 21 octobre 1792 par les administrateurs du district. Après des *considérants*, empreints naturellement des idées de l'époque, mais qui font néanmoins honneur au conseil, il avait été décidé que les tableaux et statues qui se trouvaient au château de Menars seraient transportés à Blois pour y former un muséum. Le pillage arrivé le mois suivant et le régime de la Terreur empêchèrent l'exécution de ce louable projet. Les dépendances du domaine de Menars furent aliénées révolutionnairement et vendues en détail, à l'exception du parc.

Quand l'ordre fut rétabli en France, madame Barrin de la Galissonnière, l'une des sœurs de Poisson de Malvoisin, rentra en possession du château et du parc et les vendit au maréchal Victor, duc de Bellune, peu de temps avant la chute de l'Empire.

En 1820, le maréchal, rallié à la dynastie des Bourbons, donnait à Menars une fête magnifique à l'occasion de la naissance du duc de Bordeaux.

L'année 1832, Menars devenait la propriété du prince de Chimay. Ce dernier possesseur, dans des vues de bienfaisance et de sollicitude pour l'instruction, qu'on ne saurait trop louer, y avait fondé un ensemble d'établissements philanthropiques d'éducation dont il n'existe plus que l'Ecole professionnelle du Centre, dirigée par M. César Fichet, sous le patronage du prince.

M. Dupré, le savant bibliothécaire de Blois, a publié, dans le tome VI des Mémoires de la Société académique de cette ville, une Notice sur Menars, pleine de recherches consciencieuses, puisées aux sources et accompagnée de pièces justificatives d'un très-grand intérêt. Je me fais un plaisir et un devoir de dire que j'y ai trouvé tous les éléments de mon travail.

Le château de Menars, construit d'après les plans de la marquise de Pompadour, est plus remarquable par la masse de ses bâtiments et le développement de sa longue façade sur le cours de la Loire, en face de celui de Nozieux, que par la beauté de son architecture. Il est de cette époque où l'art, cherchant des conceptions moins élevées qu'aux époques antérieures, s'attachait surtout à produire ces meubles charmants, ces bagatelles ravissantes, ces ornements capricieux, nommés *Pompadour*, merveilleuses fantaisies dont nous embellissons encore nos demeures, et dont Menars, naturellement, devait, plus que partout ailleurs, étaler le splendide éclat. Les jardins sont beaux, distribués dans l'ancien goût de Versailles, et, malgré la dévastation de 1792, on y voit encore plusieurs des marbres dont M. de Marigny les avait ornés : un Auguste colossal, placé dans la cour d'honneur; une baigneuse qui passe pour antique ; trois bustes d'empereurs romains ; deux vases, avec les emblèmes de l'Automne et du Printemps, l'un de Pigale, l'autre de Verbrée ; Vénus, repoussant les traits de Cupidon, par Lemoine ; l'Aurore, de Vinache ; Zéphire, Flore et l'Amour, groupe par Francien ; l'Abondance, par Adam l'aîné.

De ces jardins, ainsi que du château, on jouit d'une vue admirable sur la vallée de la Loire et sur les plaines de la Sologne.

LES MONTILS —, en latin des chartes, *Monticii*, ont remplacé une localité gauloise du nom de Teroüenne, *Terpenna*, située à quelque distance, vers l'ouest, au lieu dit *les Vieux-Montils*, et formant, dans le moyen-âge, le fief de Teroüenne, transféré au château bâti près du bourg actuel. Ce fief a duré jusqu'à la Révolution, qui n'en a laissé subsister que le nom. Ce nom, qui rappelle la fameuse Teroüenne, *Terpenna* des Morins, indique par son élément final, *penn*, dont *Monticii* est la traduction latine, un emplacement sur des hauteurs. Les Montils, en effet, s'élèvent au sommet d'une rangée de hautes collines parallèles au cours du Beuvron. Cette situation leur donne en aspect une riche et verdoyante vallée et tout un horizon de vignobles, de grands bois et de cultures diverses.

On ne sait rien sur l'histoire des Montils avant le XIIe siècle. A cette époque, le comte de Blois, Thibault-le-Grand, les fit clore de fortifications ; c'était, dit l'auteur du *Liber de compositione castri Ambasiæ*, pour mettre à l'abri des déprédations de Sulpice de

Chaumont une maison de campagne, *villa*, qu'il possédait en cet endroit. Depuis cette construction de Thibault, les Montils, dans un grand nombre de chartes données par les comtes de Blois, portent le nom de *Castrum de Monticiis*, château-fort des Montils. Plusieurs de ces chartes attestent que ces princes féodaux y faisaient de fréquentes apparitions. Comme place de guerre, il acquit de l'importance dans les longs démêlés des maisons de Champagne et d'Anjou.

Des comtes de Blois, les Montils passèrent aux rois de France, dans la personne de Louis XII, fils de Charles d'Orléans, le dernier des hauts-barons blésois. Devenue maison royale, cette place eut longtemps, même après qu'elle eut été ruinée, des commandants, au titre de *Capitaines des Montils pour le roi*.

Il ne reste plus des remparts élevés par Thibault et ses premiers successeurs, que des débris : à l'est, un grand pan de muraille terminé par un bastion ; à l'entrée de l'ancien bourg, une porte qui montre quelques restes de vieilles défenses ; autour du château, du côté des escarpements de la montagne, des ruines, çà et là apparentes, d'une triple enceinte qui fut aussi bastionnée. Leur destruction date du temps de Bernier, qui écrivait vers la fin du XVIIe siècle. Alors, les bâtiments de Thibault, qui menaçaient ruine, furent entièrement démolis. La tour du comte, ou donjon, ne subit pas le même outrage. Guy de Châtillon, en la faisant restaurer, au XIVe siècle, en avait assuré pour de longues années la solidité. Ses murailes, épaisses de 3 mètres 80 centimètres, perdent 80 centim. en atteignant le premier étage. Construites en *emplecton*, à la manière des Anciens, elles ont un revêtement en pierres de moyen échantillon. Le centre de la tour est occupé par un puits, maintenant comblé, ayant son orifice au premier étage et formant, en quelque sorte, une colonne d'où s'épanouit la voûte du rez-de-chaussée. Le premier étage est éclairé par deux fenêtres étroites en plein-cintre. Cet étage et

le rez-de-chaussée possèdent, en outre, chacun un soupirail, lucarnes singulières qui vont chercher la lumière presque au sommet du donjon par une ouverture étroite qui s'élargit jusqu'à la base. La porte d'entrée, remplacée aujourd'hui par une large brèche, était à la hauteur du premier étage; l'on y arrivait, sans doute, par un pont-levis jeté entre la tour et un massif de maçonnerie qui subsiste encore. Une autre entrée, mystérieuse, est le souterrain voûté que l'on a rencontré lorsque s'est faite la tranchée de la route actuelle de Blois à Montrichard. Ce chemin couvert, utilisé maintenant comme cave, est de hauteur d'homme et peut à peine livrer passage à deux personnes de front. Venant de la tour, près de laquelle il est obstrué, il se dirige à l'ouest vers une issue ignorée. A ses deux étages, le vieux donjon, dont le diamètre mesure environ 16 mètres, n'offre par de meurtrières. Le sommet, maintenant démantelé, avait probablement, pour servir aux armes de jet, une couronne d'embrasures ou de créneaux, comme on en pratiquait souvent dans les fortifications.

L'avant-dernier possesseur de l'ancien fief de Teroüenne, M. Louet, a recueilli, dans les ruines du château-fort, un plat d'argent très-curieux, aux armes de Valentine de Milan, et l'église paroissiale renferme une belle inscription tumulaire d'un écuyer-tranchant de Marie de Clèves, alors veuve de Charles d'Orléans. Ce personnage, nommé Arnoul Vilque, porte aussi le titre de *Capitaine des Montils*.

Les vieillards parlent encore de l'antique cité de Teroüenne, du puits *sans fond* de la tour, du souterrain aboutissant à un château éloigné, de la *bonne comtesse*, qui fonda jadis un hôpital dans la *ville* des Montils, sa résidence favorite. La fondation de cet hôpital, par Alix d'Angleterre, épouse d'Etienne de Blois, date de 1190.

En somme, les Montils méritent d'être vus. C'est une station agréable pour un touriste, se rendant de Blois à Pontlevoy, Montrichard et Chenonceau. De belles vues, de frais paysages, de vénérables débris, d'intéressants souvenirs le récompenseront largement de quelques instants de séjour.

MONTRICHARD. — Vers la fin du Xe siècle, un noble propriétaire, nommé *Rabel* ou *Rabeau* (*vir quidam nobilis, Rabellus nomine*), jouissait paisiblement, sur les bords du Cher, d'un tout petit hameau placé au pied d'une montagne, entre Nanteuil et Bourré. Or, cet homme pacifique, qui n'occupe l'histoire que pour le fait de ses modestes possessions, fut, un beau matin, troublé dans les douces quiétudes de sa vie. Voici à quelle occasion : la montagne qui surplombait ses chers pénates avait, très-malheureusement pour lui, toutes les conditions requises alors pour l'érection d'une forteresse. C'était, quant à sa forme escarpée, quant à son élévation ardue, tout ce qu'un vautour eût pu souhaiter de mieux pour se bâtir une aire. Or, un vautour l'ayant vue, s'en empara. Celui-là s'appelait Foulques Nerra, comte d'Anjou. Comme si Rabeau et le village n'eussent pas existé, il se mit à construire sur la montagne un bon et solide repaire. Laissa-t-il Rabeau dans sa chaumière achever tranquillement son idylle ; le mit-il à la porte ? l'histoire n'en dit rien. Rabeau, assurément, se plaignit à son suzerain, le Danois Gelduin, seigneur de Saumur et de Pontlevoy, puis celui-ci se plaignit au sien, le puissant comte de Blois, Eudes II. Eudes, prenant le parti de Gelduin, qui prenait celui de Rabeau, livra bataille à Foulques, non loin de là, dans la plaine de Pontlevoy ; Foulques, comme de raison, remporta la victoire, et garda, un traité survenant, la montagne de Rabeau. Telle est la stricte vérité touchant la fondation du château de Montrichard. Foulques le munit, l'entoura, le flanqua de bastions et de remparts, y bâtit un donjon, et donna la garde du tout à Roger de Montrésor, dit *le Diable*, son compère et son ami, *Rogerio Diabolerio ad custodiendum tradidit*. On doit croire qu'au dessous, ou dans l'intérieur de la place, Rabeau put, en vertu du susdit traité, conserver son habitation. Peut-être, et cette hypothèse est très-admissible, ses gens et lui furent-ils le noyau de la population de la ville de Montrichard et l'origine de la seigneurie d'Argy, enclavée dans les murs du château. Je voudrais que la petite maison, d'architecture romane, placée en face de l'hôtel de M. de Rance, eût été l'habitation de l'honnête et malheureux Rabeau. Elle peut très-bien remonter à l'époque où vivait ce propriétaire dépossédé par Foulques.

Le manoir de Foulques fit partie plus tard des possessions de la maison d'Amboise, attachée aux intérêts des comtes d'Anjou. Tombé ensuite au pouvoir des rois d'Angleterre, héritiers de ces comtes, il reçut garnison anglaise. Les troupes de Philippe-Auguste s'en emparèrent après un siège long et mémorable, « Quand ils furent là venu, li rois, dit la *Chronique de Saint-Denis*, commenda que il fust de toutes parz assiegez. Là sist li oz [l'armée] une pièche avant qu'il feissent chose qui gaire vausist. A la parfin, feirent les engins drecier et lancer aus tours et aus défenses. Lors pristrent François à assaillir par grant force tant que ils pristrent le chastel à quelque paine. Tot ardirent le fort borc [le fort bourg ou le faubourg?] et cravantèrent la tor qui moult est forte et haute. »

Montrichard appartenait, dans le XVe sièle, aux sires d'Harcourt; Louis XI l'acheta de l'un d'eux, en

1461. Il fut donné dans la suite, par engagement, au chancelier de Cheverny, puis compris dans la part héréditaire de son fils, le comte de Limours, qui le vendit à la marquise de Sourdis, sa sœur, aïeule du marquis d'Effiat, encore seigneur du lieu en 1681.

Aujourd'hui, le terrain sur lequel s'élèvent les ruines du château appartient à M. Rance, conseiller général de Loir-et-Cher pour le canton de Montrichard. Quant aux ruines elles-mêmes, elles faisaient, avant la révolution de 1848, partie des domaines de la famille d'Orléans. Ces débris, restes imposants de l'architecture militaire du XIe siècle, consistent en plusieurs grands pans de la chemise d'enceinte, et dans le donjon ou tour carrée. De son sommet, où mène un escalier appliqué à l'un des angles, la vue découvre, à une large distance, des terres fertiles, des vignes renommées, des hameaux sans nombre, tous les riants aspects de la vallée du Cher, une des belles entrées de la Touraine.

A l'extrémité occidentale de la ville de Montrichard, apparaît l'église de Nanteuil, dédiée à la sainte Vierge. Elle fut bâtie, au commencement du XIe siècle, sur les fondements d'une vieille basilique, incendiée durant les longues guerres de cette époque tourmentée. Elle appartient à différents âges. L'abside, avec ses fenêtres étroites, à plein cintre, date du XIe siècle. La belle chapelle de la Vierge, tapissée d'*ex-voto* et placée au-dessus d'une autre qui forme crypte, est un ouvrage qui n'est pas antérieur au XVIe. Un portail élégamment sculpté, qui mène de la rue dans la crypte, est une restauration due à la munificence de Louis XI. La crypte elle-même doit être rapportée au temps, sinon à la libéralité de ce monarque. Le vieux despote avait une foi particulière à *Notre-Dame de Nanteuil ;* il y vint plusieurs fois en pélerinage; on dit même que ce fut pour s'assurer un logement, durant ces pieuses excursions, qu'il fit l'acquisition du château de Montrichard. L'église de Nanteuil a droit à l'attention des archéologues par son antiquité, par son architecture et par les légendes qui entourent son berceau. La dévotion à Notre-Dame y attire toujours un grand concours de pélerins le lundi de la Pentecôte. Elle a été très-bien restaurée par M. Massé, architecte du département, et par les bienfaits de la Commission des monuments historiques.

Sur la rive opposée du Cher, presque en face de Montrichard, l'abbaye d'Aiguevives est encore un lieu de pélerinage pour les âmes pieuses, d'examen pour les amis des études archéologiques. Son église, à peu près entière encore, et de la plus admirable architecture du XIIe siècle, est classée au nombre des monuments historiques. On en trouve la description dans les *Excursions archéologiques sur les bords du Cher,* de MM. Péan et Charlot. Une troisième édition de ce livre se prépare.

A huit kilomètres de Montrichard, en remontant la vallée du Cher, une ancienne localité mentionnée dans la Table de Peutinger, Tézée, présente à la curiosité des voyageurs de grandes constructions de l'époque gallo-romaine. C'est le monument le mieux conservé de ceux que les maîtres du monde élevèrent sur le sol de notre Blésois.

SAVONNIÈRES. — Je ne veux pas parler ici du château moderne de Savonnières, demeure agréable, commode, élégante, gaîment située sur le coteau de la Bièvre blésoise, près de la route de Montrichard, à peu de distance du donjon des Montils, débris mutilé d'une vieille habitation royale. Je veux appeler la vue et le souvenir sur le Savonnières d'autrefois, sur le manoir de l'illustre comte de Dunois, manoir que son frère, Charles d'Orléans, ce charmant poëte du XVe siècle, célébra dans la chanson suivante :

Puisque par deça demourons,
Nous Saulongnois et Beausserons,
En la maison de Savonnières,
Souhaitez-nous des bonnes chières
Des Bourbonnois et Bourguignons.
Aux champs, par hayes et buissons,
Perdrix et lyèvres nous prendrons,
Et yrons pescher sur rivières,
Puisque par deça demourons,
Nous Saulongnois et Beausserons,
En la maison de Savonnières.

Vivres, tabliers, cartes aurons,
Où souvent nous estudirons.
Vins, mangers de plusieurs manières
Galerons, sans faire prières,
Et de dormir ne nous faindrons,
Puisque par deça demourons,
Nous Saulongnois et Beausserons,
En la maison de Savonnières.

Il faut aller chercher les restes du vieux château parmi les bâtiments d'exploitation rurale auxquels ils ont été réunis.

Ma vignette représente le côté de la cour; l'ornementation de la petite façade offre bien les caractères de l'époque de Dunois. Sur l'aile gauche, le pilastre de la fenêtre et la lucarne des combles rappellent le XVIe siècle et indiquent une construction due aux Duplessis, seigneurs de Savonnières, dont les armes sont sculptées au fronton de la lucarne : *D'ar-*

gent, à la croix de gueules, dentelée, chargée de 5 coquilles d'or.

Mais, depuis le jour, déjà si loin, 21 novembre 1835, où je prenais la vue de Savonnières, le bâtiment qui s'élève à droite de la tour de l'escalier a été démoli, le toit de cette tour a été enlevé par un ouragan ; mais une dalle intérieure empêchera la ruine de l'édifice.

Je disais, dans les précédentes éditions de mon Guide, n'avoir pu établir la suite des propriétaires du château de Savonnières. Depuis, j'ai sollicité, au triple titre de compatriote, de contemporain et d'ami, des renseignements à son possesseur actuel. Cette heureuse idée m'a valu de lui, sous la forme d'une épître, une œuvre complète sur son domaine ; si complète même, qu'il me faut, à regret, employer le procédé de l'antique Procuste, pour la réduire à la taille de mon opuscule. Que l'auteur bénévole supporte courageusement l'opération, en songeant que j'en ai agi de même à l'égard de nos vénérables collections bénédictines, de nos vieilles histoires locales, de tous ces gros et grands livres desquels j'ai tiré mon modeste livret.

« Savonnières, 7 septembre 1866.

» Mon cher ami,

» Vous avez désiré savoir comment des mains du comte de Dunois, compagnon de Jeanne Darc, grand chambellan de France, le château de Savonnières est tombé entre les miennes, et par suite de quelles vicissitudes le lieu qu'avait habité le beau Bâtard a été jugé hors d'état de loger un simple particulier. C'est un chapitre de plus au martyrologe de nos châteaux blésois : Les Montils, Bury, Onzain, dirai-je même, si *parvis licet componere magna*. Chambord, que des soins pieux ont tant de peine à conserver dans sa forme extérieure et dont l'aspect rappelle au voyageur attristé ces mots, cités par vous, de Gaston d'Orléans, mourant à Blois : *Domus mea, domus desolationis.*

» La châtellenie de Savonnières avait une certaine importance lorsqu'elle réunissait les fiefs d'Ambon, Savonnières, dit primitivement le Pin, et Ouchamps, chef-lieu, au IXe siècle, d'une de ces divisions territoriales administrées par un centenier, *centena Oscantinensis*. En 1144, une bulle du pape Lucius II, qui en concédait le bénéfice à l'abbaye de Pontlevoy, l'appelait *Oscampus;* une charte du XIIIe siècle le nomme simplement *Ochæ*, Ouches ; mais alors Savonnières n'était qu'un simple *hébergement*. Ce nom, vous le savez, dérivé de la langue tudesque, indique le domicile d'un guerrier, d'un homme libre, appartenant à la race conquérante, établi peut-être à Savonnières en vertu du droit du plus fort.

» Il paraît qu'au XIVe siècle la propriété n'était guères moins divisée qu'elle ne l'est aujourd'hui : car je trouve, à cette époque, dans une étendue de 50 hectares, deux châtellenies et trois fiefs. Le *chastel* d'Ambon était situé dans le bois qui joint le château actuel de Savonnières, à 200 mètres au plus de l'ancien manoir. Les possesseurs de ces deux seigneuries, s'ils étaient en guerre, avaient peu de chemin à parcourir pour se rencontrer. Et, toutefois, ils étaient tous deux sur la défensive : car la tour du vieux Savonnières était, comme le *chastel d'Oschamps*, d'où elle relevait féodalement, munie de foffés, pont-levis et meurtrières. Le *chastel* d'Ambon n'en était pas non plus dépourvu. Il ne reste rien d'Ambon qu'un puits abandonné et d'Ouchamps qu'une tour carrée habitée par un sabotier.

» La formule des *aveux* de Savonnières envers Ouchamps, renouvelés depuis 1375 jusqu'à 1772, est toujours la même. La condition féodale est de fournir au seigneur suzerain « un roncin de service quand » le cas y échet » et le paiement d'un certain nombre d'*escus d'or*, qui va toujours croissant, à mesure que la monnaie perd de sa valeur nominale. Les droits féodaux y sont exactement détaillés : « Molin, garenne, » colombier, pressoir à ban, four à ban, ban de ven- » dre vin en détail, fiefs, refiefs, tailles, justice, tabel- » lionage de chastellenie, vasseurs, vavasseurs, etc. »

» Je trouve dans ces vieux titres l'indication d'une agriculture presque aussi avancée que celle qui existe aujourd'hui ; il y est question de rentes en chanvre et en lin dans une paroisse qui n'en produirait pas actuellement l'équivalent. C'est, en effet, je crois, aux terres à chanvre et à lin, nommées autrefois *ousches*, qu'est dû le nom d'*Oschamps*, Ouchamps, *champs d'ouches*. Je crains, mon cher académicien, que cette étymologie, trouvée sans le secours du sanskrit, du tudesque, du celte ou du latin, ne paraisse par trop simple aux yeux des savants ; elle a un grand mérite, à mon avis, c'est d'être à la portée de tout le monde.

» Une autre preuve de la prospérité de l'agriculture est l'étendue des vignes existant alors sur la terre de Savonnières, constatée par l'importance d'une cave en arceaux soutenus par un double rang de colonnes ornées de chapiteaux. La tradition en attribue la construction aux Templiers; mais le style de ces colonnes annonce le XVe, sinon le XVIe siècle. Serait-ce à cause d'une autre tradition qui représente les Templiers comme n'étant point de médiocres buveurs?

» De même que les fiefs de Savonnières et d'Ambon relevaient du château d'Ouchamps, Savonnières avait pour vasseurs les sires d'Argy et de la Mulonnière (ces derniers manoirs sont des maisons de paysans). Plusieurs autres sont mentionnés, dont les ruines même n'existent plus, ce qui montre que le pays était au moins aussi peuplé qu'il l'est aujourd'hui. S'il en eût été autrement, à quoi eussent servi à Ouchamps un tabellion, et au seigneur les droits de haute, moyenne et basse justice, consacrés par des fourches patibulaires dressées au lieu dit des *quatre piliers?*

» Venons à la nomenclature des seigneurs de Savonnières, établie par les titres de vente que renferme le chartrier du château.

» 1375. Jehan de Bourzelle, vend à Jehan Cornilleau, escuyer, le lieu et hébergement de Savonnières, moyennant 300 liv. de bon or et de bon pesage, au coing du Roy.

» 1439. Honorable homme et saige maistre Jehan le Fuselier, général conseiller de Mgr le duc d'Orléans, sur le fait et gouvernement de toutes ses finances, acquère Savonnières de Jehan Cornilleau. En sa qualité de financier, le nouveau propriétaire ne tarda pas à réunir à sa seigneurie plusieurs de celles qui l'entouraient : Ouchamps, Ambon, le Bourg-Fétu.

» 1449. La terre de Savonnières, saisie par le Domaine royal, *faute d'homme*, à la mort de Jehan Le Fuzelier, passa entre les mains de Jehan de Saveuse, gouverneur de la ville et chasteau de Blois (V. plus haut, p. 55), et à sa mort, vers 1460, entre celles de Jehan, comte de Dunois et de Longueville, grand chambellan de France, fils naturel de Louis Ier, duc d'Orléans.

» 1460. Dunois, après la mort de Charles VII, étant entré dans la Ligue du Bien-Public, resta quelque temps en disgrâce ; ce fut sans doute pendant son exil de la cour qu'il fit quelques restaurations au vieux Savonnières et fit sculpter son écusson sur le manteau de la cheminée de la salle principale. Il paraît qu'il y menait joyeuse vie, avec son frère Charles d'Orléans, auteur de la chanson que vous avez citée et qui forme le titre le plus précieux de cette propriété.

» 1468. Peu de temps avant sa mort, il vendit sa terre de Savonnières à noble homme Jehan Duplessis, conseiller et maître d'hôtel du roi Louis XI, qui, suivant quittance du 17 novembre 1489, paya à la duchesse d'Orléans, comtesse de Blois, « 85 escus » d'or pour les quint et requint, deniers, rachapts » et aultres devoirs. »

» La famille Duplessis-Liancourt, dont la maison de la Rochefoucauld a conservé le nom, était une race de bons Français ; je trouve dans le chartrier de Savonnières une obligation souscrite, le 1er août 1451, par Bouchard Duplessis, escuyer seigneur de Perrigny, à Michel Duplessis, escuyer, pour reconnaissance de sommes avancées par lui « en faveur de » fraternité pour l'aider à payer grant rançon aux » Anglois, anciens ennemis du royaume, par qui il » avoit été pris et retenu prisonnier. » La branche des Duplessis de Savonnières y subsista plus de deux siècles.

» L'importance de cette propriété fut diminuée par suite d'un partage entre Agesilaüs et Lucullus Duplessis et les enfants d'Andromache leur sœur. C'était le siècle où Montaigne apprenait le latin en conversant avec son père et les personnes de son entourage. Je ne doute pas, mon cher Recteur, que dans le ressort de l'Académie de Lyon, cette métropole de la Gaule romaine, les *escholiers* ne parlent couramment entre eux la langue de Cicéron et de Plancus, mais l'usage en est perdu sur les bords de la Loire.

» Quelque temps après, la mode paraît avoir tourné aux noms bibliques. Par contrat de mariage du 17 février 1616, Judith Duplessis épousa Raphaël de Taillevis, seigneur de la Mezière, et lui porta la terre de Perrigny qui était dans sa famille dès l'an 1300. De là vient le nom que porte le possesseur actuel de Savonnières, et c'est ainsi qu'après deux siècles cette terre, jadis propriété des Duplessis, est revenue à l'un de leurs descendants. Les châteaux, comme les livres, ont *leurs destinées*.

» 1693. A la mort d'Henry, dernier des Duplessis, la terre de Savonnières est acquise, en vertu de décret au bailliage siége et présidial de Blois, par Charles de Forestan qui la laisse en héritage à sa sœur, la dame de Rozet.

» 1698. Cette dame vendit, le 23 octobre de cette année, à Jean Mahy, bourgeois de Blois, lequel fut père de Jean-Nicolas Mahy, écuyer, conseiller du roi en tous ses conseils, avocat général en la Chambre des comptes de Blois.

» Cette famille Mahy avait acquis une grande importance territoriale dans notre pays : l'un d'eux se ruina en bâtissant le château actuel de Cormeray. Ce nom de Mahy est celui du marquis de Favras, le Stratford de notre temps, qui fut, par arrêt du Châtelet, condamné à être pendu pour fait de complot contre l'Etat et fut abandonné par ceux qu'il avait servis.

» 1770. Jean-Joseph Mahy, chevalier, seigneur de Savonnières, vendit cette terre à M. Lamé Duperron, écuyer, conseiller du roi, trésorier de France au bureau des finances de la Généralité d'Orléans.

» 1786. M. Lamé Duperron vend à M. de Latour, chevalier, ancien premier président au bureau des finances de la Généralité d'Orléans.

» 1825. M. Henri de Latour, fils du président, ancien capitaine d'infanterie, vend à M. Bachelet, médecin des armées.

» 1834-67. C'est de celui-ci que j'ai acquis en 1834. Mon prédécesseur, voulant *moderniser* le vieux manoir, en avait ébranlé les murs déjà lézardés, en détruisant les meneaux des croisées pour y placer des fenêtres et de belles persiennes peintes en vert.

Il avait aussi laissé rompre des poutres vermoulues en supprimant d'anciennes cloisons pour faire des distributions nouvelles. Séduit par l'agrément du site, j'avais acheté en vue de restauration; l'homme de l'art que j'appelai refusa d'opérer sur un cadavre. C'est en gémissant, croyez-le bien, mon cher ami, que je me décidai à transporter les matériaux sur un point plus élevé, plus sain et plus pittoresque. Toutefois, je pus conserver la tour carrée et le pavillon aux armes des Duplessis que votre dessin a représentés. La salle d'honneur était dans la partie détruite et dans cette salle la cheminée de pierre à l'écusson de Dunois. Où placer ce monument dans nos habitations modernes? Je n'y trouvai d'autre lieu que la cuisine ; voilez-vous la face. Je réclame pourtant le bénéfice des circonstances atténuantes. Vous souvient-il que lorsque le Génie militaire, pour le service du casernement, *restaurait* le château de Blois, il me fut proposé de prendre pour l'équivalent en cubes de pierres de taille la cheminée du cabinet vieux de Henri III, à la porte duquel fut tué le duc de Guise? Prévenu par moi, vous obtîntes l'ordre d'empêcher cette profanation. Que cet avis me serve à titre d'indulgence, et si j'ai beaucoup péché qu'il me soit beaucoup pardonné !

» Cte TH. DE PERRIGNY. »

L'ordre alphabétique que j'ai adopté me fait terminer ici mon travail. Et pourtant, j'aurais encore à signaler un certain nombre de sites pittoresques, de châteaux intéressants, de ruines remarquables. Il me suffira d'avoir mis sur la voie de ces monuments de la nature, des hommes et des âges. Je ne doute pas, tant notre région est magnifiquement dotée, que le voyageur qui la parcourt, ce *Guide* en main, n'y découvre d'autres lieux dignes d'attention. Mais, entre tous les plaisirs que peuvent se promettre des touristes éclairés, la surprise est celui, pour me servir d'une expression de Montaigne, qui plus *affriande*. Je leur laisse un peu de ce plaisir.

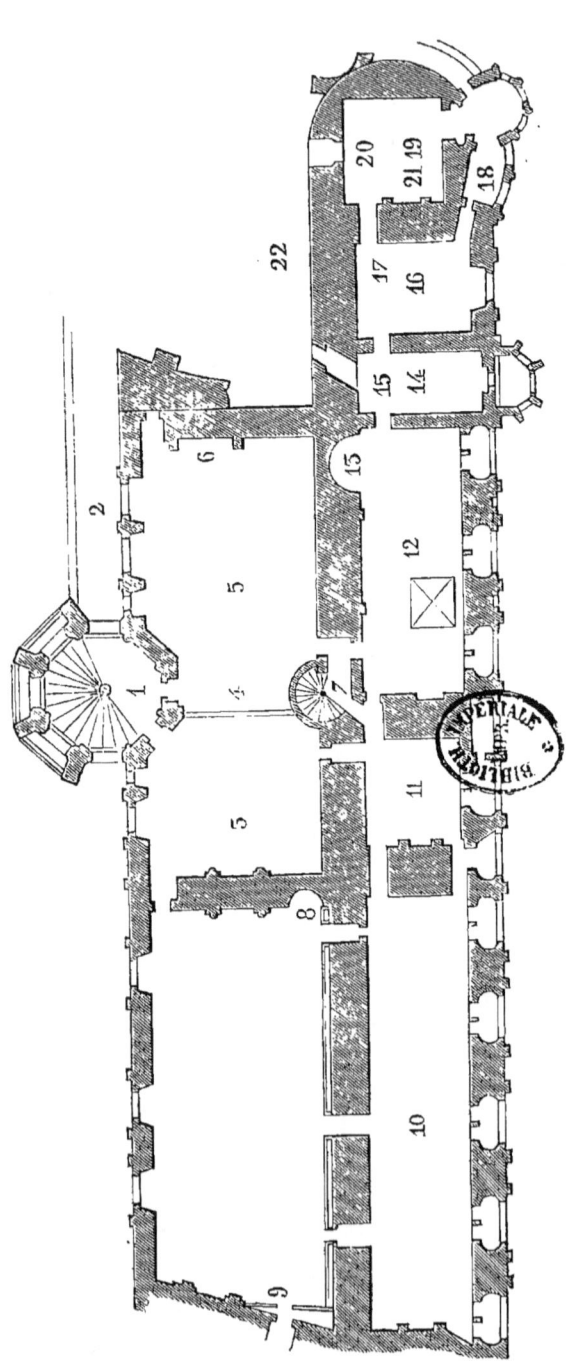

APPENDICE

EXPLICATION DU PLAN DES APPARTEMENTS DE HENRI III, AU CHATEAU DE BLOIS, A L'ÉPOQUE DES ÉTATS DE 1588 (V. p. 19).

1. Grand escalier.
2. Portique et Terrasse de Henri II, conduisant à la *Perche aux Bretons*.
3 et 5. Salle des gardes de la reine, au 1ᵉʳ étage, du roi, au 2ᵉ. Le côté n° 5, au 2ᵉ étage, servait, pendant la tenue des Etats, de Salle à manger et de Chambre du Conseil.
4. Cloisons qui séparaient en deux parties les Salles des gardes à chaque étage. En restaurant le château, on a démoli ces cloisons.
6. Cheminée où se chauffait le duc de Guise quand le roi le fit demander à son *cabinet vieux*, le 23 décembre 1588.
7. Escalier dérobé, conduisant, en bas, aux appartements de la reine-mère et, en haut, dans les combles, où Henri III avait fait faire des cellules destinées, disait-il, à recevoir des capucins et où furent enfermés, pour s'assurer de leur discrétion, ceux des quarante-cinq qui devaient tuer le duc de Guise.
8. Autre escalier dérobé, pratiqué dans l'épaisseur de la muraille et conduisant aux combles.
9. Porte conduisant à l'escalier de la salle des Etats détruit par le Génie militaire.
10. Galerie de François Iᵉʳ.

Dans cette Galerie, Henri III avait fait des distributions, à l'aide de cloisons, probablement à l'époque des Etats de 1588, comme on le voit dans d'anciens plans, reproduits sur la pl. 1re de mon Histoire du château de Blois. Près du cabinet neuf se trouvaient un oratoire, où priaient les deux aumôniers du roi, pendant le meurtre, et la garde-robe où fut déposé d'abord le corps du duc de Guise. Ces distributions ont été démolies par M. Duban pour restituer à la galerie son ancien caractère.

11. *Cabinet neuf* de Henri III.

12. Chambre à coucher de la reine-mère, au 1er étage, du roi, au 2e.

13. Prie-Dieu (1er et 2e étages).

14. Oratoire (1er et 2e étages).

15. Ancien passage oblique du cabinet vieux fermé par Henri III, rouvert par M. Duban.

16. Cabinet.

17. Passage de la Tour du Moulin, ouvert par le roi.

Le nom de cette tour vient sans doute d'un moulin, mu par un manège, que l'on faisait voir aux étrangers, comme un objet de curiosité. (V. Jod. Sincerus, *Itinerarium Galliæ*, 1616, p. 104). Le nom de *Tour des oubliettes* est moderne et vient du récit légendaire que, depuis la fin du XVIIe siècle, on raconte aux voyageurs. Je crois avoir démontré dans mon Histoire du château de Blois la fausseté de ce récit. (V. la 6e édit. de ce livre, pp. 39-41 et les Additions, p. 387).

18. Passage extérieur conduisant à la chambre de la Tour du Moulin et à la Galerie des Cerfs (2e étage).

19. Cachot, dit des oubliettes (1er étage), où le cardinal de Guise et l'archevêque de Lyon passèrent la nuit qui précéda le meurtre du cardinal; Chambre de la tour.

20. Passage du cabinet vieux, où fut frappé le duc de Guise.

21. Cheminée à laquelle s'appuyait Montséry, qui porta le premier coup au duc de Guise.

22. *Cabinet vieux*. Détruit par le Génie militaire.

TABLE

	Pages.		Pages.
BLOIS	1	Hôtel d'Aumale . . .	83
ÉDIFICES RELIGIEUX.	36	— Belot	83
Cathédrale	36	— de Bretagne . .	83
Saint-Laumer	38	— de la Chancel-	
Saint-Vincent-de-Paul.	46	lerie	84
Saint-Saturnin	48	— Dieu	85
Palais épiscopal . . .	49	— d'Epernon. . .	88
Grand séminaire. . .	51	— Gaillard. . . .	89
Maisons religieuses. .	51	— de Guise . . .	89
Cimetières.	52	— Hurault. . . .	89
		— de la Monnaie .	92
ÉDIFICES CIVILS . . .	54	— Phélippeaux. . .	95
Hôtel-de-Ville	54	— de la rue Pierre-	
Asile des Aliénés. . .	63	de-Blois. . .	96
Barrières	63	— Denys du Pont.	97
Bibliothèque.	64	— de la Poste . .	100
Collége	65	— de la Préfecture	100
Embarcadère	69	— de la rue du	
Fontaines	69	Prince-Impé-	
Halle au blé.	73	rial	101
Haras	74	— Saint-Lazare. .	104
Hôpital général . . .	74	— de la rue Saint-	
Hôtel d'Alluye. . . .	77	Lubin. . . .	106
— d'Amboise. . .	81	— Sardini	109

Musée.	110	ENVIRONS	219
Palais-de-Justice.	112		
Pont de Blois	113	ABBAYES	219
Ponts (vieux)	115	La Guiche.	219
Théâtre.	115	Pontlevoy.	222
ÉDIFICES MILITAIRES.	116		
Château de Blois.	116	CHATEA	227
Magasin des subsistances militaires.	203	Amboise.	227
		Beauregard	252
Murs de ville.	204	Bury.	265
Tour Beauvoir.	204	Chambord	276
PROMENADES.	205	Chaumont.	320
Les Allées.	205	Chenonceau.	331
Boulevard de l'Est	205	Cheverny	348
Boulevard de l'Ouest.	207	Crotteaux.	362
Butte des Capucins.	207	Fougères	366
Le Mail	210	Menars	368
Saint-Denis-lèz-Blois	210	Les Montils	375
Saint-Gervais	214	Montrichard.	379
Squares	216	Savonnières	384

APPENDICE

Explication du plan des appartements de Henri III au château de Blois, à l'époque des Etats de 1588. 397

OUVRAGES DU MÊME AUTEUR

qui se trouvent à Paris, chez AUBRY, 16, *rue Dauphine,*
& à Blois, chez tous les Libraires :

NUMISMATIQUE DE LA GAULE NARBONNAISE. Paris, 1842; un vol. gr. in-4°, 22 pl. grav. sur cuivre.   Prix : 30 fr.

Cet ouvrage a remporté le prix de Numismatique fondé par M. Allier d'Auteroche.

MÉMOIRES SUR LES ANTIQUITÉS DE LA SOLOGNE BLÉSOISE. Paris, 1844; un vol. gr. in-4° et un atlas de 45 planches.

Cet ouvrage, comprenant deux séries de Mémoires, couronnées par l'Institut en 1835 et 1836, sera composé de cinq livraisons, au prix de 7 fr. 50 c. chaque; la première seule est parue. L'Atlas contiendra une carte de la Sologne à l'époque romaine, plusieurs plans et élévations de monuments antiques, et plus de 200 figures de vases funéraires, statuettes et autres objets d'antiquité.

HISTOIRE DE LA VILLE DE BLOIS. Blois, 1846; gr. in-18. (*Epuisé*.)   Prix : 5 fr.

LE CHATEAU DE CHAMBORD, 10e édition, illustrée de 8 vignettes. Lyon, L. Perrin, 1866; grand in-18.   Prix : 2 fr.

HISTOIRE DU CHATEAU DE BLOIS, 6e édition. Lyon, L. Perrin, 1866; pet. in-8°, 8 pl. lith. Prix : 5 fr.

Ouvrage couronné par l'Institut, en 1840.

REVUE NUMISMATIQUE, dirigée par E. CARTIER et L. DE LA SAUSSAYE. Blois, 1836-55; 20 vol. gr. in-8°, fig.   Prix : 300 fr.

Cette publication continue de paraître tous les deux mois, sous la direction de MM. DE WITTE et DE LONGPÉRIER, membres de l'Institut. Le prix de l'abonnement, *payable d'avance*, est de 16 fr. par année, franc de port, pour la France et la plupart des Etats de l'Etranger.

SOUS PRESSE

LA VIE ET LES OUVRAGES DE DENYS PAPIN. Lyon, imp. L. Perrin; deux vol. gr. in-8°. Portrait, fig., vign., *fac-simile*.   Prix : 15 fr.

Lyon. — Imp. Louis Perrin.